太原科技大学2023年度博士科研启动基金项目"理转型中的政企关系"（项目编号：W20232007

U0499886

西北实业公司治理结构研究

（1933~1949）

——段志鹏 著——

中国财经出版传媒集团

经济科学出版社

Economic Science Press

·北 京·

图书在版编目（CIP）数据

西北实业公司治理结构研究 : 1933 - 1949 / 段志鹏
著 . -- 北京 : 经济科学出版社，2025.5. -- ISBN 978 -
7 - 5218 - 6057 - 3

Ⅰ. F276.6

中国国家版本馆 CIP 数据核字第 2024WS7405 号

责任编辑：刘战兵
责任校对：郑淑艳
责任印制：范　艳

西北实业公司治理结构研究（1933～1949）

XIBEI SHIYE GONGSI ZHILI JIEGOU YANJIU（1933～1949）

段志鹏　著

经济科学出版社出版、发行　新华书店经销

社址：北京市海淀区阜成路甲 28 号　邮编：100142

总编部电话：010 - 88191217　发行部电话：010 - 88191522

网址：www. esp. com. cn

电子邮箱：esp@ esp. com. cn

天猫网店：经济科学出版社旗舰店

网址：http://jjkxcbs. tmall. com

北京季蜂印刷有限公司印装

710×1000　16 开　16.5 印张　270000 字

2025 年 5 月第 1 版　2025 年 5 月第 1 次印刷

ISBN 978 - 7 - 5218 - 6057 - 3　定价：72.00 元

（图书出现印装问题，本社负责调换。电话：010 - 88191545）

（版权所有　侵权必究　打击盗版　举报热线：010 - 88191661

QQ：2242791300　营销中心电话：010 - 88191537

电子邮箱：dbts@ esp. com. cn）

前言

　　中国自古就有政府干预经济乃至直接经营工商业的传统。近代以来，随着外国经济势力入侵及传统经济结构的解体，中国经济进入了一个剧烈动荡和转型的时期。在这一历史背景下，以军事工业和重工业为主的近代洋务企业开始出现并承载了国家自强及与外资竞争的双重使命。然而，政府一味执着于对企业的控制而忽略其经济本质，导致"官"与"商"并未在新的企业制度框架中得到有效整合，洋务企业最终宣告失败。民元以后，政府仍以官商合办或官助商办的形式参与企业经营。与此同时，政府官员以私人身份公开投资企业开始成为社会普遍现象，逐渐形成官商结合的官僚资本。20世纪30年代，南京国民政府将发展国家资本定为经济发展战略，开始有计划地发展国营企业。相应地，一些地方政府也开始大力发展省营企业，西北实业公司便是其中的典型。

　　西北实业公司虽由山西省政府独资兴办，但公司资本中财政直接投资仅占3%，其余为政府公债与借款。为筹集资金，山西省政府建立了一个多元的融资网络，包括省财政、公益机构、官方银行号、私人银号及官员私人资本等。这些资金并未直接投入西北实业公司，而是作为各类地方公债的准备金或政府短期借款进行间接投资，兼具权益资本与债务资本双重性质。政府通过金融杠杆放大了资金的投资效应，实现了"一副资本发挥几副资本的效用"。政府官员或其控制的企业向西北实业公司的上级管理机关提供高息借款，在获得丰厚利息的同时不承担公司经营风险。

　　西北实业公司单一的产权结构并未形成政府直接经营企业的管理模式。公司成立初期，组长、厂长等人力资本所有者掌握公司控制权，公司下属各厂成为独立的市场主体，经营者享有较大的自主权，剩余分配也具有较强的激励性，公司因此获得快速成长。然而，随着公司规模的扩大，内部管理成本不断增加，公司整体竞争力并没有随之提高。此后，政府任命了经理并成立总管理处，削弱了各厂的经营自主权，加强了对经营者的监督，但公司内部人事变动造成专业技术人员积极性受挫，公司经营效率未能提高，并出现亏损，政府面临更大的资本运营风险。最终，西北实业公司参照股份有限公司制度建立了具有本土特色的董事会治理结构，开始向现代企业制度转型。其主要特征为政府高级官员的"个人嵌入"及剩余控制权和剩余索取权的结合。

抗战期间，西北实业公司分为公司清理处、新记西北实业公司及被日军强占的工厂三部分，战前的董事会治理结构宣告解体。清理处承接了公司战前所有债权债务并管理现金及各地存货。新记西北实业公司资金全部来自政府拨款与官方贷款，成为政府直接管理的生产机构，并建立了高度行政化的治理模式，主要体现在资源配置、经营目标及经理人任免的行政化等方面。公营事业董事会不再直接管理企业而成为政府的决策顾问。与此同时，西北实业公司位于太原的工厂则悉数被日军侵占，先由日本军方管理，后委托日本国内财阀经营。最终，日方以各厂资产抵作投资成立了山西产业株式会社，建立了具有日本企业制度特色的株式会社治理结构，对山西进行系统性的经济掠夺。山西产业株式会社的成立是为协调日本军方及国内各会社在掠夺中国财富过程中产生的矛盾，本质上是为日本侵华战争服务，而非企业的长期成长。

抗战胜利后，西北实业公司在太原复业，其资本构成更为单一，完全依赖政府的资金支持。董事会治理结构也因监察机构的缺失而残缺不全。与战前相比，公司下属工厂完全丧失经营自主权，工厂成为单纯的生产车间。资源配置通过从督理委员会到董事会再到公司本部建立的自上而下的科层组织进行。这种治理模式在带来较强执行力的同时，也造成"控制权损失"及部门管理不协调等问题。与国营企业类似，战后，西北实业公司借接收敌伪产业实现了自身规模的扩张。不同之处在于，西北实业公司对敌伪产业中的民营企业采取了代管与租赁的处理方式，在某种程度上保护了私有产权并促进了战后经济恢复，同时在企业治理及剩余分配方面与民营企业股东实现了风险共担和利益均沾。然而，随着战争局势的变化和经济环境的恶化，代管与租赁最终异化为政府的征借与征用。

由此可见，西北实业公司的治理结构同一切制度变迁一样，受外来制度、文化背景、经济环境、制度环境及政治体制的综合影响，具有路径依赖的特点。同时它也不是一成不变的，而是一个从探索到建立并不断适应外部环境变化的连续过程。中国近代省营企业治理问题的产生和发展具有与国营企业和民营企业不同的出发点和约束条件，西北实业公司积极探索符合自身发展要求的治理结构，并取得了较大的发展成绩，无疑在中国近代企业制度史上具有独特意义。

目　录

第一章 绪 论

第一节 研究背景、目的和意义

一、研究背景

南京国民政府成立后，发展经济厚植国力成为重要任务。中国面临实现工业化的路径选择问题。以欧美为代表的西方资本主义国家，通过发展私人资本主义和实行市场经济实现了工业化，但资本主义自身的固有矛盾导致西方主要资本主义国家陷入周期性的经济危机。20 世纪二三十年代爆发的经济大萧条更使当政者怀疑自由资本主义能否为中国带来繁荣。与此相反，工业基础并不雄厚的苏联采取以政府主导、高度集中的计划经济制度。在实施第一个五年计划后，苏联国民经济得到迅速发展，国家实力显著增强，在世界上起到了较强的示范作用。

这一时期，南京国民政府实行由政府主导的统制经济，着力发展工业特别是重工业。山西省于 1933 年初出台《山西省政十年建设计划案》，在全国率先制定了详细的经济发展计划，大力发展公营事业。同时，阎锡山提出"以政治力量完成经济建设"，举全省之力开启了规模宏大的工业化建设。

在这一大背景下，国民政府投资的国营企业和地方政府投资的省营企业成为工业化建设的重要力量。近代中国国营企业起源于 19 世纪 60 年代清政府洋务派官员创办的工矿企业。北洋政府时期，由于政权更迭频繁，国营企业发展有限。南京国民政府成立后，发展实业成为国家战略，国营企业和省营企业均走上了快速发展的轨道，并表现出各自的不同特点。

在政府着力发展公营事业的战略支撑下，西北实业公司应运而生。西北实业公司在全国省营企业中率先采用公司组织形式，结合本土官办企业制度传统建立了董事会治理结构。经过短短16年的发展，西北实业公司便成为一家涵盖大多数工业门类的大型工业企业，在地方工业化过程中发挥了举足轻重的作用。

二、研究目的

在中国近代史中，现代化就是工业化和与工业化相伴随着的经济、政治和文化等各方面的变化，[①] 企业制度的演变成为中国经济近代化的重要一环。公司这一企业形态对现代经济的影响已经遍及每一个角落。从1873年第一家公司制企业轮船招商局创立至今，公司制在中国已经发展了150余年。总体来看，中国近代公司法律制度建设要落后于企业经营实践，企业制度创新受到较大程度限制。熊彼特认为，企业创新是影响经济发展的重要因素。而在一些西方学者眼中，20世纪初的中国缺少现代企业发展必备的基本制度，包括稳定的中央政府、统一的金融体系、标准的货币以及企业注册和管理的法律制度。[②] 西北实业公司正是在这样一种制度环境中孕育并成长的。因此其在企业制度选择上不可能完全照搬西方制度，而是受股份有限公司制和中国传统官办企业制度的双重影响。西北实业公司等公司化的大型工业企业是中国近代工业的中坚力量，也代表了中国近代企业制度演进的方向。

西北实业公司作为国民政府时期具有一定代表性的省营企业，在其存续的短短16年时间，建立了门类较为齐全、规模庞大的工业体系，对地方工业化产生了举足轻重的影响。本书在对其资本结构、治理结构及以剩余分配等制度分析的基础上，总结提炼出中国近代省营企业的公司治理特征，以对中国近代公司制度、工厂制度的演化提供新的参考。

三、研究意义

从理论层面来看，西北实业公司的治理结构有别于中央政府所属国营企业的工厂制与董事会制，同时结合了西方股份有限公司分权制衡结构与传统

---

① 胡绳：《从鸦片战争到五四运动》（上），湖南文艺出版社2012年版，第8页。
② 高家龙：《大公司与关系网——中国境内的西方、日本和华商大企业（1880－1937）》，上海社会科学院出版社2002年版，第14页。

官办企业政府家长式控制模式，具有明显的制度融合特性。对西北实业公司治理结构进行理论解读，有助于纠正一些传统认知偏见，进一步丰富对中国近代省营企业制度的认识。

从实践层面来看，改革开放以来，国有企业先后进行了放权让利、厂长负责制、承包制、经理负责制、党委领导下的厂长负责制等一系列制度改革。1993 年党的十四届三中全会正式提出国有企业要建立产权清晰、权责明确、政企分开、管理科学的现代企业制度。进入 21 世纪后，国有企业改革持续深入，特别是党的十九大后，建立国有资本授权经营体制、发展混合所有制成为新一轮国有企业改革的重要方向。西北实业公司对企业制度的探索及其成败得失对当前国有企业改革无疑具有一定借鉴意义。

第二节 基本概念界定

公司治理（corporate governance）最早由美国学者理查德·埃尔斯（Richard Eells）提出，后经奥利弗·威廉姆森（Oliver Williamson）等新制度经济学家发扬光大，其内涵和外延不断扩大。为了便于讨论，本书认为有必要区分与公司治理相联系的几个概念，包括治理结构、治理机制、治理模式等。

一、公司治理

伯利（Adolf A. Berle）和米恩斯（Gardiner C. Means）在其著作《现代公司与私有财产》中第一次提出"所有权与控制权分离"的经典命题，即拥有所有权的股东与拥有公司控制权的经理人之间存在利益冲突，由此产生了公司治理问题。[①]

到目前为止，国内外学术界对公司治理的具体概念尚未形成一个统一的结论。如英国学者柯林·梅耶认为，公司治理是关于投资者利益的一种组织安排，包括从董事会到经理层的一切激励计划。奥利弗·哈特（Oliver

---

[①] ［美］阿道夫·A. 伯利、［美］加德纳·C. 米恩斯：《现代公司与私有财产》，甘华鸣、罗锐韧、蔡如海译，商务印书馆 2005 年版，第 6 页。

Hart）从代理成本和交易费用的角度指出，公司治理是用于解决组织成员之间的利益冲突和降低因不完全合约带来的交易费用。① 罗伯特·特里克则认为，公司治理本质上体现的是董事会、股东、高层管理部门、规制者、审计员以及其他利益相关者间的关系，是公司行使权力的过程。默顿·米勒（Merton H. Miller）从监控经理人的角度认为，公司治理是确保公司经理使用正好的资金完成项目，制定经营企业的一般准则以及判断经理是否合理使用资源并替换不合格经理的一系列制度。② 国内学者钱颖一从权力支配的角度对公司治理进行定义。他认为公司治理是一套支配企业内部权力的制度安排，包括如何配置和行使控制权，如何设计和实施激励机制，如何监督与评价董事会、经理人与员工。③ 费方域从产权的角度指出，公司治理在本质上是一种合同关系，其首要功能是配置权责利。④ 李维安则认为公司治理是为了解决公司决策权与收益权的分配问题，即让有决策权的人同时拥有收益分配权。⑤

总体来看，学者们对公司治理的定义可分为狭义的"所有与控制"和广义的"利益相关者"两个方面。"所有与控制"视角是基于"两权分离"的命题，认为公司治理的核心内容是如何控制和监督经理人行为以降低代理成本并确保投资者收益，也就是股东、董事会、经理层的权责利分配及相互制约的各种方法的总称。"利益相关者"视角则将公司视为一系列契约的集合，公司组成人员通过契约明确各自行为边界，从而对与公司发生各种社会经济联系的利益相关方承担相应的义务和责任。

二、公司治理结构

在一些文献中，公司治理、公司治理结构都等同于"corporate governance"，但本书认为应对这两个概念加以区别。吴敬琏认为，公司治理结构是由股东大会、董事会和高级经理人员三个部分组成的具有相互制衡关系的

---

① 天亮：《公司治理概论》，中国金融出版社 2011 年版，第 3～4 页。
② 李维安、郝臣：《公司治理手册》，清华大学出版社 2015 年版，第 39、41 页。
③ ［日］青木昌彦、钱颖一：《转轨经济中的公司治理结构：内部人控制和银行的作用》，中国经济出版社 1995 年版，第 133 页。
④ 费方域：《什么是公司治理》，载于《上海经济研究》1996 年第 5 期，第 38～39 页。
⑤ 李维安：《公司治理学》（第 4 版），高等教育出版社 2020 年版，第 21 页。

组织结构。① 张维迎从狭义和广义两个层面对公司治理结构进行了界定。狭义的治理结构是指有关公司董事会的功能、结构、股东的权力等方面的制度安排；广义的治理结构是指有关公司控制权和剩余索取权分配的一整套法律、文化和制度性安排。② 郑志刚从"权威的分配"角度将公司治理结构定义为"股东、董事会、监事会与经理人在公司运营实践中相互制约所形成的权利和义务以及包括剩余控制权和索取权的分配以及投资者权益保护在内的产权安排"。他认为公司治理结构主要解决的是不完全契约问题，即出现契约中未约定的情况时，谁来掌握公司控制权及剩余如何分配。③ 李维安等进一步指出，公司治理机制充分发挥作用的前提是存在合理的公司治理结构。④

综上所述，公司治理结构尚未形成一个统一的定义。鉴于本书研究对象西北实业公司所处的具体时空背景，本书从狭义的角度将公司治理结构定义为关于公司各参与者之间权、责、利的制度安排，也就是资金提供者股东及债权人、管理者董事会和执行者经理人在追求公司发展目标的过程中，明确划分各自的权力、责任和利益，形成各自的行动准则及相互间的制衡关系。

三、相关概念

与公司治理、公司治理结构相关的概念还有公司治理机制、公司治理模式等。高闯等根据公司内外部环境差异，将公司治理分为治理结构和治理机制两个维度。治理结构是包括股东大会、董事会、监事会、高级管理团队及员工间相互监督制衡的制度体系；治理机制主要是指来自企业内部的监督机制和外部的市场机制对公司多维度的监督与约束。⑤ 郑志刚从产权理论的角度，认为公司治理机制侧重"权威的实施"，具体是指降低代理成本解决代理问题的各种制度或机制的总称。他提出，公司治理机制解决的是信息不对称问题，即代理人掌握委托人不知道的信息而产生的逆向选择和道德风险问题。他进一步将治理机制分为内部系统和外部系统。内部系统包括薪酬设计、董事会与外部董事、债务融资等；外部系统包括政治与法律环境、文化

① 吴敬琏：《现代公司与企业改革》，天津人民出版社1994年版，第191页。
② 张维迎：《企业理论与中国企业改革》，上海人民出版社2015年版，第111页。
③ 郑志刚：《中国公司治理的理论与证据》，北京大学出版社2016年版，第27~29页。
④ 李维安、武立东：《公司治理教程》，上海人民出版社2002年版，第53页。
⑤ 高闯：《公司治理教程》，高等教育出版社2019年版，第10页。

环境、产品和要素市场、公司控制权市场、经理人市场。① 此外，治理模式也是中国近代公司治理文献中出现频率较高的词汇。公司治理模式是治理系统特征的外在化。② 根据公司所处的特定的治理环境，公司治理模式可分为英美模式、德日模式与东亚及东南亚家族治理模式。③ 吴淑琨和席西民按照监控主体的不同，将上述三种治理模式分别称为内部监控模式、外部监控模式和家族监控模式。④ 李维安和武立东根据公司产权属性及政府对公司治理的介入程度将公司治理模式分为行政型和市场型。⑤

不难看出，公司治理、公司治理结构、公司治理机制、公司治理模式是一组既互相联系又有所区别的概念。公司治理是一个由主体和客体、边界和范围、机制和功能、结构和模式等诸多因素构成的体系。公司治理的主体是包括股东、债权人等在内的所有利益相关者，公司治理的客体由治理边界决定。公司治理结构是公司治理这一体系的各个组成部分及各部分之间形成的利益制衡关系，而公司治理机制是指实现公司治理体系效用最大化的方式方法，公司治理模式则是公司治理体系外在特点的集合。从功能主义的角度来看，公司治理结构解决的是融资问题，良好的公司治理结构向投资者做出一个可置信承诺，即投资者集体享有公司所有权。为了保障和运用集体所有权，就需要建立合理的公司治理机制。对公司治理结构及相关概念进行明确的界定和区分，可以避免理论混乱，从而更为准确地把握本书的研究对象和研究方法。

第三节　国内外研究现状

本书主要运用现代公司治理理论对西北实业公司的治理结构进行分析，主要从公司治理理论、近代国有企业治理与西北实业公司研究三个方面对现有文献进行述评。

---

① 郑志刚：《中国公司治理的理论与证据》，北京大学出版社 2016 年版，第 27～29 页。
② 李维安、武立东：《公司治理教程》，上海人民出版社 2002 年版，第 62 页。
③ 廖理：《公司治理与独立董事》，中国计划出版社 2002 年版。
④ 吴淑琨、席西民：《公司治理模式探讨》，载于《经济学动态》1999 年第 1 期，第 72～76 页。
⑤ 李维安、武立东：《公司治理教程》，上海人民出版社 2002 年版，第 486、502 页。

一、公司治理理论

在上一节基本概念界定中已对公司治理研究做了一定介绍，此处分别从契约理论、产权理论、交易成本理论及委托代理理论等几个方面补充一些重要的成果。

科斯在其 1937 年发表的经典论文《企业的性质》中第一次提出交易成本的概念。他认为企业存在的意义在于降低交易成本。在科斯看来，企业是一组契约关系的集合，即企业家与生产要素（资本、劳动力、原材料等）供应者和客户之间的契约关系的总和。一项产品或服务是通过企业提供还是通过市场交易获得取决于企业生产和市场交易的成本哪个更低，企业与市场边界的划分取决于企业内部组织一笔额外交易的成本等于在公开市场上完成这笔交易所需的成本，或者等于由另一个企业家来组织这笔交易的成本。①

由于机会主义、风险规避、信息不对称等问题的存在，契约是不可能完备的。格罗斯曼（Sanford J. Grossman）和哈特（Oliver Hart）为不完全契约理论做出了重要贡献。他们认为企业剩余权利的归属非常重要。因为在企业契约中明晰一切特殊权利的成本是非常高昂的，契约不可能是完备的。在此情况下，将剩余权利赋予对企业投资行动影响更大的一方是合理的。② 哈特（Oliver Hart）和摩尔（John Moore）在剩余控制权的基础上又提出了剩余索取权的概念，即对扣除所有契约型支出外的剩余的要求权。他们进一步研究指出，将剩余索取权及剩余控制权集中配置给非人力资本所有者是最优的产权契约。③

在企业所有权与经营权分离的情况下，所有者和经营者的目标函数并不一致，经济学家将这种利益冲突称为"委托代理问题"。如何有效降低委托代理关系中的代理成本成为公司治理研究的一个重要课题。詹森（Michael C. Jensen）和麦克林（William H. Meckling）指出，公司经理人追求自身效应最大化与股东利益最大化之间存在不一致。为此，公司必须投入一定的成本激励经理人为股东谋求利益，这一成本也称为"代理成本"，包括股东的

---

① ［美］奥利弗·E. 威廉姆森、西德尼·G. 温特：《企业的性质——起源、演变与发展》，姚海鑫、邢源源译，商务印书馆 2010 年版，第 25 ~ 42 页。
② 张维迎：《企业的企业家—契约理论》，上海人民出版社 2014 年版，第 34 页。
③ ［以］Y. 巴泽尔：《产权的经济分析》（第 2 版），费方域、钱敏、段毅才译，格致出版社、上海人民出版社 2017 年版，第 80 页。

监督成本、经理人的自我约束成本、剩余利益的损失等。① 上述对于代理成本的研究促使人们更为关注企业中存在的各种可能限制或放大代理成本的因素以及对经营者的激励与约束机制。

威廉姆森（Oliver E. Williamson）继承和发展了科斯的交易成本理论，从契约的视角对企业组织进行了分析。他认为，企业和市场都是不同的治理结构，并从交易频率、资产专用性两个维度将治理结构分为市场治理、双边治理和一体化治理。实现公司的有效治理就是要根据不同的交易类型匹配相应的治理结构以最小化交易成本。② 威廉姆森将价格机制、组织内部协调、激励强度与行政控制程度整合到一个分析框架中，将治理机制分为市场制、混合制与层级制，并分析了不同治理机制的适用条件。③

公司治理理论虽诞生于西方，但随着公司制度的传入，中国学者早在清末便注意到公司治理的相关问题。梁启超早在 1910 年就系统论述了中国在引进公司制过程中产生的问题及应对。他认为要想发展实业，必"先求股份有限公司之成立发达不可"。但政府片面鼓励成立所谓"新式企业"，而忽视企业赖以生存发展的制度基础（包括政治和经济制度），"则中国实业永无能兴之期"。在他看来，中国因缺少法治，国民责任心不强，未建立证券交易所、银行等配套机构以及没有专门精英人才等原因无法使股份有限公司得到长足发展。他同时也观察到股份公司存在对经营者的激励约束问题。如一些公司因职员占股较少，营业盈亏"皆公司所受"，与职员没有太大关系，有些职员甚至"借公司之职务以自营其私"。④ 官督商办作为早期中国公司治理模式曾经盛极一时。曾主持过轮船招商局等官督商办企业的郑观应则从实践角度对官督商办模式提出批评。他指出，企业应摒弃官场文化而奉行商业文化，决策权应由股东会、董事会掌握。⑤ 钟天纬则初步认识到总办、董事与股东等企业内部治理结构中的委托代理关系，这些利益主体之间形成的制衡机制便是公司顺利运作的重要前提。⑥

---

① 卢俊：《资本结构理论研究译文集》，上海人民出版社 2003 年版，第 184~265 页。
② ［美］奥利弗·E. 威廉姆森：《资本主义经济制度：论企业签约与市场签约》，段毅才、王伟译，商务印书馆 2017 年版，第 111 页。
③ ［美］奥利弗·E. 威廉姆森：《治理机制》，石烁译，机械工业出版社 2016 年版，第 107 页。
④ 陈志武、李玉：《制度寻踪》，上海财经大学出版社 2009 年版，第 189~195 页。
⑤ 夏东元：《郑观应集》（上册），上海人民出版社 1982 年版，第 619 页。
⑥ 谭国清：《传世文选：晚清文选》（一），西苑出版社 2009 年版，第 200 页。

相较于晚清知识分子对现代公司治理的模糊认识，民国学术界对这一问题的探讨显然更为深刻。裕孙注意到多数公司监察制度形同虚设，无法履行法律赋予的监督公司业务与财产状况的职权，企业财务造假等弊端丛生，进而有损投资者利益。为此，他提出应改进监察选任方法，明确任职资格，并特别强调常务监察的专业性和独立性。① 徐永祚则从公司法的角度对改善公司内部权力制衡提出建议，他认为公司法中规定的董事人数多于监察人数是造成公司内部监督乏力的重要原因。为此，他提出应增加公司内部监察人数以实现对董事会的制衡，同时非股东的会计师充任监察可以保证监督的公正性。② 张素民较早翻译了伯利和米恩斯的经典著作《现代股份公司与私有财产》，对公司治理学中"两权分离"命题进行了详细介绍。③ 左宗纶在回顾中国股份有限公司发展史的基础上，围绕股份的集中与分散、有限责任制、大股东支配地位、职业经理人的地位与作用等问题展开讨论，进而探讨了中国股份公司中所有权与经营权分离的原因与结果。④

基于深化国有企业改革的现实需求，我国经济学界从 20 世纪 90 年代开始对公司治理问题进行理论译介和阐释。张维迎、吴敬琏等首先提出要在国企改革中借鉴和吸收当代公司治理理论，后者更是直接将现代企业制度等同于法人治理结构。⑤ 钱颖一则认为公司治理结构是用以处理不同利益相关者即股东、贷款人、管理人员和职工之间关系，以实现经济目标的一整套制度安排，主要包括如何配置和行使控制权，如何监督和评价董事会、经理人员和职工，如何设计和实施激励机制等。良好的公司治理结构能够利用这些制度安排的互补性质，并选择一种结构来降低代理成本。

近年来，李维安、高闯、马连福等学者基于中国具体国情，在公司治理模式、有效的制度安排、国有企业党组织参与治理等方面均取得了一定的研究成果。李维安等将国有企业治理模式分为与政府管理相配套的行政型治理和与市场机制相配套的经济型治理两种模式。随着国有企业改革的不断深

---

① 裕孙：《监察人制度之改善》（上），载于《银行周报》1922 年第 6 卷第 3 期，第 22~25 页。
② 徐永祚：《吾国监察人制度之改善问题》，载于《上海总商会月报》1925 年第 5 卷第 3 期，第 6~14 页。
③ 张素民：《论现代公司的集中问题》，载于《东方杂志》1936 年第 33 卷第 3 期，第 94~95 页。
④ 左宗纶：《现代股份企业的检讨》（附表），载于《法学专刊》1936 年第 6 期，第 27~59 页。
⑤ 吴敬琏：《现代公司与企业改革》，天津人民出版社 1994 年版，第 191 页。

入,两种治理模式交织融合,产生了"行政经济型"治理模式,兼具市场机制的竞争性与政府股东的制度优势。① 高闯等指出,不存在具有普遍意义的最优公司治理模式。公司治理模式与其所处的金融、税收法律以及政治制度环境密不可分。这些传统制度具有路径依赖的特征,导致公司治理制度被"锁定"在既定轨道上。② 既定社会制度基础会影响产权界定与交易费用,进而形成不同的公司治理合约。③ 马连福等则将关注重点放在国有企业党组织参与公司治理这一具有中国特色的公司治理现象及股权结构设计等方面,认为党委会参与治理会显著影响公司治理水平与董事会效率,④ 而合理的股份结构、股东结构和投票权结构设计可有效提升公司治理质量。⑤ 上述研究成果在政府参与公司治理、股权设计等方面为本书提供了借鉴和参考。

二、近代国有企业治理研究

中国近代国有企业开始于清末洋务派官员建立的近代军事工业企业。经过北洋政府、南京国民政府时期的发展,特别是战后接收了大量敌伪产业,国有企业实现了全方位的急剧扩张,在国民经济中形成垄断。与此同时,企业制度形态也从官办、官督商办、官商合办向公司化的法人治理演变。其中既有对西方企业制度的借鉴,也有本土化企业制度的延续与影响。在政府经济政策调整的大背景下,两者交互作用,共同决定了中国近代国有企业制度的演进方向。学术界关于近代国有企业治理方面的研究成果较为丰富。学者们运用历史学与经济学的方法,讨论了国家资本与私人资本的关系、公司治理思想演变,以及国有企业产权、管理层级、治理结构,分析了国有企业发展的管理体制及投资体系、治理特征、公司制的移植及组织形态演变等,为进一步深化国有企业治理研究奠定了良好的研究基础。

美国学者费维恺是最早研究官督商办企业的海外学者,其著作《中国

---

① 李维安、侯文涤、柳志南:《国有企业金字塔层级与并购绩效——基于行政经济型治理视角的研究》,载于《经济管理》2021 年第 43 卷第 9 期,第 16~30 页。
② 高闯、郭舒:《公司治理的演进论解释》,载于《辽宁大学学报(哲学社会科学版)》2006年第 2 期,第 124~128 页。
③ 高闯、刘冰:《公司治理合约的制度基础、演进机理与治理效率》,载于《中国工业经济》2003 年第 1 期,第 70~77 页。
④ 马连福、王元芳、沈小秀:《中国国有企业党组织治理效应研究——基于"内部人控制"的视角》,载于《中国工业经济》2012 年第 8 期,第 82~95 页。
⑤ 马连福:《股权结构设计与公司治理创新研究》,载于《会计之友》2020 年第 17 期,第 2~7 页。

早期工业化：盛宣怀（1844 – 1916）和官督商办企业》中将官督商办企业视作由政府发起，出于增强官员个人势力或者抵御外货的目的而设立的企业。由于政府财力有限，不能独资开办企业，需要募集商股。政府许以一定范围的专利和垄断成为吸引商股的诱饵，此外官利的优先给付也是吸引商人投资的重要因素。但是商股拥有的企业决策权较官股要小得多，这也是"官督"的核心所在。企业经营管理人员往往具有官员和经理的双重身份，这一方面便于企业与政府间的沟通，另一方面这种"政治企业家"出于对"官"的敬畏在企业决策上不敢冒太大风险，有违现代职业经理人勇于开拓的精神。总之，官督商办这种根植于传统的近代企业模式是中国企业制度由传统向现代转型道路上的一个重要过渡。①

　　另一位美国学者陈锦江也对清末官督商办企业予以了较多关注。他在《清末现代企业与官商关系》中将官督商办企业的组织结构归结为清政府盐务管理和西方股份公司模式的集合。政府高官作为企业的倡导者和保护人，在保留企业控制权的同时允许商人经理在企业管理方面有相当大的行动自由。之后企业的发展超出了李鸿章等关于现代工业一般监督和倡导的初衷，官方监督者直接插手企业的管理和资本经营，并背离为国效劳的目的而寻求个人私利。此外，他还注意到官督商办企业中普遍存在的官利问题，他认为这种"有保证的红利"混淆了股东投资与企业贷款，并成为任何一位经理人都必须克服的难题。在此基础上，他认为官督商办并不是一种明确的企业结构，而是政府与商人之间的一种灵活安排，政府监督者与商人经理的权责未明确界定，导致企业最终被官僚控制而丧失了商业上的能动性。②

　　吴太昌等在《中国国家资本的历史分析》中按照不同历史阶段，对中国国家资本的形成及国家资本企业的发展进行了贯通性解释。他们认为，近代中国国家资本迅速扩张是国家应对外敌入侵等重大危机的结果，具有历史必然性。国家资本企业成立的方式虽有所不同，但主要集中于重要工业部门，积累了较强的科技实力和管理经验。这些企业日后成为新中国社会主义国有经济的重要组成部分。③ 这一研究成果有助于客观理解近代国家资本及

① 费维恺：《中国早期工业化：盛宣怀（1844 –1916）和官督商办企业》，虞和平译，中国社会科学出版社 1990 年版。
② 陈锦江：《清末现代企业与官商关系》，王笛、张箭译，中国社会科学出版社 1997 年版。
③ 吴太昌、武力等：《中国国家资本的历史分析》，中国社会科学出版社 2012 年版。

国有企业的历史定位，对分析西北实业公司的资本积累及政府在公司治理中的角色和作用也具有一定的借鉴意义。

杨勇的《近代中国公司治理：思想演变与制度变迁》一书分别总结和评价了晚清时期、民初和北洋政府时期、南京国民政府前十年、抗日战争时期以及抗战胜利后不同时期中国公司治理思想的形成、发展与演变，以经理人选择权和经营决策权的归属为重点考察对象，同时结合中国近代公司制度形态的演变，总结出不同公司制度形态下公司治理机制的特征，从资本力量和政府的角色定位的角度对中国近代公司治理思想的形成和演变进行了深入研究。①

张忠民较早地将企业制度史研究与企业史研究加以区别，并提倡运用经济学、管理学的方法分析企业制度演变。其与朱婷合著的《南京国民政府时期的国有企业（1927—1949）》就是一部系统研究国有企业制度变迁的力作。他们从国有经济政策的演变出发，对南京国民政府时期的中央企业和地方省市营企业的产权、治理结构、管理层级以及职员薪酬等方面做了整体性研究。在此基础上，他们认为南京国民政府时期的国有企业在产权、治理结构和内部组织管理等方面较清末官督商办企业和北洋政府的国有企业相比有了不同程度的改善和进步。抗战胜利后，国有大公司在某些方面体现出一定的规模优势。他们提出国有企业与民营企业的经营效率与经济贡献也不能一概而论，使用不同的资料和从不同的视角出发会得出不同的结论。此外，南京国民政府时期的国有企业还呈现出一定的公司化倾向，公司组织形式逐渐向大型企业集团的方向演化，国有企业制度已经开始向现代企业制度转型。②

杜恂诚等在《中国近代国有经济思想、制度与演变》中，归纳总结了中国近代国有土地思想、国有工商业思想和国有金融业思想，并以此为起点，分别对晚清时期、北洋政府时期以及南京国民政府时期的国有经济制度进行了深入剖析，提出国有经济在开辟新的经济时代、资本集聚方面具有不可替代的优势。此外，他们还用大量篇幅详细探讨了国有企业的产权和治理结构问题。国有企业产权特征主要包括边界不清晰、以行政隶属关系或官场派系代替产权代表、政治权力体现为最高产权和私人产权未被有效保护等；

---

① 杨勇：《近代中国公司治理：思想演变与制度变迁》，上海人民出版社 2007 年版。
② 张忠民、朱婷：《南京国民政府时期的国有企业（1927—1949）》，上海财经大学出版社 2007 年版。

在治理结构方面，表现为行政长官具有最高决策权、有效监督和制约机制的缺失、内部人控制和官员寻租相交织的特点。① 他们的研究有助于对近代国有企业治理有一个宏观把握。

徐华和徐学慎所著《近代企业资本组织：公司制的中国化》一书在回顾了公司制传入中国的历程后，认为西方公司制在中国发生了本土化变异，主要体现在股东有限责任变异为公司实际控制人承担无限责任、独立法人人格的缺失、公司实际控制人专权导致公司治理结构形同虚设、公司股权的流动性减弱以及信息按差序格局分享。与其他研究不同的是，他们认为包括公司制在内的西方经济制度根植于基督教信仰和传统社会习俗等文化背景，如将公司视为一单纯的经济组织，而忽略公司制背后的东西方文化差异，一味追求制度移植的完整性和规范性，是不客观且不科学的。因此，他们并不认为产生上述变异意味着公司制在中国的失败，反而，这些变异恰恰体现出公司制传入中国后具有的强大生命力。以此为前提，中国式的公司治理并非像西方公司组织那样通过权力制衡和民主协商来实现责权利的调节，而是以公司控制人的权威为核心，取得附股股东和债权人的信任，进而全面掌控公司。② 尽管他们的研究对象是近代民营企业，但这些研究结论对近代国有企业也不失一般借鉴意义。

赵兴胜所著《传统经验与现代理想：南京国民政府时期的国营工业研究》一书在总结和比较中国传统官办经济思想与西学东渐中的国营经济思想的同时，指出战前国民政府基本建立了国营工业的行政管理体制和投资体系，但因较多的主办单位和机构设置的随意性带来的政出多门和各种矛盾，导致一些国营机构成为官僚政客赚取政治利益和经济利益的工具。受抗战爆发的影响，国营工业在国家工业体系中取得了主导性的地位，出现了一些规模庞大的具有垄断性质的托拉斯企业。战后国营工业的发展呈现出商业化、财政化和殖民地化的特点。此外，他还将国营工业放在国民政府时期整个政治经济变迁的大环境下予以考察，认为国民政府国营工业的衰落主要是由于国民党一党专制的政治体制导致公私不分和官僚资本泛滥，以及政府政策目标的错乱导致国营工业注重短期效益而忽略长期目标。该项研究主要基于对

---

① 杜恂诚、严国海、孙林：《中国近代国有经济思想、制度与演变》，上海人民出版社 2007年版。

② 徐华、徐学慎：《近代企业资本组织：公司制的中国化》，社会科学文献出版社 2019 年版。

国营工业宏观走势的分析，并未涉及国营企业的内部治理问题。①

美国学者卞历南在《制度变迁的逻辑：中国现代国营企业制度之形成》一书中将中国近代国营企业治理结构视作行政官僚组织模式在企业中的延伸。与其他研究者不同的是，他将研究视角放在现代中国国营企业的单位制上，认为这一制度并不是单纯地移植苏联的外来产物，而是发端于洋务运动时期的官办兵器工业并在抗战时期国民党的军事重工业企业中得以成型。他进一步将中国国营企业体制的根本性特征概括为等级制的官僚治理结构、独特的管理与激励机制、社会服务与福利内部化等。这些特征或多或少都存在于国民政府时期的国有企业当中。②

张兵在《近代中国公司的移植性制度变迁研究》一书中运用新制度经济学理论建立了移植性制度变迁的经济学分析框架，将近代中国公司制移植过程划分为制度嫁接、制度调整和制度再调整三个阶段，从制度变迁、制度演化、制度互补、成本收益分析等角度探讨中国近代公司制度变迁的内在逻辑，同时将公司制度放在国家制度变迁的大视野中予以考察，提出政治变革和中央权力的弱化带来商办准则主义公司制的大发展，公司法人制度、股东有限责任和公司治理结构得以建立，资本的力量得以增强，制度移植几近成功。但随着中央政府政治力量的强化，垄断国企对民营公司的全面碾压最终导致中国近代公司制度移植的失败。③

总体来看，早期关于近代国营企业和省营企业的研究大多被置于"国家垄断资本"和"官僚资本"等概念中讨论，具有浓厚的"革命史观"色彩，对其历史作用的评价也较为负面。改革开放后，学术研究的环境和条件均得到较大程度改善，对上述问题的研究也更为客观。此外，现有研究成果也反映出近代国有企业史与制度史研究齐头并进，均取得了长足进展。前者较注重对企业从产生到发展的历史描述以及在此过程中不同力量间的互相博弈。后者则从制度变迁的角度重新审视近代国有企业的发展历程，对近代国有企业整体制度演进进行考察，总结了影响近代国有企业崛起和发展的制度因素。两者互相促进，共同推动了中国近代国有企业治理研究不断向前发展。

省营企业作为近代国有企业的重要组成部分也是学界研究的热点。莫子

① 赵兴胜：《传统经验与现代理想：南京国民政府时期的国营工业研究》，齐鲁书社2004年版。
② 卞历南：《制度变迁的逻辑：中国现代国营企业制度之形成》，浙江大学出版社2011年版。
③ 张兵：《近代中国公司的移植性制度变迁研究》，中国社会科学出版社2018年版。

刚从企业成立背景、资本构成与投资特点、企业制度与经营管理、在地区经济发展中的地位和作用等方面对贵州企业公司的发展变迁进行了详细梳理。① 谭刚论述了广西企业公司的成立经过、发展情况、经营特点及管理制度等问题。② 张晓辉运用大量公司的档案资料，对广东实业有限公司的管理制度进行了较为深入的探讨。③ 杨玲玲以陕西省企业公司的发展历程、生产贸易等业务经营活动为主要研究对象，对公司成立背景、发展情况、生产和贸易进行了考察，并对公司的管理以及后期破产危机的出现等方面进行了分析总结。④ 另外，高超群从观念史的角度考察了中国近代企业当中的管理技术和管理制度等近代企业制度的起源。他对"包工制"等非层级制的企业组织形态的发展、演变也进行了深入考察，认为这些中国企业制度特征很可能具有超越中国文化边界的普遍性价值和意义。⑤ 朱荫贵则从历史继承的角度，通过对中国近代股份制企业中的传统因素的分析，认为吸收和借鉴传统中的习惯和制度可以降低近代企业制度创新所带来的社会阻力和交易成本。⑥ 他们的研究虽没有明确指向国有企业，但对分析近代国有企业的组织形态与企业制度变迁具有重要的参考价值。

三、西北实业公司研究

西北实业公司一直以来都是山西乃至全国近代企业史研究的热点。20世纪八九十年代出现了西北实业公司研究的第一个高潮。景占魁先生是这一时期较具代表性的学者。其著作《阎锡山与西北实业公司》侧重于描述西北实业公司从创立、发展到结束各个不同时期的生产与运行状况，对公司管理组织以及各厂机器设备数量、产能、销售情况及科技水平等均有详细的统计与说明，集史料性与研究性为一体，对以后的研究具有重要的参考价值。

---

① 莫子刚：《贵州企业公司研究（1939－1949）》，载于《近代史研究》2005年第1期。
② 谭刚：《抗战时期广西企业公司研究（1941－1944）》，载于《抗日战争研究》2013年第3期，第107~115页。
③ 张晓辉：《民国时期地方大型国有企业制度研究——以广东实业有限公司为例》，载于《民国档案》2003年第4期。
④ 杨玲玲：《陕西省企业股份有限公司研究（1940－1949）》，陕西师范大学硕士学位论文，2018年。
⑤ 高超群：《从"商"到"实业"：中国近代企业制度变迁的观念史考察》，载于《中国社会经济史研究》2017年第3期，第22~36页。
⑥ 朱荫贵：《论近代中国股份制企业经营管理中的传统因素》，载于《贵州社会科学》2018年第6期，第5~13页。

该书的不足之处在于未从公司管理模式和公司理论上对其进行深入研究，未注意到档案中显现的微观情况，如公司的资本来源、盈利分配等，也未对公司在此阶段内的如租赁民营工厂等特殊现象展开论证。① 景占魁与孔繁珠合著的《阎锡山官僚资本研究》基于丰富的资料对阎锡山控制的官僚资本企业进行了总体性论述。该书将西北实业公司视作官僚资本的重要组成部分，对其进行了专门分析，重点从理论上论证了官僚资本的剥削性质，而未对公司融资模式、内部组织管理、盈利能力等情况进行详细分析。② 赵军与杨小明在《西北实业公司纺织史研究》中重点考察了西北实业公司纺织工厂的发展史及纺织技术演进史，同时对公司下属西北纺织厂的经营管理制度进行了初步阐释。③

关于西北实业公司的专题论文也有一定数量。阎钟和刘书礼研究了西北实业公司抗战前的军火生产情况。④ 刘建生和刘鹏生从经营制度、激励机制、经费支出、设备采购及人事制度等方面详细分析了西北实业公司的经营管理特色。⑤ 孔繁芝考察了西北实业公司战后向日本索还被劫机器的历史过程。⑥ 这些研究成果均侧重对公司发展的宏观性描述和不同发展阶段的个案分析，且多集中在抗战前公司的运行情况而没有对公司战后呈现出的新特征进行理论性解读。

近年来，随着档案资料的不断发掘与研究视角的多样化，西北实业公司的研究成果也日渐丰富。魏晓锴考察了西北实业公司战后对敌伪产业的接收，并指出西北实业公司未在接收敌伪资产的基础上获得有效发展，而是沦落为地方政府的战争机器。⑦ 魏晓锴与卫磊全面考察了中国共产党对西北实业公司接管的全过程，认为西北实业公司之所以能够被顺利接管与改造，与

---

① 景占魁：《阎锡山与西北实业公司》，山西经济出版社 1991 年版。
② 景占魁、孔繁珠：《阎锡山官僚资本研究》，山西经济出版社 1993 年版。
③ 赵军、杨小明：《西北实业公司纺织史研究》，上海人民出版社 2015 年版。
④ 阎钟、刘书礼：《略论阎锡山与山西的军事工业》，载于《山西大学学报（哲学社会科学版）》1996 年第 4 期，第 63～69 页。
⑤ 刘建生、刘鹏生：《试论"西北实业公司"的经营管理特色及历史启示》，载于《经济师》1996 年第 2 期，第 65～67 页。
⑥ 孔繁芝：《西北实业公司战后对日索还始末》，载于《山西档案》2003 年第 6 期，第 35～37 页。
⑦ 魏晓锴：《抗战胜利后山西地区工业接收研究——以西北实业公司为中心》，载于《民国档案》2015 年第 3 期，第 131～138 页。

中国共产党的接管政策与薪资改革密不可分。① 岳谦厚和刘惠瑾从工人运动的角度考察了西北实业公司的工人管理制度，指出西北实业公司通过改善工人工作环境及生活条件，制定严格的工作纪律和频繁的思想教育避免了工潮爆发。② 此外，他们还就战后西北实业公司对接收日伪企业的经营管理问题进行了深入探讨。③

上述研究均以扎实的史料与多方位、多角度的考察见长，有力地推动了西北实业公司研究不断发展。然而，单纯以史料为基础的对企业发展历史的梳理及经营管理特点的总结已不能再将研究推向深入。随着现代企业理论和新制度经济学的传播以及在企业史研究中的成功运用，一些学者尝试用现代制度经济学理论分析西北实业公司的企业制度。如吴丽敏和张文锡运用交易费用理论，探究西北实业公司实行纵向一体化的内在动因，并对其经营绩效进行了初步分析。④ 上海社会科学院的王斐则延续了其导师张忠民的研究特色与研究思路，从制度变迁的角度对西北实业公司不同历史时期的产权制度进行了深入分析。王斐的博士论文《西北实业公司产权制度演化研究（1933 – 1949）》从股权、法人财产权和经营权三者的归属与分离程度来探讨西北实业公司法人产权制度的特征。她认为战前西北实业公司通过有限的政企分离实现了公司股权、法人财产权和经营权的初步分离，并在形式上建立起不完整的法人治理结构。抗战时期，迁移到敌后的新记西北实业公司成为政府直属生产机构，完全丧失了企业经营自主权，法人产权也不复存在。而由日方经营的山西产业株式会社则建立了企业法人制度，并且表现出投资主体多元化、法人交叉持股和政企关系密切等日本企业所特有的制度特征。抗战胜利后，西北实业公司建立了内外两套产权制度，对外显示为完整的公司法人财产权，对内则延续了战前不完整的地方国有公司法人产权制度。⑤

总体来看，西北实业公司研究在一定程度上呈现出企业史与企业制度史

---

① 魏晓锴、卫磊：《工业企业接管与改造中的薪资改革——以西北实业公司为中心》，载于《暨南学报（哲学社会科学版）》2018 年第 11 期，第 67 ~ 77 页。

② 岳谦厚、刘惠瑾：《阎锡山的西北实业公司何以几无工潮》，载于《安徽史学》2019 年第 2 期，第 116 ~ 125、133 页。

③ 刘惠瑾、岳谦厚：《阎锡山接收日伪企业后的经营策略》，载于《近代史学刊》2021 年第 2 辑，第 231 ~ 248、332 ~ 333 页。

④ 吴丽敏、张文锡：《试析西北实业公司生产经营方式与经营绩效》，载于《沧桑》2005 年第 1 期，第 16 ~ 17、19 页。

⑤ 王斐：《西北实业公司产权制度演化研究（1933 – 1949）》，上海社会科学院博士学位论文，2019 年。

研究同步发展的趋势。实际上，这两者并无严格的界限，如在西北实业公司史的研究中也涉及薪酬分配、管理层激励等企业制度方面的问题。对西北实业公司发展史的广泛研究有助于更准确地把握包括产权、治理机构、经理人激励、剩余分配等在内的企业制度演进脉络，进而为西北实业公司的全方位研究打下坚实基础。

综上所述，目前有关西北实业公司的研究成果颇丰，但主要以企业发展史的描述及经营管理制度的定性概括为主。尽管一些学者运用经济学及管理学等学科的方法对西北实业公司的企业制度进行了考察，但在一些方面仍有待深入。第一，在档案利用方面，现有研究大多使用山西省档案馆馆藏资料，缺少对其他地方档案馆如太原市档案馆、天津市档案馆及台湾地区档案馆资料及日文资料的利用。对这些史料的发掘与利用可以更好地对西北实业公司资本来源、股东、法人地位、治理结构等企业制度的核心问题进行深入剖析。第二，在研究方法方面，现有研究主要以历史方法为主，缺少从公司治理视角对公司制度演进的贯通性解释。虽有学者从产权、工资福利等角度对西北实业公司的治理问题进行了初步探讨，但在资本构成、董事会治理结构的运作及战后接收民营企业的处理等方面还存在不少可以更为深入分析之处。

第四节　研究内容与方法

一、研究内容

本书以西北实业公司为研究对象，主要考察其对公司治理结构的探索与建立以及不同历史阶段公司治理结构的变化。主要研究的问题是：政府资本的出资形式及在西北实业公司资本中的比例，公司早期的控制权分配及激励机制，董事会治理结构的建立及运行机制，剩余索取权与剩余控制权安排等。基于对上述问题的思考与分析，本书拟设置六章内容。

第一章主要介绍本书的研究背景、研究的目的和意义、研究现状、研究内容与方法、创新点与不足等，并对研究所涉及的一些重要概念进行了界定。

第二章主要介绍西北实业公司成立时的政治、经济与社会背景，并对西北实业公司筹备、发展、内迁、扩张及衰落等不同发展阶段进行了概述，便于从宏观角度把握公司经营管理制度演进方向。

第三章主要介绍战前西北实业公司董事会治理结构的建立，具体包括公司的资本构成、早期对经营管理体制的探索、董事会治理结构的建立及特征以及公司治理中的政府行为，具体阐释公司治理结构各部分的内部运行机制及剩余索取权和剩余控制权的配置。

第四章主要介绍在受到日本侵略的外部冲击后，西北实业公司治理结构的调整与异化，具体包括董事会角色转换、新记西北实业公司控制权变化及其治理成效、日本军管理与委托经营制度的内涵与本质、株式会社治理结构的建立等。

第五章主要介绍战后集团公司治理模式的建立，具体包括战后公司资本构成、治理结构组成部分的变化、科层组织的建立、对民营企业的代管与租赁、剩余分配与经理人激励等，最后对公司治理结构变迁进行分析。

第六章主要介绍本书的研究结论与展望，围绕西北实业公司治理结构的运行机制及变迁逻辑，从政府多元化的融资网络形成的股权与债权、政府官员个人"嵌入"对公司治理结构的影响、剩余索取权与剩余控制权的结合等方面归纳总结了本书的主要结论，并结合当代国有企业改革的实际情况对未来研究进行了展望。

二、研究方法

李伯重教授曾指出，历史学和经济学的方法是经济史研究的基本方法。因此，本书主要采用了历史学的实证研究方法和经济学的理论分析方法。本书利用了大量一手未刊档案资料，并对地方志、报刊、文史资料、回忆录和日记等历史资料进行整理归纳，尽可能准确地描述西北实业公司经营管理制度的变革及董事会治理结构的运行机制，做到论从史出。在此基础上，运用经济学特别是制度经济学中的相关理论对上述内容进行理论分析。

除上述基本方法外，本书还借鉴了管理学、社会学的相关理论与概念。本书运用管理学中的组织管理理论分析西北实业公司的组织结构变迁，运用公司金融学理论分析西北实业公司资产负债表、损益计算书，同时借鉴关系产权和波兰尼的"嵌入"概念分析西北实业公司的产权性质及政府官员在公司治理结构中的角色与作用。

比较方法也是本书采用的一种重要研究方法。本书虽以西北实业公司为研究对象，但在具体分析过程中将西北实业公司与山西其他具有官方背景的企业如晋北矿务局、大同矿业公司以及国民政府实业部投资的国有参股、控股企业进行比较。通过考察西北实业公司与这些企业在资本构成、股权结构、融资模式、组织结构及剩余分配方面的异同，对西北实业公司的治理结构特征及其在近代国有企业发展中的地位进行客观评价。

第五节　创新与不足之处

一、创新之处

本书的创新之处体现在以下几个方面：

第一，史料运用方面。本书在发掘利用山西省档案馆、太原市档案馆等本地档案资料之外，还收集整理了大量现存于天津市档案馆、台北"中央研究院"近代史研究所档案馆、日本国立国会图书馆、亚洲历史资料中心有关西北实业公司的新史料。这些资料中包括公司资产负债表、公司章程、股东名簿、注册立案文件、矿权申请书、采购与销售合同、生产计划、盈余分配方案、租赁协议等反映公司经营管理不同侧面的内容，且大多未经利用。对上述资料的梳理与分析为解释公司经营管理制度变革并从整体上把握公司治理结构的制度安排提供了重要依据。

第二，研究方法方面。本书运用现代企业理论，对西北实业公司治理结构的不同侧面进行深入剖析，尽可能地达到历史与逻辑的统一。本书运用"两权分离"理论分析西北实业公司早期实行的组长负责制、厂长负责制、承包制、经理负责制；状态依存所有权理论分析西北实业公司在不同阶段控制权的变化；运用不完全契约理论分析战前西北实业公司下属各厂的经济行为以及战后对民营工厂的租赁；运用剩余索取权与剩余控制权理论分析公司治理结构中的权力配置与盈余分配；运用委托代理理论分析经理人的激励与约束机制等。

第三，研究视角方面。从中国近代工业化路径的视角，考察西北实业公司治理结构的建立以及向近代化企业转型的过程，将微观的个案研究嵌入更大的宏观叙事当中。例如，本书在分析战后西北实业公司对接收民营工厂的处理时，将该事件放在国民政府战后接收敌伪产业的大背景中予以考察，呈现出政府、西北实业公司、民营工厂股东等利益相关方彼此冲突博弈的复杂局面，系统阐释了西北实业公司代管、租赁、征用民营工厂的政治与经济动因，有助于更为全面地了解战后国民政府对民营企业的接收与处理。

二、不足之处

囿于史料阙如及个人学识所限，本书在以下方面有待进一步完善和改进：

第一，由于西北实业公司早期资料大多毁于战火，本书未对公司实行组长、厂长负责制及承包期间的盈利能力、经理人激励、剩余分配等进行长时段的量化考察，因而无法对西北实业公司早期的治理成效做出准确判断。

第二，本书依据零星档案资料及有关人士的回忆录推断出政府官员的私人资金是西北实业公司资本的一个重要来源。然而，因史料缺失，本书对政府官员的投资行为是主动还是被动、官员私人资本在公司资本中所占比重及其投资收益等问题均未进行深入分析。对这些问题的解答可以更好地理解西北实业公司治理结构中政府官员的"个人嵌入"及公司治理中的政府行为。

第三，层级制和市场制是两种不同的治理结构。西北实业公司建立董事会治理结构后，其部分下属工厂间的业务往来仍以契约的方式进行，这是否意味着西北实业公司的董事会治理结构仍然偏向市场制？抑或属于威廉姆森所谓的"混合制"？这些都是尚待进一步深入研究的问题。

第二章　西北实业公司发展历程概述

西北实业公司于 1932 年 1 月开始筹备，1933 年 8 月正式宣告成立。抗战爆发前，西北实业公司已发展成为轻重工业门类较为齐全、在地方经济中占据重要地位的大型工业企业。西北实业公司的创建和发展，与其所处的政治、经济、社会背景密切相关，且具有明显的阶段性。其经营管理体制的演变也体现出中西两种不同管理哲学与企业制度的碰撞与融合。

第一节　创办背景

20 世纪 20 年代末，世界爆发了持续十年之久的经济大萧条，各国经济遭受严重打击。为缓解国内经济危机，西方资本主义国家纷纷谋求对外扩大出口，减少进口，这对于工业体系尚不完备的中国无疑是灾难性的。1930 年，阎锡山、冯玉祥等地方实力派掀起反对蒋介石的浪潮，中原大战爆发。战争以地方实力派的落败而告终。山西作为主要参战方遭受极大的损失，发展经济、增加生产成为社会共识。与此同时，《公司法》等法律法规的完善及企业内部管理制度发展也为西北实业公司的创建提供了重要的制度基础。

一、世界环境：严重的经济危机

20 世纪 30 年代，山西经济在战争和经济危机的双重打击下急剧恶化，市场中外货充斥，本地工矿企业纷纷亏损倒闭，商业凋敝，进而造成严重的失业问题。加之政府苛捐杂税有增无减，农村地区经济萎缩，山西面临严重的经济危机。

经济危机的第一表象当属持续的贸易入超。实际上，20 世纪 30 年代，受内忧外患影响，中国国际贸易一直处于巨额入超状态（见表 2.1）。

表 2.1 历年进出口贸易统计数字　　　　　　单位：两、元

	1930 年	1931 年	1932 年	1933 年	1934 年	1935 年
进口总值	1 309 755 000	1 427 574 000	1 049 246 661	1 345 576 000	1 029 665 000	919 211 322
出口总值	894 843 000	887 450 000	492 641 421	611 828 000	535 214 000	575 809 060
入超	414 912 000	540 124 000	556 605 240	733 739 000	494 451 000	343 402 262

注：1930～1932 年数据以银两计算，1933 年和 1934 年数据以银元计算。

资料来源：朱斯煌：《民国经济史》，河南人民出版社 2016 年版，第 228～229 页。

以上数据显示，中国的国际贸易入超呈现先升后降的态势，但一直处于严重入超状态。1935 年之前，法币制度尚未实行，巨额的国际贸易逆差使大量白银外流，中国经济受到通货紧缩的严重制约。在此背景下，山西省也不可能独善其身。据国民政府全国经济委员会统计，山西每年入超约有四五千万元之巨。[1]

对于洋货泛滥的危害，时人有清醒的认识。徐永昌曾言："日本不足惧，入超可惧。今日中国之不如日本，完全为智识落后。新兵器不敌，皆需财力易之。若年年入超，财力日困，虽无日本亦不能立国，此我所以不惧日而惧入超也。"[2] 巨额贸易入超使本国企业生存状况愈发艰难，失业率居高不下。徐永昌认为进口商品如洋布、洋针、洋糖、洋线、洋洗脸盆等"将农人、工人以及小商人以血汗换得之钱——吸吮而去，电料、五金及一切服装、服饰等用品之中上人家，其钱财不入于本国劳动者之手，而一一转送于国外。汽车、汽油、高贵之外国烟酒、绸缎、化妆品及一切奢侈品之使用者，无非由人民方面以不同方法获得之金钱，也大多送入外国人之手，因多数人需要多数外国货，使本国劳动者无工可做，企业家无业可兴，这便是我们国家的直接至穷之道"。[3] 据统计，1933 年山西全省约 20% 的商号歇业，且多数规模较大。仅汾阳县就有约 1/3 的商号倒闭，失业者达 2 200 余人。[4]

① 张研、孙燕京：《民国史料丛刊》（348）《经济·概况》，大象出版社 2009 年版，第 12 页。

② 徐永昌：《徐永昌日记》（第 2 册），台北"中央研究院"近代史研究所 1990 年版，第 540 页。

③ 徐永昌：《徐永昌回忆录》，团结出版社 2014 年版，第 226 页。

④ 段亮臣：《一年来之山西经济》，载于《监政周刊》1935 年第 105 期，第 72、74 页。

农村的失业状况则更为严重，就业不充分，存在大量的半雇佣劳动力。① 这些失业者成为社会不稳定因素，如果不加以扶持，则可能威胁到阎锡山对山西的统治。

受到严峻的外部经济环境和国内政局动荡的双重影响，晋商的经营活动也大受影响。晋商作为活跃在中国近代经济舞台上的一支力量，长期以来为山西地方经济发展做出了重要贡献。1931 年后，随着"九一八"事变爆发以及外蒙古局势的变化，东北及外蒙古等晋商经济活动重要区域的营商环境急剧恶化，致使大量晋商纷纷破产返乡，山西骤然间失去了重要的财富输入来源。山西省政府主席徐永昌曾不无忧虑地说："山西全省人口达一千数百万人，在国内各地经商者有数百万人，远如库伦、阿尔泰、黑龙江各地晋籍商人甚多，自东北事变后已络绎返乡。江南各地亦以营业不振相率归来，一筹莫展。此等商人经营失败，恢复甚难。而其一人失业亦即全家失业，以故言山西财政将来情形恐更不堪设想。"② 受工商业衰落的影响，农村地区的经济状况也不容乐观。民间士绅刘大鹏的日记中对此有详细记载。"斗粟贵至三四元大洋，尺布贵至大洋三四角，其余蔬菜食物，价皆腾涨，至于千仞万丈之高"。农民生活困苦不堪，政府却"仍然按户起款，支应兵差"。为此，他不得不发出"晋省民穷财尽，已有日不聊生之象"的感慨。③

面对巨额的贸易逆差，国民政府提倡人民使用国货，以扶持本国工业。山西省也出台了一系列鼓励人民使用省货的措施，其中特别规定政府公职人员严禁使用外货。徐永昌认为社会上层人士应带头使用国货，广泛使用国货便是救国。④ 在此情况下，大力发展本土企业，实施进口替代计划，便成为挽救经济危机的一个重要手段。

二、国内环境：统制经济盛行

20 世纪 30 年代，在西方主要资本主义国家陷入严重经济衰退的背景下，苏联以政府主导经济，不但没有衰退，反而取得了一定程度的经济增长。尤其是实行第一个五年计划后，苏联经济增长强劲，与西方世界的经济

---

① 杨映秋：《一年来之大事述评》，载于《监政周刊》1935 年第 105 期，第 312 页。
② 《徐永昌昨晨抵平》，载于《大公报天津版》1932 年 7 月 26 日第 3 版。
③ 刘大鹏遗著，乔志强标注：《退想斋日记》，北京师范大学出版社 2020 年版，第 385、429 页。
④ 徐永昌：《徐永昌日记》（第 2 册），台北"中央研究院"近代史研究所 1990 年版，第521 页。

大萧条形成鲜明对比，经济自由主义受到严重质疑。美国罗斯福政府通过实行政府干预经济的凯恩斯主义，逐渐从经济危机中恢复。在这一国际大背景下，中国国内要求政府干预经济的呼声也日渐高涨，出现了所谓统制经济的思想。统制经济强调国家对国民经济进行总体规划与管理，以求得社会经济的平衡。

孙中山的实业思想是统制经济的直接理论来源。孙中山早年游历欧美诸国，亲眼目睹资本主义世界的各种黑暗，意识到资本主义社会实际上是贫富不均和不平等的世界，批判资本家唯利是图，提倡发展国家资本。他同时强调发展国家资本并不意味着排斥私人资本，而是要达到两者的平衡与互补。"凡夫事物之可以委诸个人，或其较国家经营为适宜者，应任个人为之，由国家奖励，而以法律保护之"。[1] 南京国民政府继承了孙中山的这一经济思想，"实行总理建国方略、建国大纲之建设程序。吾党民生主义，其最大原则，在平均地权、节制资本，同时并建设国家资本，以发展有利民生之实业"。[2] 1928 年 10 月，国民政府通过《国民政府宣言》，初步划分了国家资本和私人资本的职能，"进行经济建设之原则，必依个人企业与国家企业之性质而定其趋向。凡夫产业之可以委诸个人经营或其较国家经营为适宜者，应由个人为之，政府当予以充分之激励及保护，使其获得健全发展之利益"。[3] 根据上述原则，国民政府工商部将钢铁、机器、水电、纺织、化工、制盐、造纸等行业列入国家资本投资范围。[4] 至此，统制经济正式成为国民政府的主要经济政策，并对经济发展产生了深远影响。

阎锡山本人对苏联的计划经济备加推崇，认为苏联能在短期内取得巨大的经济发展成就与这一制度不无关系。在统制经济思潮的影响下，山西省提出了"以政治力量推动经济建设"的总方针，试图集中全省力量加速工业化建设。与沿海沿江地区相比，山西作为内陆地区在中国近代工业化中一直居于落后地位，其中原因包括教育、金融、交通诸多方面。近代实业家穆藕

---

① 孙中山：《孙中山全集》（第 6 卷），中山大学历史系孙中山研究室等编，中华书局 1985 年版，第 253 页。

② 《宁汉国民政府与党部合并后重要文件》，载于《国闻周报》第 4 卷第 39 期，1927 年 10 月 9 日。

③ 江苏省中华民国工商税收编写组、中国第二历史档案馆编：《中华民国工商税收史料选编》（第 1 辑）《综合类》（上），南京大学出版社 1996 年版，第 185 页。

④ 邱松庆：《南京国民政府初建时期工业政策述评》，载于《中国社会经济史研究》1998 年第 4 期，第 89 页。

初对此曾有论述："内地因教育不兴，民智闭塞，交通不便、金融呆滞，于发展实业诸要点所缺过多，此为内地实业不克振兴之先决问题。"他同时提出振兴内地实业的步骤："一方面应先推广铁道，更于铁道沿线广开大道以便运输。其在交通当事急宜仿行欧美便利货物转运方法，将路政严行整顿，以惠农工；一方面改良农作，增进产量，使内地金融逐步成活泼气象，人民生机渐能裕余。然后酌量各地情形，次第谋划各项实业，农工并举而商业亦随之以发达矣。"① 鉴于此，山西省出台了《山西省政十年计划案》（以下简称《计划案》），制定了包括工业、农业、交通、金融等诸多领域的详细发展规划，由此拉开了山西统制经济的序幕。

《计划案》执行的主要目的在于"增加生产"与"平衡贸易"。由于省内商品供给不足，山西省政府鼓励公私资本投资实业，增加产出。私人资本主要进入油脂业、酿造业、造纸业等轻工业产业，政府资本则重点投资于能源、钢铁等重工业领域，并大力发展毛织厂、水泥厂等公营事业，以填补省内行业空白。此外，为保持贸易平衡，山西省采取了一系列限制外货（包括进口洋货和国货）、提倡省货的措施，以减少贸易入超。如省政府将官吏及雇员薪水的 2/10 以土货兑换券的形式发放，用以购买本省产品，强制人民吸用本省晋华卷烟厂出产的烟草等。在努力提高本省产品市场占有率的同时，政府成立了各种贸易统制机关，严格控制洋货及省外产国货的输入，并垄断本地产品的外销业务。山西以一省范围实行经济统制的方式招致国内其他省份的不满，尤其是不加区别地排斥洋货与国货被认为有经济割据之嫌。而斌记五金行等公营事业中混有官吏私人资本，不免有官吏借助政治势力谋利自肥的嫌疑。② 在山西进行经济调查的日本人也认为，山西自古以来在金融经济上与全国有着很深的渊源，仅以本省发展为目标而无视其他利害关系的经济发展方式有悖历史传统。③

统制经济的结果是企业的公营化趋势得到加强，私营经济的比重日趋减小。以卷烟业为例，山西本有华北烟草公司、德记烟草公司、晋记卷烟厂等私营卷烟企业。1930 年，山西省政府令上述三家私营卷烟厂合并成立省立

---

① 《民国丛书》委员会：《民国丛书》（第三编 74）《历史·地理类》，上海书店出版社 1991 年版，第 162～164 页。

② 侯振彤：《山西历史辑览 1909－1943》，山西省地方志编纂委员会办公室 1987 年版，第 135、309、390 页。

③ 刘义强：《满铁调查》（第 1 辑），中国社会科学出版社 2015 年版，第 480～481 页。

晋华卷烟厂，并在税收优惠和贸易保护主义的促进下占领了省内市场。① 双幅火柴公司、义泉涌酿酒厂等省内私营企业也均以并购等方式转为公营事业。② 毫无疑问，统制经济的盛行为公营事业创造了巨大的政策空间与发展机遇。

三、制度环境：内外制度不断改善

企业发展离不开良好的外部和内部制度环境，公司治理结构在一定程度上也取决于公司所处的制度环境。中国近代企业产生初期，企业制度不是十分规范，大量企业是以并不标准的股份制组织起来的。③ 究其原因，除传统商业习惯的影响及政府对企业的干涉外，企业法制建设的滞后无疑是影响近代企业发展的一个关键因素。梁启超在评论这一问题时说，"各国所以监督此种公司者，有法律以规定其内部各种机关，使之互相箝制；有法律以强逼之，使将其业务之状态，明白宣示于大众，无得隐匿；有法律以防其资本之抽蚀暗销，毋使得为债权者之累。其博深切明有如此也"。中国虽颁布了《公司律》，"其律文卤莽灭裂毫无价值且勿论，借曰律文尽善，而在今日政治现象之下，法果足以为民保障乎？"④ 加快企业法制化建设进程、提高企业运营的规范性成为当务之急。企业制度环境随着商事法律的不断完善以及企业管理技术和管理制度的改进而不断得以改善。

（一）企业外部制度环境的改善

近代公司制是随着西方洋行在中国的扩张而引入的。在清政府主导下，轮船招商局等一批官督商办和官商合办企业模仿西方公司募集股本，延揽一些具有外国公司工作经验的买办商人参与经营，将中国传统商事习惯与西方公司制结合，形成了具有中国特色的公司制度。清政府官僚体制通过这种制度延伸进入经济领域，将低效率和腐败等顽疾带入企业，最终导致官督商办企业的集体没落，并沉重打击了民间投资的积极性。为了保护民间投资者的

---

① 山西省史志研究院编：《山西通志》（第19卷）《轻工业志》，中华书局1998年版，第191~194页。

② 《山西造产年鉴》，山西省档案馆藏旧政权资料，编号：N36。

③ 高超群：《从"商"到"实业"：中国近代企业制度变迁的观念史考察》，载于《中国社会经济史研究》2017年第3期，第32页。

④ 梁启超：《梁启超全集》（第4卷），北京出版社1999年版，第1976页。

合法权益，在商民的强力呼吁下，清政府模仿西方公司制度制定了中国第一部《公司律》，结束了中国公司立法空白的历史。继《公司律》后，清政府又相继颁布《公司注册试办章程》及《破产律》。同期颁布的法规还有商标法、银行则例等。这些法律法规的制定和实施，在很大程度上改善了晚清企业所处的外部制度环境，调动了商人的创业积极性。[1]

《公司律》虽实现中国近代公司立法零的突破，但与公司实践相比仍显滞后。为满足公司制企业快速发展的需求，北洋政府在总结《公司律》实行以来的各种利弊基础上，于1914年颁布《公司条例》。中国公司法律制度建设又向前迈进一大步。与《公司律》相比，《公司条例》内容更为充实，且具体法律条文也有很多改进。但该条例是在仓促间颁布的，主要参考了日本商法，问题自然难免。该法颁布不久，一些商会代表就提出了修改意见。农商部虽然于1923年对该法进行了修订，但仍不能完全满足社会需求。北洋政府同时还修订了与《公司条例》配套执行的公司注册管理相关法规，先后颁布《公司注册暂行章程》《公司注册规则》及其施行细则等法规，规范了公司注册程序。除上述法规外，北洋政府还先后颁布《公司保息条例》《暂行工厂通则》《商人通例》《矿业条例》《证券交易所法》《证券交易所法施行细则》等行业一般性法规及银行、矿业、交通等行业的特许条例。这些法律法规共同构筑了企业的外部法制体系。[2]

南京国民政府成立后，进一步加快了经济立法的步伐，形成了包括公司、工厂、保险、证券等在内的一整套经济法规。1929年12月，国民政府颁布《公司法》，突出了公司的盈利性质，并新增了法人持股的相关条款。同时对股份有限公司股东会召开时间、股票面额、股东表决权、董事及监察人等方面做了更为详细的规定。此后，国民政府于1931年又相继颁布《公司法施行法》和《公司登记规则》，公司法规更为系统化。

另一部涉及企业经营的重要法规便是《破产法》。1934年国民政府司法部即开始起草《破产法》，但因该法与中国传统商事习惯不符，甚至未及交立法院审议便遭放弃。直至1935年7月才在各方压力下，吸收多方面意见后艰难出台。其中诸如破产免责的规定虽仍存在较大争议，但这部法律的出

---

[1]　李玉：《晚清公司制度建设研究》，人民出版社2002年版，第115页。
[2]　李玉：《北洋政府时期企业制度建设总论》，载于《江苏社会科学》2005年第5期，第231～236页。

台还是对规范企业债权债务关系及与国际接轨具有重要意义。

国民政府于 1929 年 12 月颁布了《工厂法》，次年又颁布了《工厂法施行条例》。这两部法律的施行为缓解劳资纠纷、改善工人生活保障和劳动条件发挥了一定作用。该法对最低工资保障及劳动时间的相关规定挤压了企业的利润空间，因此颁布后受到工商企业界不同程度的抵制。在各种利益团体的争取下，国民政府于 1932 年对《工厂法》进行了修订，修改了一些争议较大的条款，更多体现出资方的诉求。同时，该法施行后，政府执行了较为严格的工厂监察制度，工人劳动待遇和劳动条件均得到改善。

除此之外，国民政府还颁布了《商标法》《商业登记法》《商业会计法》《专利法》《证券交易法》《商业保险法》《土地法》《银行法》等商业法规，进而形成了较为规范的经济法律体系。

（二）企业内部制度环境的改善

随着公司法制化进程的推进，公司内部制度建设也日趋完善，逐渐走上规范化及法制化轨道。公司章程作为企业最重要的内部制度之一，是企业开办宗旨和办事大纲的汇聚及规定，也是决定企业性质、组织方式和经营方针的纲领性文件。[①] 清末《公司律》中第一次出现有关公司章程的条款，"凡设立公司赴商部注册者务须将创办公司之合同规条章程等一概呈报商部存案"。[②] 同期颁布的《公司注册章程》也将"抄呈合同规条章程"定为公司注册的必备手续。[③] 此后北洋政府和南京国民政府相继颁行《公司条例》和《公司法》以及相关配套法律法规，对公司章程中需载明的事项的规定也更加具体，公司章程的形式和内容均得到较大程度的完善。随着公司法律法规的不断改进以及公司制度在经济领域中的普及，公司经营活动逐步走上了法制的轨道，公司运作更加规范，在一定程度上促进了民国公司经济的整体增长。[④] 虽然公司章程能够按照公司法的要求制定，但其价值功效实际上并未被人们所理解和接受，企业制定章程在某种程度上仅是为了满足法律的要

---

① 朱荫贵：《近代中国的第一批股份制企业》，载于《历史研究》2001 年第 5 期，第 19～29 页。

② 《商务：商律：公司律》，载于《东方杂志》1904 年第 1 期，第 212 页。

③ 日本东亚同文书院：《中国经济全书》（第 7 册），线装书局 2015 年版，第 140～149 页。

④ 李玉、熊秋良：《论民国初年公司法规对公司经济发展的影响——以荣氏企业和南洋兄弟烟草公司为例》，载于《社会科学辑刊》1999 年第 6 期，第 102～107 页。

求，在公司的实际运作中未被广泛地遵守。①

20 世纪二三十年代，中国企业中兴起了一场科学管理改革。一些企业通过改革建立起科层制管理结构，加强了管理人员和技术人员在企业中的地位，并在缓解劳资矛盾和提高生产效率方面发挥了积极作用。② 天津东亚毛呢纺织股份有限公司在创办时就采用科学管理体制，建立了一套极为详细的生产操作规程和严格的人力资源管理制度，同时聘请高级技术专家从事技术研发，以提高企业科学管理水平。商务印书馆运用科学管理体制对原有制度进行全面革新，强化总经理权力，推行标准化管理，执行财务预算和成本核定并对工作进行量化。荣氏家族企业及民生公司则将中国传统企业制度与科学管理体制有机结合，探索出一条中西结合的管理现代化道路。③

新式会计制度作为科学管理的重要内容也受到越来越多企业的重视。19世纪三四十年代，一些大型棉纺织企业便实行成本会计，以规范企业成本管理和资产管理。中国火柴公司等知名大企业也纷纷借助专业会计师事务所引入西方会计的技术方法，改良中式簿记。④ 同时，如汉冶萍公司、中国国货公司、上海水泥公司、大中华火柴厂、新亚化学制药厂股份有限公司等一批知名企业纷纷采用西方借贷记账法的新式会计制度，以提高企业财务管理水平。⑤

四、地方政策：阎锡山"三自"方针

南京国民政府的建立虽然使中国实现了形式上的统一，但地方实力派仍然具有地方治理的最高权威。国民政府的行政管辖能力"随不同的军事领导人向中央政府的效忠程度而有所不同，事实上这些领导人很多处于一种半

---

① 常健：《我国近代公司章程制度的实施效果分析——以公司法律的变革为线索》，载于《中国政法大学学报》2010 年第 5 期，第 31～38、159 页。

② 高超群：《科学管理改革与劳资关系——以申新三厂和民生公司为中心》，载于《中国经济史研究》2008 年第 3 期，第 76～77 页。

③ 徐敦楷：《民国时期科学管理思想在中国的传播与运用》，载于《中南财经政法大学学报》2010 年第 2 期，第 86～89 页。

④ 龚愚德、曹裕：《发行公信帐簿一年来之感想》，载于《公信会计月刊》1941 年第 5 卷第 1 期，第 22 页。

⑤ 张忠民：《20 世纪 30 年代上海企业的科学管理》，载于《上海经济研究》2003 年第 6 期，第 72～79、71 页。

独立状态"。① 在统制经济思想及地方至上主义的影响下，山西省当局实行地方性的贸易保护主义，以发展本省脆弱的轻重工业。阎锡山提出："盖凡一国家之人民。其衣食住行，务须努力自造自用，不仰给于外族而自足，即有时彼国以廉价物美之货投吾所好，亦当充爱国之心理保吾国家之实力。"② 阎锡山强调本省工业建设的最终目的是实现自有、自给、自用。因此，太原工业的一个显著特点是工厂的规模都不算大，但门类较多，差不多"要甚有甚"，完全是在上述"三自"原则下的产物。西北实业公司在扩张过程中也呈现出类似特点，不以营利为单一目标取向，而是兼顾产业链的完整性。如西北实业公司收购大同兴农化学工业社的主要原因就在于获得酒精这种重要工业原料的生产能力。

然而，本省产土货及国内其他地方所产国货在产品质量及价格方面大多不敌进口洋货。为打开土货市场，扶持脆弱的新生工业，山西省自上而下掀起了"服用土货"运动。山西省政府通令全省，要求公务人员及各级机关工作人员所用的全部食品，除无国货替代者外，均须选用国货。国货"虽不好，也得用，否则以违背功令论"。③ 如政府规定本省公务人员只能购买晋华卷烟厂生产的香烟。"各机关各学校各团体各公营事业各公务人员亦有购吸外烟情形。查倡用国货应自上级社会人士躬行实践，拟恳请各主管机关通令全省各军队、宪警各厅会局所各学校各县政府各团体各公营事业各公务人员嗣后务必购用省制卷烟，俾养成服用土货国货之良好习惯，并祈分别责成检查委员、视察员、经济委员以及各县服用国货委员会各级公道团长等随时查报"。④ 对于外货输入则通过加收铁路或公路运费等行政手段予以限制。如政府规定对进口纸烟、煤油、火柴、各种酒、擦头油、化妆品、外国肥皂、烟叶、罐头食品、陶器及瓷器、洋烛香水、化妆用肥皂、棉花等商品加收50%的运费。与此相反，政府对本省产土货不仅未增收运费，反而给予一定减免。如晋华卷烟厂便与山西省邮政管理局订立运输专价，"该厂卷烟除免收五成加价外，并得按普通运价减收六成，其折减之数已颇可

---

① 沈志华、杨奎松：《美国对华情报解密档案（1948-1976）》（一），东方出版中心2007年版，第206页。
② 阎锡山：《山西实业公报发刊词》，载于《山西实业公报》1932年第1期。
③ 徐永昌：《徐永昌回忆录》，团结出版社2014年版，第226页。
④ 《关于山西省立晋华卷烟厂所呈本省购吸烟者必须购吸本省烟如购吸外省烟者应予以处分的函》，山西省档案馆藏，山西省人民公营事业董事会，档案号：B30-1-542-1。

观矣"。①

事实上，抵制外货提倡国货并非山西一省行为，而是全国的普遍做法。"海禁既开，外货输入随地咸有，即小孩之玩具细物亦莫不仰给于外人。吾国当局日言抵制外货，徒事治标而不务本，早为列强所洞悉……吾亦工农国家，曷不于振兴实业之外，更提倡小工业哉？"② 但山西的"土货"并非与"洋货"对立的概念。山西省除禁止买卖国外进口商品即"洋货"外，对国内其他省份生产的产品也被视为"外货"加以限制。

为实现经济上的自给自足，山西省除在消费侧强调服用土货外，在供给侧则开展输入替代，开办工厂自行生产轻重工业产品，这也成为西北实业公司成立的主要目的。如西北实业公司炼钢厂的成立就是为了实现钢铁的输入替代。据海关统计，1935 年中国钢铁输入共 62 万余吨，价值大洋 8 964 万余元，而铁砂及生铁之输出者为 131 万余吨，值洋仅 504 万余元。此外，机器输入共值大洋 14 665 万余元。如此巨额的钢铁材料及钢铁制品的输入，"非独金钱外溢，一旦国际有事，势必中断供给，危险孰有甚于此者。本公司筹集巨资，设厂炼制，将来此项工业成功之日，及一部分钢铁自给之时也"。③ 炼钢厂成立后，与之相关的产业也纷纷实现了本土化。如西北实业公司成立西北窑厂，专门生产炼钢用耐火砖。"自该厂开工以来，所有出品种类皆经久耐用，不亚外货，在晋省努力建设之下，已可自给自足"。④ 类似此种事例不胜枚举。除关键机器设备依赖进口外，山西省通过实行"输入替代"战略，实现了大部分产业在原料供应、生产和销售方面的全产业链自给自足，挽回漏卮的同时促进本省经济发展。

事实上，山西并非唯一在经济发展中强调自给自足的省份。同样为地方实力派掌握政权的广西省也提出了类似的方针。广西一直是一个较为贫瘠的省份，工业品及人民生活用品历来不能自给，对外贸易长期处于入超状态。据统计，1932 年广西入超 1 700 万元，按广西人口 1 280 万计算，平均每人每年要负担一元五角。白崇禧指出，长期的贸易入超对广西经济而言是灾难性的，一定要讲求物资自给。因此，他提出，"广西建设的目的是要在政治

---

① 张研、孙燕京：《民国史料丛刊》（319）《经济·概况》，大象出版社 2009 年版，第 226 页。
② 田澍：《西北开发史研究》，中国社会科学出版社 2007 年版，第 5～12 页。
③ 《西北实业公司营业报告书》，载于《西北导报》1936 年第 6 期，第 31～35 页。
④ 《实业新闻：西北窑厂所出耐火砖不亚外货》，载于《中华实业季刊》1935 年第 2 卷第 2 期，第 203 页。

上求自治，经济上求自给，军事上求自卫，文化上求自觉"。[1]

由此可见，经济上的自给自足成为国民政府时期一些地方省份的一大经济发展战略，而自给自足的前提是有充足的本土商品供应，这就为公营事业发展提供了广阔的市场空间。在政府金融政策的支持下，各类公营事业相继建立并在短期内取得较好的发展也就不足为奇了。

第二节　西北实业公司发展历程

"九一八"事变后，东北三省沦丧，日本的侵略势力逐步深入，西北的国防地位凸显，开发西北巩固国防成为社会各界持续关注的热点。一些有识之士纷纷上书中央政府，提出开发西北资源发展实业的方案。如刘守中、张继等在《开发西北提案》中谈道："开发西北，在近日已为时人通常套语，而西北实业之途又极广泛人民喁喁仰望于政府者已迫不及待。"他们建议政府成立西北建设委员会，统筹开发西北事宜。[2] 在此背景下，国民政府将开发西北提升至扩大国家战略纵深和巩固国防的重要地位。阎锡山治下的绥远省在地理范围上正属于西北，山西也是紧邻西北的省份，在开发利用西北资源方面可以说具有得天独厚的优势。西北实业公司便是在山西省经济发展规划与国家开发西北战略进行对接的大环境下开始筹备建设的。西北实业公司的发展历程大致经历了筹备阶段、快速发展阶段、战时内迁阶段及战后扩张阶段。

一、筹备阶段

1932年1月至1933年8月是西北实业公司的筹备阶段。《山西省政十年建设计划案》公布后，山西省当局即将筹备西北实业公司提上议事日程。1932年1月，西北实业公司筹备处成立，聘任筹备委员共10人，分别是：水利专家曹瑞芝，当时供职于山东省建设厅；化学专家彭士弘，曾供职于上海大华皮革厂；纺织专家杨玉山，时在太原任职；化学专家王惠康，时在天

---

① 张学继、徐凯峰：《白崇禧大传》，浙江大学出版社2012年版，第242页。
② 田澍：《西北开发史研究》，中国社会科学出版社2007年版，第12、15、395、396页。

津任职；畜牧专家任健三，曾供职于绥远省萨拉齐农场；化学专家曹焕文，曾供职于山西火药厂；商业专家宋澈，时任山西省统税查验所所长；农业专家李红，曾任山西农业专门学校校长；矿业专家刘旭升，时在太原任职；赵子谦委员最后加入筹备处。上述专家当时均在省内外从事实业建设与研究，具有丰富的工作经验，其中彭士弘、王惠康、曹焕文等更是在日后成为公司高级管理人员，为西北实业公司的发展做出了卓越贡献。

筹备处成立后，西北实业公司又相继成立了特产、水利、畜牧、交通、商业、纺织、矿产、冶金、化学、肥料、银行、农业 12 个组，分赴山西省内各县、西北各省和华北各地开展资源调查与研究工作。调查研究结果则作为西北实业公司各厂设计和建设的重要依据。①

二、快速发展阶段

1933 年 8 月至 1937 年 11 月是西北实业公司快速发展阶段。经过一年多的筹备，西北实业公司于 1933 年 8 月 1 日正式成立，总部设于太原市北肖墙街 1 号。公司筹备时期所设畜牧、农业、水利各组在绥远成立屯垦督办公署进行独立管理，脱离了西北实业公司。故公司正式成立时分为特产、纺织、工化、矿业四组，各组设组长一人，由总理和协理领导。总理由阎锡山亲自兼任，协理则由特产组组长彭士弘担任。在此期间，特产组相继创办西北贸易商行、天镇特产经营厂、河东联运营业所；纺织组创办了山西第一家毛织品生产企业西北毛织厂；矿业组创办了西北煤矿第一厂、西北炼钢厂、西河口铁矿探矿所、静乐采矿处、宁武铁矿采矿处；工化组创办了西北窑厂、西北皮革制作厂、西北洋灰厂、西北印刷厂、西北制纸厂、西北火柴厂及西北电化厂。由于工厂管理均由组长负责，权责较为分明，各厂修建工程及机器安装进展均较为迅速。经过一年左右的建设，西北实业公司各厂多数已开工生产，原料采购、成品销售等业务也逐渐步入正轨。

1934 年西北实业公司兼并壬申制造厂、壬申化学厂及育才炼钢机器厂，迎来了第一次大规模扩张。壬申各厂的前身为太原兵工厂。随着同蒲铁路及西北实业公司各厂的开建，机器及各种零件的需求日渐增加。因此，山西省

---

① 曹焕文：《太原工业史料》，太原城市建设委员会 1955 年版，第 36、37 页。

当局将兵工性质的壬申各厂改为生产社会用品并入西北实业公司。西北实业公司将并入各厂重新调整，成立机器厂管理处进行统一管理，下设西北铸造厂、西北机车厂、西北农工器具厂、西北水压机厂、西北机械厂、西北铁工厂、西北汽车修理厂、西北电器厂、西北枪弹厂、西北育才炼钢机器厂及西北化学厂共 11 厂。①

这一时期西北实业公司实行组长、厂长负责制，工厂实际控制人为组长和厂长。组长有较大的人事权，可以选任厂长，工厂建成后独立营业，分别计算盈亏。各组对所属工厂综合计算盈亏，如未达到预期营业目标或半数以上工厂亏损，则年终组长自动辞职，反之如达到预期目标并有盈利时，组长受到奖励，以此来调动员工的积极性。在这种激励机制下，员工的工作积极性得以充分调动，各厂生产销售等业务进展均较为顺利。

随着工厂数量的增加，公司各组的规模也逐渐扩大。西北实业公司成立时资本仅为 500 万元。到 1935 年 10 月，公司资本增加至 1 600 万元，职工总数已达 7 497 人。② 为协调各组生产经营，提高公司整体实力，山西省当局于 1935 年 8 月委任梁航标为西北实业公司经理。梁航标就任后，对公司组织结构进行了调整，将各组撤销成立总管理处，由经理直接领导。总管理处下设考核课、营业课、会计课、总务课、研究部、技术部和矿业部，原各组组长均到总管理处任职。公司管理体制开始由相对独立和分散向集中经营管理转变。

1936 年山西省出台《山西省人民公营事业管理章程》，为全省公营事业建立了统一的董事会治理结构。其组成机构包括督理委员会、公营事业董事会、监察会及各县监进会。为适应这一变化，西北实业公司再次对组织结构进行调整，将总管理处改为公司本部，下设总务部、营业部、会计部和工务部，并设立驻津办事处、驻沪办事处和驻西安办事处。此外，公司还在北京、绥远、宁夏、石家庄和省内阳泉等地派驻办事员，以便开展相关业务。在管理体制上，公司将下属各厂分为集中管理和独立经营两种。前者原材料采购、销售、财务等业务均由公司本部统一管理，工厂成为单纯的生产车间，仅负责增加产量；后者包括由机器厂管理处所属各厂改组而成的西北制

---

① 曹焕文：《太原工业史料》，太原城市建设委员会 1955 年版，第 39 页。
② 徐崇寿：《西北实业公司创办纪实》，引自山西文史资料编辑部：《山西文史精选·阎锡山垄断经济》，山西高校联合出版社 1992 年版，第 171 页。

造厂、西北炼钢厂以及由兼并的民营工厂兴农化学工业社改组而成的兴农酒精厂，这些工厂一切业务均自行办理，自负盈亏，若有盈余须按章上缴西北实业公司本部。

这一时期，公司下属工厂数量也有所增加。第一，原属西北火柴厂的高帝山木柴厂独立设置，改为西北木材厂；第二，为增加炼钢厂焦煤供应，西北实业公司于1936年9月在崞县轩岗镇成立煤矿第二厂，该厂于1937年7月正式投产运行；第三，1937年2月8日，西北实业公司在西山白家庄成立西北机器修理厂；第四，1937年3月，山西政府将晋华卷烟厂划归西北实业公司管理。经过一系列扩张，西北实业公司发展迅速，资本增加为2 000万元，职工总数也达13 205人。① 公司投资规模与生产能力均得到较大程度提升。

三、战时内迁阶段

全面抗战的爆发，终止了西北实业公司良好的发展势头。1937年11月太原沦陷，西北实业公司被迫内迁，在太原的工厂则悉数落入日寇手中。这一时期，西北实业公司分解为三个部分：第一部分是迁往四川成都的西北实业公司；第二部分是在陕西成立的新记西北实业公司；第三部分是被日军侵占的太原各厂。

太原沦陷前夕，西北实业公司经理梁航标、协理彭士弘及部分职员携带现金、账簿等重要文书向运城、西安方向撤退。1938年，西北实业公司与山西省银行、晋绥地方铁路银号一起撤至四川成都，改称西北实业公司清理处，负责处理公司战前债权债务及银行存款，同时管理存放于天水、兰州、重庆及成都等地的货物。原经理梁航标改任清理处经理。②

阎锡山率部撤至晋西后，面临军事和物资短缺的双重压力。为此，西北实业公司协理彭士弘奉命率领技术人员返回前方设厂，以生产军需民用紧缺物资。1939年7月1日，新记西北实业公司在陕西省宜川县正式成立，由彭士弘任公司经理，曲宪治任协理。成立初期，新记西北实业公司在宜川县筹设机器、棉织、毛织三厂。1940年2月，出于对战况的考虑，新记西北

---

① 曹焕文：《太原工业史料》，太原城市建设委员会1955年版，第42页。
② 《西北实业公司关于呈送截至二十七年年底存款存货及负债各数目的函》（1939年4月25日），山西省档案馆藏山西省人民公营事业董事会档案，档案号：B30-1-364-3。

实业公司迁往陕西省泾阳县鲁桥镇，公司遂在泾阳、三原两县设厂造产，相继成立铁工厂、机器厂、纺织厂、毛织厂。1942 年，为增加抗战物资供应，新记西北实业公司奉命在第二战区所在地成立纺纱、织布、火柴、火药及制造工厂，以供战区军需民用。1942 年 8 月，秋林火柴厂、官庄纱厂、秋林化学研究所等相继投产。1944 年 7 月和 9 月，公司在隰县成立火柴厂和化学厂，在孝义成立钢铁研究所。抗战胜利前，新记西北实业公司共有公司本部、前方购销处及纺织厂等 13 个机构，职员 492 名，工人 2 700 名，成为支持山西抗战的重要力量。①

由于时间仓促，西北实业公司大部分机器设备未及撤出便落入日寇手中。日军将西北制造厂下属育才炼钢机器厂、铸造厂、机车厂等工厂的 3 000 余件机器搬往日本本土和我国东北地区，并对强占的西北各厂及原民营工厂进行军事化管理。在日军授权和庇护下，各厂由日本国内财团负责具体经营，谓之"委托运营"。1942 年 4 月 1 日，为加强对山西的经济掠夺，日军将军管理各厂整合成立山西产业株式会社，从东北地区调往山西的日本少壮派军人河本大作出任社长，总理该社一切业务。同时设常务取缔役 4 人，协助社长掌管会社业务。在"委托运营"时期经营军管理各厂的北"支那"开发株式会社、大仓矿业株式会社、东洋纺织株式会社等 13 家日本财团成为该社股东。山西产业株式会社对各厂的管理具有很强的掠夺性，厂中机器大多因超负荷使用，效能锐减。此外，该社管理层及所有技术人员均为日籍，事务员中虽有少量中方人员，但待遇与日籍管理人员相差甚远。特别是中方工人待遇极低，导致工厂生产效率低下。②

四、战后迅速扩张及衰落阶段

1945 年 9 月至 1949 年 4 月是西北实业公司迅速扩张并衰落的阶段。抗战胜利后，西北实业公司迅速在太原复业，将公司本部设于太原市典膳所10 号。公司组织结构基本延续了战前的直线职能制，同时根据业务类型增设了电业处、工业处等职能部门以及轻重工业技术委员会、事务技术委员会、编审委员会、员工福利委员会等专门委员会。战后西北实业公司董事会

---

① 《西北实业公司历年概况》（1946 年 12 月），台北"中央研究院"近代史研究所档案馆藏西北实业公司档案，档案号：32-03-159，第 300、301 页。
② 曹焕文：《太原工业史料》，太原城市建设委员会 1955 年版，第 150～158 页。

治理结构虽恢复运行，但因监察会的缺失，治理结构各部分之间的权力制衡格局被打破。西北实业公司更多依靠自上而下严密的层级制组织进行资源配置。此外，公司完全取消了下属工厂的经营自主权，各厂只负责生产，原料采购、成品销售、会计核算等业务均由公司本部相关部门集中办理。西北实业公司通过接收敌伪产业，公司规模迅速扩大，下属工厂达 50 余个，职工总数总计达 25 876 人。[①]

西北实业公司接收的敌伪产业中既有战前公司所属工厂，同时还包含数十家日军新建工厂和被日军强占的私营工厂。按照国民政府有关敌伪产业处理的规定，战前原属民营的工厂在查明具体情况后应发还原主，但西北实业公司却未依法发还，而是通过代管与租赁的方式取得了民营工厂的实际控制权并最终无偿征用。另外，西北实业公司与山西省政府相关部门密切配合，伪造股东名簿及公司章程等法律文件，最终以"西北实业建设股份有限公司"的名称在国民政府经济部登记注册，取得法人地位。

随着解放战争的持续深入，西北实业公司的军事订单不断增加。制造武器弹药需要大量垫款且无法按时收回，公司资金链日趋紧张。同时，西北实业公司在原料采购、动力供应等方面也面临更大困难，逐渐走向衰落。1947年 7 月，阎锡山政府实行"平民经济"政策，对所有物资实施管控。西北实业公司所有民用产品全部交由政府设立的平民经济执行委员会销售，企业经营自主权丧失殆尽。至此，西北实业公司已不再具有企业的性质而成为政府直接控制的生产机构，并最终随着阎锡山政府的垮台而结束。

本 章 小 结

20 世纪二三十年代，在经济危机与外敌入侵的多重压力下，发展工业、厚植国力对中国的国家安全而言显得格外重要。经历中原大战的失败后，阎锡山深切地感受到经济自强是解决地区发展问题以及应对民族危机的重要途径。因此，阎锡山重掌山西政权后便提出"造产救国"的口号，制定出台了《山西省政十年计划案》，掀起了山西近代史上第二次工业化浪潮。西北

---

① 曹焕文：《太原工业史料》，太原城市建设委员会 1955 年版，第 234 页。

实业公司便在这一背景下应运而生。

抗战前的四年是西北实业公司发展的黄金时期。这一时期，公司通过政府资产划拨、并购等方式实现了快速扩张。同时，西北实业公司对经营管理体制不断进行探索并最终借鉴股份公司制度建立起特殊的董事会治理结构，体现出中国传统管理哲学与西方企业制度间的碰撞与融合。抗战期间，西北实业公司分为公司清理处、新记西北实业公司及敌占工厂三个部分。公司清理处承接了西北实业公司在战前的所有债权债务，使公司各类经济关系得以延续，也是西北实业公司能在战后迅速复业的重要原因。新记西北实业公司则在敌后极为严酷的条件下，利用有限的资源为抗战做出了重要贡献。抗战胜利后，西北实业公司通过接收敌伪产业实现了迅速扩张，但其治理结构并未完全恢复，与战前相比显得较为残缺。在处理接收的民营工厂方面，西北实业公司采取了代管与租赁等与其他地区不同的方式并取得一定成效。在解放战争持续深入的情况下，西北实业公司与阎锡山政府进行了深度捆绑，最终沦落为政府的战争机器而走向结束。

本章对西北实业公司的创办背景及发展历程进行了系统性梳理，通过纵向审视，可以明确西北实业公司在山西乃至中国近代经济史中的历史定位，有利于从总体上把握西北实业公司的发展历程，进而为后续研究奠定基础。

第三章 战前董事会治理结构的建立

广义上的公司治理结构是有关公司剩余控制权和剩余索取权分配的一系列制度安排，包括谁在什么状态下进行决策、决策程序、收益如何分配等。而这些制度安排首先取决于公司的资本结构。资本结构是公司治理结构的重要组成部分，公司资本来源决定收益分配及不同的控制权安排。[①] 因此，在探究西北实业公司治理结构前，有必要明确西北实业公司的资本结构。近年来，虽有学者对这一问题进行了多方面研究，[②] 但仅是将西北实业公司资本置于山西公营事业整体中加以概括，缺乏对公司融资模式与资本结构的深入探讨，同时对政府在公司融资过程中所扮演的角色缺乏系统性论述。此外，关于西北实业公司治理的研究也仅停留在规章制度的解读层面，对其背后的制度逻辑未做深入分析。[③] 因此，本章主要探究西北实业公司在政府这层"面纱"后多元化的融资渠道及资本结构，同时运用现代企业理论对其治理结构及治理效应进行合理性解读。

第一节 西北实业公司的资本结构

20 世纪 30 年代初，山西省出台《山西省政十年建设计划案》（以下简称《计划案》），提出"以政治力量完成经济建设"的总方针，大力发展公营事

---

① 张维迎：《理解公司：产权、激励与治理》，上海人民出版社 2013 年版，第 239 页。
② 王斐：《西北实业公司产权制度演化研究（1933－1949）》，上海社会科学院博士学位论文，2019 年，第 36～38 页。
③ 岳谦厚、刘惠瑾：《山西省人民公营事业及其治理模式——兼述其在太原城市近代化中的作用》，引自张利民：《城市史研究》（第 39 辑），社会科学文献出版社 2018 年版，第 48～62、321 页。

业。① 西北实业公司便是《计划案》着力建设的公营事业之一。公营事业本应由政府出资举办，而山西省财政根本无力承担。时任山西省政府主席徐永昌曾言："然论者以为建设之事，需款巨甚，非可托诸空言。目下经济，军政各费尚在罗掘无方，何从可得余财以资建设?"② 中原大战后，山西经济凋敝，民生凄惨，已到"民穷财尽"的地步。阎锡山也曾感慨："若必待财政充实、或外资借入，始行兴举，则地方建设待至何时!"③ 可见，省级财政并非西北实业公司资本的主要来源。那么，西北实业公司是如何融资的呢?

一、政府公债与借款

按照《计划案》规定，西北实业公司等公营事业经费有三个来源，分别是财政整理处、省政府、财政厅负担42%，经济建设委员会负担28%，实业借款、实业公债筹措30%。④ 西北实业公司成立前公布的《西北实业公司组织章程》（以下简称《组织章程》）记载，公司资本为500万元，"从山西、绥远两省省库筹措缴纳"。⑤ 可见，虽然山西省财政较为困难，但无论是政府规划，还是公司章程，都将财政资金作为公司资本的主要来源，但实际情况并非如此。

从表3.1可以得出，截至1936年8月底，西北实业公司实有资本为11 742 326.391元，与1936年6月相比略有增加。⑥ 这些资金包括太原绥靖公署拨款和原兵工厂资本划转两部分。⑦ 太原绥靖公署拨款中财政整理处⑧的款项仅占11.6%。其中还包含该处向大同矿业公司的借款26万元。如将此款项扣除，财政资金仅占政府拨款的6.7%。在公司总资本中所占比重就更微不足道了，仅为3%。可见，西北实业公司资本主要来自政府公债

① 张研、孙燕京:《民国史料丛刊》（347卷），大象出版社2009年版，第13页。
② 徐永昌:《徐永昌回忆录》，团结出版社2014年版，第228页。
③ 张研、孙燕京:《民国史料丛刊》（347卷），大象出版社2009年版，第15页。
④ 张研、孙燕京:《民国史料丛刊》（348卷），大象出版社2009年版，第183页。
⑤ 南满洲铁道株式会社天津事务所调查课编:《山西省の产业と贸易概况》，南满洲铁道天津事务所调查课1936年版，第40页。
⑥ 1936年6月西北实业公司实有资本为11 199 229.87元。参见《西北实业公司资产负债表》（1936年6月），山西省档案馆藏，山西省人民公营事业董事会档案，档案号：B30-1-371-46。
⑦ 壬申各厂即壬申制造厂和壬申化学厂，两厂前身分别是太原兵工厂和火药厂，1934年并入西北实业公司，参见曹焕文:《太原工业史料》，太原市城市建设委员会1955年版，第39页。
⑧ 该处成立于1932年3月，是山西及绥远两省最高财政机关，同时掌管两省征税事务。参见内田知行:《三十年代阎锡山政权的财政政策》，叶昌纲译，引自中国人民政治协商会议山西省委员会编:《山西文史资料》（第2辑），山西省政协文史资料委员会1991年版，第4~5页。

和借款。按照国民政府公债法的有关规定，省政府未经批准不能募集 100 万元以上的公债，且各项公债收支须编入地方政府预算决算。① 而山西一次发行的公债大多达到或者超过 200 万元。政府资金划拨依照公债发行周期和公司资金需求分期进行，因此西北实业公司资本是逐渐增加的。如 1935 年 5 月发行的第二次实业库券 200 万元，194 万余元均拨作西北实业公司资本。1935 年 8 月发行的第二次建设借款券 100 万元，20 余万元用于太原绥靖公署清还西北实业公司机器厂欠款。随着债券发行量的增加，到 1936 年 12 月，公司资本已达 19 663 549.02 元。② 这些债券均按月付息，利率按月息 1 分计，发行期限 2 年到 4 年不等。同一时期国民政府发行的统一公债利率仅为年息 6 厘，还本期长者 24 年，短者也得 12 年。③ 相比之下，山西省公债利息高且期限较短，在资本市场具有一定竞争力。

表 3.1   **西北实业公司资本来源**   单位：元

来源机构	资金类型	金额	合计
太原绥靖公署	第二次实业库券	701 593.5	5 276 528.61
	第二次建设借款券	29 792.64	
	太原经济建设委员会各项短期借款	2 471 277.34	
	财政整理处现款	613 105.7	
	其他已还清债券及借款	1 460 759.43	
壬申各厂	第二次建设借款券	230 400	6 465 797.781
	政府机关借款	722 700	
	其他已还清债券及借款	5 512 697.781	
现尚未拨		8 257 613.609	8 257 673.609
总计		20 000 000	

注：现尚未拨中包含同蒲铁路西山支线建筑费，太原绥靖公署将该铁路线划归西北实业公司并以建筑费拨抵公司资本，因西山支线全部建筑费决算书尚未编就，绥靖公署也未令同蒲筑路会计组转账而暂列未拨资本中。

资料来源：《各公营事业资产负债数目对照表》（1936 年 8 月），山西省档案馆藏山西省人民公营事业董事会档案，档案号：B30/1/348/1。

---

① 财政部财政科学研究所、中国第二历史档案馆：《国民政府财政金融税收档案史料（1927－1937）》，中国财政经济出版社 1997 年版，第 156 页。

② 《拨付各公营事业资本表》（1937 年 1 月 15 日），山西省档案馆藏，山西省人民公营事业董事会档案，档案号：B30－1－002－3。

③ 朱斯煌：《民国经济史》，河南人民出版社 2016 年版，第 203 页。

由表 3.2 可知，山西省在 1935 年 2 月开始用不到一年半的时间发行各类公债累计达 1 620 万元，仅 1935 年 5 月就发行了 400 万元，这种举债规模在地方政府中是较为可观的。这些资金一部分直接拨付西北实业公司充作资本，如第二次实业库券发行后拨西北实业公司 194 万余元，占发行总额的 97%。

表 3.2 各类政府债券一览 单位：万元

序号	公债名称	发行额	利率	发行日期	归还日期	用途
1	第二次经济建设库券	200	月息 1 分	1935 年 2 月 1 日	1937 年 2 月 1 日	拨筑路会计组
2	实业库券	120	月息 1 分	1935 年 4 月 1 日	1937 年 4 月 1 日	拨筑路会计组
3	第二次实业库券	200	月息 1 分	1935 年 5 月 1 日	1937 年 5 月 1 日	拨统筹建设经费项下
4	第三次实业库券	200	月息 1 分	1935 年 5 月 1 日	1937 年 5 月 1 日	拨铁路银号资本
5	第二次建设借款券	100	月息 1 分	1935 年 8 月 1 日	1937 年 8 月 1 日	拨统筹建设经费项下
6	第三次实业借款券	100	月息 1 分	1935 年 9 月 1 日	1937 年 9 月 1 日	拨统筹建设经费项下
7	第三次经济建设库券	200	月息 1 分	1935 年 10 月 5 日	1937 年 10 月 5 日	拨统筹建设经费项下
8	第三次建设借款券	100	月息 1 分	1936 年 3 月 1 日	1940 年 3 月 1 日	拨统筹建设经费项下
9	第四次建设借款券	100	月息 1 分	1936 年 4 月 1 日	1949 年 4 月 1 日	拨统筹建设经费项下
10	第五次建设借款券	100	月息 1 分	1936 年 5 月 1 日	1940 年 5 月 1 日	拨统筹建设经费项下
11	第四次经济建设库券	100	月息 1 分	1936 年 7 月 1 日	1940 年 7 月 1 日	拨统筹建设经费项下

资料来源：《各公营事业资产负债数目对照表》（1936 年 8 月），山西省档案馆藏，山西省人民公营事业董事会档案，档案号：B30 - 1 - 348 - 1。

可以说，发行公债成为政府筹集企业建设资金的主要方式。如山西省政府直属企业晋华卷烟厂的资本也主要来自政府公债。该厂原为公私合营晋记烟公司，由华北纸烟公司、德记烟公司、福民烟公司三家私人企业和山西省财政厅各投资 10 万元成立。1932 年，德记烟公司退出合营后，太原绥靖公署出资 15 万元成立晋华公司，专司卷烟推销。1933 年 4 月，晋华卷烟厂将生产与销售合一，退还全部 20 万元私人股金，并以 15 万元收购德记烟公司，成为省政府直属企业。该厂资本 60 万元，其中政府债券占 50%，省政府拨款仅占 8%。①

前述政府债券的处理方式主要有两种：第一，由山西省银行、绥西垦业银号、晋绥地方铁路银号、晋北盐业银号发行钞券回购，无法定准备。以钞券收购土产销往省外换取外汇，购买所需机器设备。② 第二，面向社会公开发售，"以各项建设事业作抵，并按期开赴本息，故每次发行，颇得商民信仰"。③ 一方面，政府增发钞票必然会带来民众购买力下降与财富缩水，变相地聚敛了民间财富；另一方面，一部分商民购买政府公债后获得较为可观和稳定的收益，本质上是一种理性的经济行为。综上可知，西北实业公司资本大多是由全省人民共同负担。

太原经济建设委员会是山西、绥远两省经济建设的管理机构，阎锡山任委员长，副委员长为山西、绥远两省政府主席。④ 该委员会的短期借款是西北实业公司资本另一个重要来源，占绥靖公署拨款总数的 46.8%。其借款渠道较为多元，既有财政整理处、山西省银行、铁路银号等官方机构，也有亨记银号等私人金融企业及图书馆等公益性组织（见表 3.3）。

表 3.3　　　　　　　　太原经济建设委员会各项短期借款来源　　　　单位：万元

序号	贷出机构	金额	利率	借款用途
1		6	月息 1 分	
2	图书馆	4	月息 1 分	西北实业公司购买电机
3		2	月息 1 分	

---

① 《各公营事业资产负债数目对照表》，山西省档案馆，档号 B30-1-348-1。
② 孔祥毅：《民国山西金融史料》，中国金融出版社 2013 年版，第 370～374 页。
③ 《晋省努力经济建设》，载于《大公报》1937 年 7 月 10 日第 10 版。
④ 郭文周：《阎锡山在晋绥两省的经济统制》，引自中国人民政治协商会议山西省委员会：《山西文史资料》（第 49 辑），山西省政协文史资料委员会 1987 年版，第 68 页。

续表

序号	贷出机构	金额	利率	借款用途
4	亨记银号	20	月息1分1厘	拨西北实业公司资本
5		10		
6	财政整理处	6.832	月息1分	
7	财政整理处	9.44	月息1分	
8	财政整理处	9.36	月息1分	
9	财政整理处	9.28	月息1分	
10	财政整理处	9.2	月息1分	拨二次实业库券基金
11	财政整理处	9.12	月息1分	
12	财政整理处	8.96	月息1分	
13	财政整理处	8.88	月息1分	
14	财政整理处	8.8	月息1分	
15	铁路银号	50	月息1分	拨西北炼钢厂资本
16	财政整理处	50	月息1分	

资料来源:《公营事业资产负债数目对照表》(1936年8月),山西省档案馆藏,档案号:B30 - 1 - 348 - 1。

可以看出,太原经济建设委员会的部分借款带有明确的指向性。如图书馆、亨记银号、铁路银号的借款明确用于西北实业公司增资,甚至连资金的具体用途都做出明确标注。如图书馆的三笔借款共12万元均用于购买电机。可见,太原经济建设委员会是根据企业资金需求有目的地进行融资,以精确控制融资规模,降低融资成本。

财政整理处是太原经济建设委员会的一个重要借款对象。从该处借得的资金140余万元大多用于第二次实业库券的发行基金。政府便以较少的资金准备发行规模更大的债券,实现阎锡山"一副资本发挥几副资本效用"的目的。①

---

① 阎云溪:《阎锡山乡居纪实及其它》,引自中国人民政治协商会议山西省委员会:《山西文史资料》(第16辑),山西省政协文史资料委员会1988年版,第25～26页。

上述借款期限短则 1 个月，长则 2 年，利息按月息 1 分计。这些借款中，亨记银号的两笔借款值得注意，金额分别为 10 万元和 20 万元，资金用途明确标注为"拨西北实业公司资本"。亨记银号是阎锡山控制的私人企业，总号设于天津，在太原也设有分号。① 与其他借款相比，亨记银号的借款有些特殊之处。首先，借款利率稍高。太原经济建设委员会共有 27 笔短期借款，亨记银号利息为月息 1 分 1 厘，其余 25 笔利息均为月息 1 分。以上述单笔 20 万元 2 年期借款计，总利息要多出 4 800 元。其次，付息频率较高，且有合同保障。亨记银号的借款是按月付息，签有正式借款合同，而其他借款均为到期一次性付息，只有一纸借据，无任何抵押或担保。很明显，亨记银号回款较快，本息也更有保障。最后，违约责任不同。太原经济建设委员会如延期还款，在延长期内一般不予计息，而亨记银号则照记不误。通过这种方式，阎锡山控制的企业向政府提供高息借款，实现对西北实业公司的间接投资。如图 3.1 所示，各类公私投资主体通过太原经济建设委员会实现了对西北实业公司的间接投资。

图 3.1　西北实业公司的融资模式

注：根据下列资料绘制：《公营事业资产负债数目对照表》（1936 年 8 月），山西省档案馆藏，档案号：B30-1-348-1；徐崇寿：《西北实业公司创办纪实》，引自中国人民政治协商会议山西省委员会编：《山西文史资料》（第 16 辑），山西省政协文史资料委员会 1988 年版，167~168 页。

可以肯定的是，西北实业公司等公营事业的投资者中除上述亨记银号等阎系官僚私人企业外，还包含其他军政官员。在解放太原的战役中，解放军曾以保护西北实业公司中官员私人资本为条件对阎锡山军队展开政治攻势。"与阎系军官私有财产最有关系者，莫过于西北实业公司和保晋公司……其在西北实业公司的私人股份，只要查明确属私股，亦当照私人资本待遇，保

① 张正廷：《阎锡山的天津亨记银号》，引自《山西文史资料》编辑部：《山西文史资料全编》（第 10 卷第 109~120 辑），《山西文史资料》编辑部 1998 年版，第 130~133 页。

证不予没收。"① 可见当时投资西北实业公司的政府和军队高官已不在少数。

值得注意的是，山西一些规模较小的省营企业中存在不少政府官员的直接投资。② 如成立于 1932 年的晋北矿务局股份有限公司便有多名政府官员以个人名义投资入股。

晋北矿务局的前身为成立于 1924 年的军人煤厂，该矿开张不久即因直奉战争被迫关停，后于 1928 年复工并开始探测新的矿井。经过半年多的筹备，军人煤厂于 1929 年 5 月改为晋北矿务局，由政府拨公款 100 万元作为资本并委任局长。③ 1930 年 9 月，山西省政府以"图充分发展地方产业"为由，在太原建立晋北矿务局募股委员会，对于该局进行股份制改造，以发挥股份公司资本筹集方面的优势，扩大企业规模。1932 年 12 月，该局改为公商合办晋北矿务局股份有限公司。④。

从表 3.4 可以得出，政府官员私人股份共 366 股，仅占公司总股本的 7.5%。虽然占比不高，但一些官员如樊虚心等不仅是公司发起人，同时也是董事会成员，在公司中有一定的决策权。

表 3.4　　　　　晋北矿务局股份有限公司部分官员股东名簿

户名	姓名	股东身份	股数（股）	股款（元）
樊乐善堂	樊虚心	山西省建设厅厅长	33	3 300
无我堂	赵芷青	太原绥靖公署驻京办事处主任	50	5 000
赵致远堂	赵印甫	晋军高级军官	30	3 000
中阳县财政局	王泉	中阳县财政局官员	20	2 000
汾西县财政局	刘治安	汾西县财政局官员	10	1 000
锦屏公记	于逢吉	怀仁县财政局官员	10	1 000
宗社堂	王德甫	广灵县财政局官员	4	400

---

① 徐向前：《徐向前回忆录》（第 4 版），解放军出版社 2007 年版，第 587～588 页。

② 该厂成立于 1929 年，由省方拨款 100 万元作为限定资本。1932 年 12 月改为公商合办股份有限公司，资本增至 150 万元，其中公股 115 万元，商股 35 万元。参见侯德封：《中国矿业纪要（1932－1934）》（第五次），实业部地质调查所、国立北平研究院地质学研究所 1935 年版，第 355 页。

③ 《中国近代煤矿史》编写组：《中国近代煤炭史》，煤炭工业出版社 1990 年版，第 160 页。

④ 侯德封：《中国矿业纪要（1932－1934 年）》（第五次），实业部地质调查所、国立北平研究院地质学研究所 1935 年版，第 355 页。

户名	姓名	股东身份	股数（股）	股款（元）
晋义堂	王玉洁	广灵县财政局官员	4	400
永济民界公股	刘剔五	阳曲县政府官员	45	4 500
永济商界公股	王民生	阳曲县政府官员	15	1 500
解县民商合作社	阎芷萍	解县财政局官员	40	4 000
公右堂	李齐夭	和顺县财政局官员	20	2 000
仁和堂	刘丹甫	右玉县财政局官员	5	500
文大陵	文大陵	文水县政府官员	30	3 000
广玉堂	王潮珊	徐沟县县长	50	5 000

资料来源：《晋北矿务局注册文件》（1935 年），台北"中央研究院"近代史研究所档案馆藏，实业部公司注册档案，档案号：17－23－01－04－02－001；丁天顺、许冰：《山西近现代人物辞典》，山西古籍出版社 1999 年版，第 525、373、377 页；清徐县地方志编纂委员会：《清徐县志》，山西古籍出版社 1999 年版，第 511 页。

那么，政府和官员为何不直接向西北实业公司投资而是通过债券和借款的形式间接注资呢？其原因不外乎以下几点。

第一，政府通过金融杠杆放大了官员私人资本的投资效应。从前文的分析可知，官员私人资本大多是作为政府公债的准备金使用的，而公债的发行规模是其准备金的数倍甚至数十倍。这样政府便通过金融杠杆使有限的官员资本产生了更大的投资效应，实现"一副资本发挥几副资本的效用"。

第二，迎合了政府官员的风险偏好。官员向企业投资的初衷是获取投资收益，实现个人资产的增值。因此，他们的投资偏好一般较为保守，大多选择一些煤矿等传统行业进行投资。西北实业公司作为一家制造业企业，拥有洋灰、高级耐火材料等新式产业。这些产业的创办在省内尚属首次，面临一定的经营风险。官员向政府提供的借款形成的是对政府的债权而非对西北实业公司的股权，获得固定利息的同时规避了公司经营风险。而且必要时官员还可借助手中的行政权力从政府岁出中列支公债本息，以确保投资收益的兑现。据统计，1930～1935 年山西省地方岁出中用于偿还各项公债的支出累计达 2 000 余万元。①

①　南满洲铁道株式会社总务部资料课：《"北支"事情综览》，南满洲铁道株式会社 1935 年版，第 240～244 页。

第三，将官员私人资本披上"公营"的外衣，"一则防中央掣肘，一则防中央拿去"。西北实业公司作为山西全省人民的公营事业并不隶属于政府，无须遵守国民政府关于国营企业的各项规定，同时也可免于政府的征用和摊派。

实际上，政府官员投资办企业在当时已不是个例。自北洋政府以来，官员以私人身份投资实业逐渐成为社会普遍现象。如袁世凯、徐世昌、段祺瑞及周学熙等北洋政府高官直接或通过家族代表和其他合作者投资了众多企业，涵盖矿业、纺织、金融等行业。[1] 南京国民政府时期也有不少政府官员投资实业。如成立于1929年的中国国货银行股份有限公司大股东中便有蒋介石、张学良、孔祥熙和宋子文等政界名流。[2] 政府官员投资办企业可以增加近代实业投资的资本供给，同时也是对"实业救国"呼声的回应，具有一定的积极意义。

二、官方金融机构贷款

发行公债募集股本只是开办企业的第一步。随着购买机器设备、原料采购、生产管理等支出不断增加，西北实业公司的运营资金一直较为紧张。为缓解现金流压力，西北实业公司通过多种途径筹集资金，最主要的就是向银行借贷。山西省银行、盐业银号、晋绥地方铁路银号和绥西垦业银号等官办"四银行号"便是西北实业公司主要的借贷对象。这些银行号对西北实业公司的金融支持主要包括贷款、特别借款和透支等（见表3.5）。

表3.5　　　　　　　1936年12月西北实业公司贷款金额　　　　单位：元

金融机构	性质	金额	备注
山西省银行	贷款	443 419.68	
	特别借款	200 000	由政府借出，用于西北实业公司购买原料
晋绥地方铁路银号	贷款	9 320.78	
	透支	192 603.48	

---

① 郭从杰：《北洋官员投资实业研究》，黄山书社2020年版，第40、265、266页。
② 《银行消息：中国国货银行筹备完成：大股东一览》，载于《中央银行旬报》1929年第14期，第25页。

金融机构	性质	金额	备注
绥西垦业银号	透支	212 410.51	
合计		1 057 754.45	

资料来源：《山西省银行关于造送资产负债表的公函》（1937 年 3 月），山西省档案馆藏山西省人民公营事业董事会档案，档案号：B30 - 4 - 8 - 7；《晋绥地方铁路银号民国二十五年营业实际报告表》（1937 年 4 月），档案号：B30 - 4 - 37 - 8；《绥西垦业银号民国二十五年决算及放款数目表》（1937 年 10 月），档案号：B30 - 4 - 43 - 17。

贷款是企业以一定资产作为抵押从银行获得一定数额的资金并按期还本付息的融资方式。而透支在本质上属于信用贷款，即银行与贷款方签订协议，在事先约定的限额内，贷款方可以支取超过其存款余额的资金。1936 年 1 月 7 日，山西省银行与西北实业公司签订透支协议，以省币 30 万元为限，规定日息 3 角，后改为日息 8 厘。1936 年 4 月 13 日又签订一笔为期 1 年一年的透支合同，金额 30 万元，后延期至 1938 年 1 月 7 日。[1]"四银行号"对西北实业公司的透支没有任何担保或抵押，完全基于公司信誉。然而，此种信誉与一般金融市场上的商业信誉有本质上的区别。

西北实业公司与晋北盐业银号的透支合同[2]

兹经西北实业公司向晋北盐业银号透支借款，双方商定条件如左：

一、金额：通用银币壹拾万元在此定额内得随时支用，随时归还。

二、利率：每千元按日息一角计息，均自每次支款之日起息，每年六月、十二月二十日各给付一次。

三、期限：以一年为限。

四、手续：以透支总折及支票为限。

五、本合同于透支还清之日撤销之。

本合同一式两份，公司银号各一份

西北实业公司经理：梁航标，晋北盐业银号经理：张国瑞

---

① 孔祥毅：《民国山西金融史料》，中国金融出版社 2013 年版，第 332 页。

② 《西北实业公司与晋北盐业银号合同》，山西省档案馆馆藏西北实业公司档案，档案号：B31 - 3 - 151 - 20。

民国二十五年一月十四日。

批注：本合同经双方同意，自民国二十六年一月二十三日起再展期一年，利率改为月息八厘，其余条件均照原合同此批。

首先，这份透支合同内容很短，除规定利率和借款期限外，双方的权利义务及违约责任等均未涉及。其次，与一般商业合同的不同之处在于，这份合同首页没有贴印花税票，也就意味着该合同不受法律保护。最后，双方议定将合同延期一年并更改了利率，没有签订新的合同而是选择直接在原始合同上批注，且合同中也没有中人或铺保等信用中介。因此，无论从内容还是形式上看，西北实业公司与晋北盐业银号签订的透支合同与正式商业合同相去甚远。

大同矿业公司等其他省营企业也主要通过"四银行号"进行融资。该公司成立于1932年6月15日，系由保晋煤矿公司大同分公司、晋北矿务局和同宝煤矿公司及山西营业公社联合成立。其主要业务为推销晋北煤炭。公司固定资本30万元，流动资本70万元，全部由省营业公社筹措。[1] 1935年12月，大同矿业公司在国民政府实业部注册为股份有限公司，注册资本国币30万元，分为600股，每股500元。[2] 公司董事长为阎锡山，经理为梁航标。

山西省银行曾"受省政府训令"与大同矿业公司签订透支合同，投资额度30万元，与该公司股本等额。1936年底，双方投资合同即将到期，拟将透支额度降为10万元。[3] 如果没有政府背书，这样的融资额度是很难达到的。由此可见，西北实业公司等省营企业与"四银行号"的融资合作不是基于企业自身经营状况及商业信用的市场行为，而具有较强的行政划拨性质。省政府能对"四银行号"发号施令，原因在于这些银行号与西北实业公司具有同样的性质，均属于山西省公营事业。

从表3.6可以看出，"四银行号"资本均由政府拨付，是不折不扣的官办企业。这些银行号的设立很大程度上就是为西北实业公司等公营事业提供

---

[1]　侯德封：《中国矿业纪要（民国二十一年至二十三年）》（第五次），实业部地质调查所、国立北平研究院地质学研究所1935年版，第373页。

[2]　《实业部指令：大同矿业股份有限公司应准公司登记发给执照，惟应呈准设定矿业权始得开采仰饬遵由》，台北"中央研究院"近代史研究所档案馆藏，档案号：17－23－01－04－02－002。

[3]　孔祥毅：《民国山西金融史料》，中国金融出版社2013年版，第332页。

资金，实现银企融合发展。"四银行号"具有官方授予的货币发行权，政府公债也是通过这些银行号发行纸币承购。[①] 如山西省银行于 1936 年 9 月便将其所承购的 792 万元政府债券全数拨付西北实业公司。[②] 西北实业公司从这些官方银行号获得贷款自然手续较为便利且放款更为及时。由此可见，"四银行号"向西北实业公司发放的各类贷款不是基于公司强大的市场竞争力和良好的市场信誉，而是在行政指令下官办企业之间的资金调拨。

表 3.6　　　　　　　　　　"四银行号"资本构成　　　　　　　　单位：万元

银行号名称	资本来源	资金性质	额度
山西省银行	山西省政府	现款	120
	太原经济建设委员会	现款	190
		公营事业借款券	190
		现尚未拨	1 500
晋绥地方铁路银号	太原经济建设委员会	现款	130
		第三次实业库券	300
		借款	70
		现尚未拨	500
绥西恳业银号	太原绥靖公署军需处	现款	20
		现尚未拨	160
晋北盐业银号	晋绥财政整理处	现款	20
		现尚未拨	80

资料来源：《公营事业资产负债数目对照表》（1936 年 8 月），山西省档案馆藏山西省人民公营事业董事会档案，档案号：B30－1－348－1。

三、私人金融机构贷款

"四银行号"与西北实业公司同属公营事业，相互间进行资金融通更为

---

① 米嘉：《山西"四银行号"研究》，山西大学博士学位论文，2017 年，第 268 页。
② 《督理委员会令发借款券七百九十二万应悉数拨给西北实业公司未拨资本命查照拨付由》（1936 年 9 月 26 日），山西省档案馆藏山西省人民公营事业董事会档案，档案号：B30－4－35－10。

便利。同时，西北实业公司向"四银行号"的融资基本都由政府的宏观金融政策所决定，并非一般的商业贷款，真正体现公司实力和信誉还要看其在资本市场的融资能力。但相较于"四银行号"等官方金融机构的巨额放款，西北实业公司向私人金融机构贷款的数目和频率都大为减少。

1937年，西北实业公司各项业务扩张迅速，相应地对于流动资金的需求也不断增加。本年5月，公司因"整顿业务，增加生产"向天津金城银行贷款50万元，为期一年，月息9厘，每6个月付息一次。这笔贷款以西北毛织厂和西北洋灰厂的全部地基、房屋、设备及附属品作为抵押，并由银行派员驻厂保管。公司若不能按期还款，上述资产将由银行自由处理，所得资金用于清偿借款，如不足仍由公司负责偿还。除抵押品外，大同矿业公司为贷款提供担保。① 同时，银行在取得厂房及设备等不动产或动产的质权后，反过来与西北实业公司签订租赁契约，令其有偿使用。②

金城银行创办于1917年，是一家由政府实权派官僚、地方军阀、大资本家和交通银行高级职员共同发起成立的民营股份制银行。③ 西北实业公司与金城银行之间的贷款合同除规定贷款利息和期限等基本条件外，还提供抵押品并由第三方公司担保，借贷双方的权利义务也更加明晰，商业性质也更为明显。与官方贷款相比，私人金融机构明显更为重视对贷款风险的管控。

受到抗战爆发的影响，这笔贷款并未按期偿还，而作为抵押的洋灰、毛织两厂在太原沦陷时早已陷入敌手，银行无法处置厂中资产，仅在1938年将洋灰桶铁皮等可处理的抵押品变卖清偿了部分贷款。④ 这笔款项数额为14 000元，⑤ 仅占贷款总额的2.8%。在此情况下，银行也只能多次催促西北实业公司尽快还款。1942年12月31日，金城银行向西北实业公司发函称"贵公司独未能照约履行，且对敝行屡次奉函均搁置不复，殊为遗憾"。几经催促无果后，金城银行只能将此情况向担保者大同矿业公司反馈，表示西北实业公司已欠该行本息共国币584 908.87元。"款额虽巨，然

① 《函告伍拾万元借款提出西北毛织厂及西北洋灰厂两处房地机器作担保由》（1937年5月11日），天津市档案馆藏西北实业公司档案，档案号：401206800-J0211-1-003592。
② 蒙秀芳、黑广菊：《金城银行档案史料选编》，天津人民出版社2010年版，第325页。
③ 别曼：《金城银行资产业务与经营管理研究》，南开大学博士学位论文，2012年，第40页。
④ 蒙秀芳、黑广菊：《金城银行档案史料选编》，天津人民出版社2010年版，第320、321页。
⑤ 《复未还款支票照收并附收条由》（1938年2月15日），天津市档案馆藏西北实业公司档案，档案号：401206800-J0211-1-003594。

就敝行所知，该公司近年业务情形绝非不能筹还。况贵公司又系此款之偿还担保人，负有代还之全责"。按照合同约定，西北实业公司这笔逾期贷款本应由担保人大同矿业公司代还，但金城银行似乎并不想这么做，仅让大同矿业公司协助其催还。半年后，金城银行又向大同矿业公司发函，"敝行因与该公司素敦交谊，复有贵公司（大同矿业公司）居中担保承还。故向本友谊处理，从未与普通欠户视同一律，曾经一再奉达，请为转洽归还办法，以清手续。而该公司依然延宕，置若罔闻，殊失彼此尊重之旨。该公司至本年下期结算日止（即1944年12月31日），计欠本息国币616 493.95元，又代垫至三十三年一月九日至三十四年一月九日大钢轮栈租，计国币405元，共欠616 898.95元"。① 直至抗战胜利后，西北实业公司才最终将此贷款还清。

西北实业公司能够从金城银行获得贷款并长期拖欠，除利率较高和时局动乱等因素外，企业之间的人脉关系也是一个重要原因。若没有相关人物牵线或担保，西北实业公司要想获得金城银行贷款恐怕较为困难。金城银行本身就具有浓厚的官僚色彩，实权由北洋政府大官僚吴鼎昌、梁士诒、徐树铮等人掌握，与盐业银行、大陆银行、中南银行并称"北四行"。这些银行中军阀官僚资本均占有重要地位。② 同样身为大军阀的阎锡山便可利用其资望及人脉为西北实业公司融资提供便利。金城银行在与西北实业公司的往来函电中也表示两家企业"素敦交谊"，而担保方大同矿业公司副经理续子宪曾任金城银行副理，③ 可见双方关系之紧密程度。实际上，西北实业公司有限的对外融资多数来自金城银行、大陆银行等大官僚掌控的金融机构或大同矿业公司等省营企业。④ 这些都表明西北实业公司向私人金融机构的融资也充满着政治色彩。

四、资本结构

资本结构是指企业各种长期资金融资来源的构成和比例，即权益融资和债务融资的比例。合理的资本结构要在满足公司资金需求的前提下最小化融

---

① 蒙秀芳、黑广菊：《金城银行档案史料选编》，天津人民出版社2010年版，第324页。
② 刘孝诚：《中国财政通史》（中华民国卷），中国财政经济出版社2006年版，第129页。
③ 阎子奉：《阎锡山家族经营的企业》，引自全国政协文史资料研究委员会：《文史资料选辑》（第49辑），中华书局1964年版，第46～65页。
④ 《山西省経済の史的変遷と現段階》，山西産業，1943年，第71～72页，日本国立国会图书馆藏书，DOI：10.11501/1445635。

资成本及风险。西北实业公司的权益资本均来自政府公债和借款，至1936年10月已全数拨付到位，共计2 000万元。① 在政府支持和影响下，西北实业公司不断对外融资，截至1936年12月底，公司资产已达3 000余万元，其资产负债表见表3.7。

表3.7　　　　　　　1936年12月30日西北实业公司资产负债表　　　单位：元

资产之部		负债之部	
科目	金额	科目	金额
财产	3 640 365.78	资本	20 000 000
开办费	193 460.51	特种公积金	34 151.7
未竣工程	113 405.33	摊折准备金	425 645.73
材料	843 227.43	成品折扣准备	63 131.49
成品	161 419.38	寄销品折扣准备	1 645.22
在制品	411 085.34	呆账准备金	20 000
副产品	7 965.51	订购料品价	226 155.25
寄销品	4 113.08	定售成品	54 590.13
订购料品	283 857.92	赊卖货价	64 690.54
定售成品价	54 590.13	借入款	532 453.23
买进商品	3 352.73	透支银行号	1 123 645.21
贷出款	16 000	普通往来	3 912 965.9
赊卖货价	1 004 836.68	预收款项	2 472 011.37
存放银行号	10 200.11	暂计存款	292 592.55
普通往来	2 136 768.03	收入保证金	33.3
预订款项	142 051.02	应付未付利息	14 779.88
暂计欠款	891 969.62	应付未付各项开支	23 590.6
存出保证金	200	截至本年底纯益	690 000
有价债券	6 224 400		
应收未收利息	80.5		

① 《西北实业公司民国二十五年份营业报告书》（1936年），山西省档案馆藏山西省人民公营事业董事会档案，档案号：B30-1-5-7。

续表

资产之部		负债之部	
科目	金额	科目	金额
煤矿第二厂建筑用款	200 000		
电化厂建筑用款	400 000		
炼钢厂资本	7 000 000		
制造厂资本	6 000 000		
兴农酒精厂资本	150 000		
晋南煤业公司资本	100 000		
现金	8 737.95		
合计	30 007 087.6	合计	30 007 087.6

资料来源：《山西省经済の史的変遷と現段階》，山西産業，1943年，第71～72页，日本国立国会图书馆藏书，DOI：10.11501/1445635。

资产负债率是指公司的全部负债总额与资产总额的比值，表示公司从债权人处所筹集的资金占资产总额的比例，可以体现出公司对债权人的保护程度。长期来看，这一比率越低，表示公司的财务状况越稳定。从上述资产负债表可以得出，所有者权益包括资本、特种公积金及纯益，合计20 724 151.7元，负债合计9 282 935.9元，根据资产负债率的计算公式：

$$资产负债率 = \frac{负债总额}{资产总额} \times 100\% \tag{3.1}$$

西北实业公司的资产负债率为30.9%。通常认为这一比值如小于50%，说明公司有较好的偿债能力和负债经营能力，经营较为稳健。

从上述资产负债表还可以得出，公司固定资产包括财产、开办费、未竣工程、煤矿第二厂建筑用款以及炼钢厂资本等共计17 797 231.62元，流动资产12 209 855.98元。流动资产中可支配的现金、票据、证券等约占70%，公司的流动性较为充足。

从前文的分析可知，西北实业公司的权益资本均为政府负债，其中太原经济建设委员会和政府机关的短期债务占比近30%。这些债务均须按期支付本息，而政府的财政收入有限，这样便不可避免地将偿债压力传导至企业。

政府传导偿债压力的方式便是让各公营事业承担部分实业库券基金及建设经费。表3.8为各公营企业按月上缴的基金数额，这些资金均作为政府发行新债的准备。西北实业公司等公营事业的资金本就来自政府公债，而政府又从企业提取资金以发新债，以此实现"口吹大洋"。① 除实业库券基金外，各公营企业还需按资本大小逐月上缴一定数额的建设经费，② 用途为"开付各项借券本息"。③ 从这些基金和经费的收缴来看，政府拨付西北实业公司的各类资金并非真正的权益资本，而具有一定债务融资的性质。实业库券基金和建设经费本为按年或半年缴纳，在企业年终或年中决算后从盈余项下支出。如西北实业公司 1936 年 10 月至 12 月建设经费共 24 万元便是从年终决算盈余项下支出并上缴。④ 对公司盈余的处理体现的是政府作为出资者的剩余索取权，属于企业正常的利润分配。但这些基金和经费改为逐月定额缴纳后，已不考虑企业是否盈利及盈利多寡，不再属于盈余分配范畴而成为一种政府政令性质的资金调拨，政府兼具股东与债权人的双重角色。

表 3.8　　　　　　西北实业公司等公营事业月缴纳实业库券基金　　　单位：万元

单位	月担基金数额
同蒲铁路	25
山西省银行	16
晋绥地方铁路银号	8
绥西恳业银号	1
晋北盐业银号	0.8
西北实业公司	8
晋华卷烟厂	1

资料来源：《禁烟考核处等单位月担实业库券基金表》（1936 年），山西省档案馆藏山西省人民公营事业董事会档案，档案号：B30 - 1 - 348 - 1。

这种政府在其出资设立的企业中既是股东又有债权人身份的现象在清末

---

① "口吹大洋"是山西民间对阎锡山政府滥发纸币的戏称。参见陈真：《中国近代工业史资料》（第三辑），上海三联书店 1961 年版，第 1200 页。

② 徐崇寿：《西北实业公司创办纪实》，引自山西省政协文史资料研究委员会：《山西文史资料》（第 16 辑），山西省政协文史资料委员会 1988 年版，167 ~ 168 页。

③ 《函解十一月应担建设基金省币八万元请核收由》（1936 年 10 月 24 日），山西省档案馆藏山西省人民公营事业董事会档案，档案号：B30 - 04 - 07 - 3。

④ 《西北实业公司函交二十五年份资本应得红利请核办赐复由》（1937 年 4 月 1 日），山西省档案馆档案，档案号：B30 - 1 - 350 - 17。

洋务派官僚建立的官督商办或官商合办企业中即较为普遍。官督商办企业中官股的作用本为"招徕资本"，即企业向政府借入部分官款以博取社会公众的信任，有利于招募商股。企业开办后则根据经营情况陆续将官款归还。官督商办企业的经营决策权掌握在由政府委派的承办人手中，他们具有官方认可的半官半商身份。① 因此，官督商办企业中的官股同时具有债务融资和权益融资的性质，并对企业控制权分配产生实际影响。

与上述省营企业及官督商办企业相比，国民政府出资设立的国营企业中的官股又具有一些不同性质。如中国国货银行股份有限公司股本中包含财政部和工商部官股 100 万元，占公司股本的 1/5。该公司章程明确载明，"本行由国民政府命令筹办并保障之，国民政府及各省政府应各认股若干以资提倡"。② 中央部门出资的目的是以上率下，带动地方政府投资。再如实业部联合上海新闻界及出版界于 1937 年共同出资设立温溪造纸厂股份有限公司。该公司股本总额国币 320 万元，其中 150 万元为官股，其余 170 万元作为商股面向社会募集。如商股募集顺利的话，其额度还可从官股中拨让。③ 这些政府参股或控股的企业一改官督商办企业中商股无权或被边缘化的做法，官商股一律同股同权，并按照各自出资比例选派董事及监察。显然，上述国营企业中的官股属于权益资本范畴，且更多表现为"提倡股"，"官资为事业保障与民股保息之用"，主要作用是带动民间投资。

西北实业公司这种较为模糊的权益资本不仅造成公司较大的资金压力，同时在利润分配前便提取实业库券基金及经济建设经费也有损其他债权人的利益。这种所有权结构在一定程度上影响了公司治理结构的形式。

第二节　经营管理体制的探索

从西北实业公司的资本结构可以看出，公司权益资本来自政府公债和借款，借贷资本也主要由官方金融机构划拨。可以说，西北实业公司是一家不

---

① 张国辉：《洋务运动与中国近代企业》，中国社会科学出版社 1979 年版，第 126、321 页。
② 《中国国货银行股东创立会记》，载于《银行周报》1929 年第 13 卷第 43 期，第 54～59 页。
③ 《国内要闻：温溪造纸厂章程》，载于《银行周报》1937 年第 21 卷第 20 期，第 51～53 页。

折不扣的政府独资企业。^① 但政府官僚化和行政化的管理模式并不适合企业。阎锡山也坦言"要把积弊相沿的政府变成一个造产政府，自然要遇着许多的困难"。^② 确立什么样的公司经营管理体制，如何设置管理机构及配备管理人员，西北实业公司对这些问题进行了多方探索。

一、组长负责制

早在《计划案》编制前，阎锡山曾言"众人的老子没人哭，公共的钱没人亲，此为公营事业之极大难关"。^③ 可见其已认识到公营事业中存在委托代理和激励问题。他同时强调对经营者考核的重要性，"以政府力量督促人民造产，如果不能敢于施行考绩办法，则抓不住一切生产事业的纲领，计划方案则散漫而无纪律，弄成敷衍的具文"。^④因此，西北实业公司应采取何种经营管理体制以实现代理成本最小化和激励效应最大化便成为当局重点考虑的问题。对此，阎锡山认为应将管理人员绩效与公司经营业绩挂钩，建立一套规范的激励约束机制。"公营事业之赔赚，须与经营之人发生关系。赚应重赏，以鼓励从事者之精进；赔应负责，以戒从事者之敷衍。但赏之轻重，责之大小，应定适中"。^⑤

在这一原则指导下，西北实业公司成立时建立了以"组"为核心的组织结构以及组长、厂长负责制的经营管理制度。

从表3.9可以看出，西北实业公司各厂是由相应的组创建并管理的。按照《组织章程》对公司管理层级的划分，公司高层管理者为总理和协理，有权向太原绥靖公署提请任命组长。公司成立后，总理一职由阎锡山兼任。阎锡山身为山西地方军政长官，自然无暇顾及西北实业公司的日常经营管理事务，协理一职也由特产组组长彭士弘兼任，西北实业公司的经营权实际掌握在组长与厂长手中。^⑥

---

① 本文所指的政府并非山西省政府，而是以太原绥靖公署为核心的各种经济管理机关的总称。
②④ 《阎委员长对设计委员会全体人员讲话》（二），引自张研、孙燕京：《民国史料丛刊》（347）《经济·概况》，大象出版社2009年版，第13页。
③ 山西省地方志办公室、山西省政协文史资料委员会：《阎锡山日记》，社会科学文献出版社2011年版，第176页。
⑤ 山西省地方志办公室、山西省政协文史资料委员会：《阎锡山日记》，社会科学文献出版社2011年版，第178页。
⑥ 《组织章程》第十四条规定，公司各厂独立计算损益，工程师、会计等重要职员也由组长向总理和协理申请后予以任命，工厂财务、人事权均由组长掌握。

表 3.9   1933～1935 年各组创设的工厂与产业一览

组别	特产组	工化组	纺织组	矿业组
工厂与产业	西北贸易商行、天镇特产经营厂、河东联运营业所	西北煤矿第一厂、西北炼钢厂、西河口铁矿采矿处、静乐采矿处、宁武铁矿采矿处	西北毛织厂	西北窑厂、西北皮革制作厂、西北洋灰厂、西北印刷厂、西北制纸厂、西北火柴厂、西北电化厂

资料来源：刘义强：《满铁调查》（第 1 辑），中国社会科学出版社 2015 年版，第 562 页。

从表 3.10 不难看出，组长及厂长大多是受过高等教育的专业技术人员，其中不乏有海外留学经历者。西北实业公司成立前，山西省即组织人员在省内各县、西北及华北各地开展资源调查与研究，作为各种工厂设计与建立的依据。彭士弘、王惠康、曹焕文等组长及厂长就曾参与调查，对各地资源禀赋和市场情况较为了解。此外，组长和厂长本身就是各厂的技术骨干，由他们掌握公司经营权有利于较快地实现工厂建设计划。西北各厂如毛织厂、水泥厂和窑厂等在省内均属首创，技术上的实现至关重要。如组长彭士弘在窑厂工程师宫占元的协助下研制炼钢用耐火砖，由于实验条件简陋，为了测定原料的酸碱度不得不用舌头去品味，几经反复后才研制成功，填补了省内技术空白并实现了自给自足。[1] 更为重要的是，西北实业公司成立两年内都没有物色到合适的经理人选，"当时创办伊始，正在筹划资本及罗致人才之际，论钱并没着落，论人则几个技术人员，请人当经理谁也不感兴趣，不敢承担"，组长和厂长代为行使经营权实属权宜之举。

表 3.10   西北实业公司部分组长、厂长一览

姓名	职务	教育背景	备注
彭士宏	协理兼特产组组长	日本东京工业大学应用化学科	曾任上海大华皮革厂工程师，公司筹备委员
王惠康	特产副组长兼西北皮革厂厂长	日本横滨高等工业学校化学科	曾在天津任职，公司筹备委员

---

① 雒春普：《三晋有材——阎锡山幕府》，岳麓书社 2001 年版，第 311 页。

续表

姓名	职务	教育背景	备注
赵甲荣	西北印刷厂厂长	山西大学机械科	曾任太原兵工厂炮弹厂主任
杨玉山	纺织组组长兼西北毛织厂厂长	留法学生	公司筹备委员
阎锡珍	矿业组组长兼西北煤矿第一厂厂长	日本秋田矿山专门学校采矿科	
郑永锡	西北炼钢厂厂长	留学英国，冶金专业毕业	
曹焕文	工化组组长兼西北火柴厂厂长	日本东京工业大学电气化学科	公司筹备委员
荣伯沈	西北窑厂厂长	日本横滨高等工业学校化学科	
张灼福	西北洋灰厂厂长	日本京都帝国大学应用化学科	
徐建邦	西北制纸厂厂长	日本东京工业大学应用化学科	
刘笃恭	机器厂管理处处长兼西北育才炼钢机器厂厂长	山西大学机械科	
郭凤朝	机器厂管理处副处长兼西北机械厂厂长	山西大学机械科	
刘以仁	西北机车厂厂长	山西大学工科	
张志贞	西北农工器具厂厂长	山西工业专门学校	
阎树松	西北铁工厂厂长	国立同济大学	
赵逢冬	西北铸造厂厂长	山西工业专门学校	
郭履中	西北水压机厂厂长	山西工业专门学校机械科	
姜富春	西北汽车修理厂厂长	天津同兴利机械厂机械部	
连思孝	西北化学厂厂长	日本东京高等工业学校应用化学科	
何启昌	西北电器厂厂长	青岛水师公务学校	
周维丰	枪弹厂厂长	山西大学工科	

资料来源：曹焕文：《太原工业史料》，太原城市建设委员会 1955 年版，第 44～91 页。

　　按照权责对等的原则，既然组长和厂长掌握经营权，他们便要对公司的经营业绩负责。公司对各组的考核主要按照"利益率"指标进行。《组织章程》第二条规定，"本公司经营年限定为四十二年，利益率分为十四期，第一期一分三厘，第二期一分四厘，第三期到第十期一分五厘，第十一期一分四厘，第十二期一分二厘，第十三期一分，第十四期八厘"。这里的"利益率"本质上可以理解为政府资本的利润率，即政府作为出资者，在未来一定时期能够获得的投资回报。为了激励经营者，公司在利润分配方面也做出了制度性安排，即各组在年终决算时如能完成上述利益率指标，管理人员可以从纯利中获得20%的奖金以及10%的养老储金，如不能完成则予以免职。组长与厂长不仅掌握公司经营权，同时也取得了部分剩余索取权。

二、承包制

1934年，山西省将兵工性质的壬申制造厂和壬申化学厂并入西北实业公司，改组为育才炼钢机器厂等11个工厂，同时成立了与"组"平级的机器厂管理处。西北实业公司建立了"四组二室一处"的组织结构（见图3.2）。

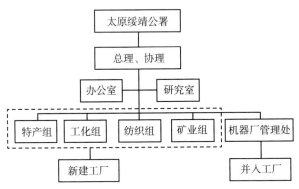

图3.2　西北实业公司组织结构

资料来源：根据以下资料绘制：《调查统计：晋省新兴工业概况》，载于《国货月刊》（上海）1935年第7期，第40～43页。

与组长负责制不同的是，机器厂管理处采取承包制，以降低生产成本，工厂厂长便是该厂的承包者。各厂承包情况如表3.11所示。

表 3.11　　　　　　　　机器厂管理处各厂承包情况一览

工厂名	工厂编号	承包人
西北机车厂	第一厂	郭履中
西北水压厂	第二厂	刘以仁
西北器具制造厂	第三厂	张子固
西北织工厂	第四厂	阎树公
西北枪弹厂	第五厂	周维丰
西北铸造厂	第六厂	赵逢多
西北机械厂	第七厂	郭凤朝
西北电气厂	第八厂	何其昌
西北汽车修理厂	第九厂	—
西北化学厂	第十厂	连虑慕
西北育才炼钢机器厂	—	刘笃恭

资料来源：刘义强：《满铁调查》（第 1 辑），中国社会科学出版社 2015 年版，第 562、563 页。

从公司资本结构的分析可知，壬申各厂的建设资金也来自政府公债和借款。政府作为出资者向工厂投入资本，拥有工厂所有权并获取投资收益。为明确承包双方的权利与义务，西北实业公司制定了《育才炼钢机器厂等十一厂承办章程》。根据该章程，厂长在承包期间拥有厂房机具等固定资产的使用权，人事、会计等主要业务也由厂长全权负责，各厂作为独立的市场主体参与竞争。收益分配方面，各厂每年向公司缴纳固定的建设费及资产租赁费后若仍有盈余，再提 20% 公积金，除此以外的剩余则由厂长自行分配。[①]

无论是组长负责制还是承包制都在一定程度上实现了公司所有权与经营权的分离，厘清了所有者与经营者间的关系，工厂获得了较大的经营自主权。组长、厂长等经营者不仅支取固定薪资，同时也成为剩余索取者，因此有较强的动力不断提升工厂管理水平和绩效，一些工厂投产后不久便实现了盈利。

以矿业组所属西北窑厂为例，该厂于 1934 年开始筹建，主要产品为炼钢用耐火材料，客户是同属西北实业公司的西北炼钢厂、育才炼钢机器厂等重工业工厂。该厂成本主要是制造开支及工资，约占总成本的 77%。这两

① 景占魁：《阎锡山与西北实业公司》，山西经济出版社 1991 年版，第 139~141 页。

项成本较高的原因是工厂生产过程"尚未脱去手工方法"，工人数量较多。该厂 1935 年共生产各类耐火材料 2 万吨，每吨售价 12 元至 17 元不等，年销售额 29 万元。[①] 如按平均售价计算，扣除各项成本外毛利润尚余 13 万余元。当然这仅是一个估算，未考虑折旧及各种税费等，实际利润率不可能这么高。但工厂建成短短一年左右即获得盈利，表明其生产技术和管理水平还是比较高的。

实行承包制后，机器厂管理处各厂广开销路，压缩成本，以提高市场竞争力。为降低成本，政府工程多以公开竞标的方式进行，投标最低者将取得工程承包权。[②] 为了能在竞争中获胜，各厂竞相压低造价。如同蒲铁路局开山工具原拟价 4 万元，限期两个月完成，而育才炼钢机器厂只要价 2 万元并如期完成。育才炼钢机器厂承包经营一年内，产值 31.5 万余元，除上缴西北实业公司承租费、经建费外和本厂各项费用外，纯利润达到 4.96 万元，效益颇为可观。[③] 工厂盈利后，厂长均获得了颇为可观的分红。

由表 3.12 可见，厂长所获分红因各厂盈利水平不同而有所差距，西北铁工厂厂长所得分红是西北机械厂厂长的两倍有余。因此"那时的厂长及全厂的同人无一不努十二分的力量以从事工作"。西北实业公司各厂产品不仅迅速占领省内市场，在省外也颇受欢迎。如西北洋灰厂生产的"狮头牌"洋灰曾在南京政府铁道部在青岛举办的博览会上获奖，省内外铁路、公路、国防、水利等企业争相购买，销量十分可观。[④] 在这种激励机制下，西北实业公司成立以来实现了企业的快速发展。

表 3.12　　　　机器厂管理处所属 8 厂 1934～1935 年盈余分配　　　　单位：元

序号	厂名	纯收益	厂长	主任	职员	工人
1	西北机械厂	19 525	3 748.8	3 124	6 404.2	2 343
2	西北机车厂	48 030	5 763.6	0	27 857.4	4 803

---

① 曹焕文：《太原工业史料》，太原城市建设委员会 1955 年版，第 46～48 页。

② 刘笃恭：《山西兵工厂的沿革》，引自中国人民政治协商会议山西省委员会：《山西文史资料》（第 16 辑），山西省政协文史资料委员会 1981 年版，第 105～117 页。

③ 卢筠：《西北育才炼钢机器厂》，引自《山西文史资料》编辑部：《山西文史精选·阎锡山垄断经济》，山西高校联合出版社 1992 年版，第 228～229 页。

④ 白士志：《工厂介绍：西北洋灰厂之今夕与将来》，载于《西北实业月刊》1947 年第 3 卷第 3 期，第 83～88 页。

续表

序号	厂名	纯收益	厂长	主任	职员	工人
3	西北农工器具厂	45 470	10 912.8	0	18 188	7 275.2
4	西北铁工厂	55 448	8 317.2	0	13 862	11 089.6
5	西北铸造厂	30 300	6 060	0	12 120	6 060
6	西北化学工厂	24 004	3 600.6	3 600.6	3 600.6	3 600.6
7	西北水压机厂	37 922	9 480.5	5 688.3	6 825.96	6 446.74
8	枪弹厂	53 234	12 776.16	14 905.52	12 776.16	4 684.592

资料来源：景占魁：《阎锡山与西北实业公司》，山西经济出版社1991年版，第148~149页。

整体而言，西北实业公司作为政府独资企业，既未按照传统制度路径建立政府垂直领导的直线型管理体系，也未按照公司法建立标准的公司治理结构，而将经营权授予组长、厂长等中层管理者，并使"放权"与"让利"同时进行。同样为省营企业的晋北矿务局，其管理体制是更为传统的直线制。

通过图3.3可以看出，该局围绕煤炭生产建立了自上而下的垂直管理机构，最高管理职位为政府委任的局长，下设营业科等8个职能科或处。这种组织结构的特点是决策权高度集中，便于统一指挥，管理层次合理，有较强的执行力。但是由于缺乏必要的监督机制，往往对决策者的能力要求较高，以降低决策成本。

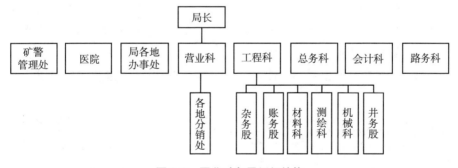

图3.3 晋北矿务局组织结构

资料来源：大同矿务局矿史党史征编办公室：《大同煤矿史》（一），人民出版社1989年版，第104页。

当然，晋北矿务局毕竟是单一厂矿的生产企业，有限的业务范围也使组织成本得以控制在合理范围之内。相比之下，西北实业公司拥有众多下属厂矿，各厂独立经营、自负盈亏，已成为独立的市场主体。这一点从各厂与其他企业或机构签订的交易合同中即可体现出来。

1934年9月，西北火柴厂与太原土货产销合作商行签订火柴包销合同，授予该商行火柴的独家销售权。该商行成立于1934年，经理为西北实业公司协理彭士弘，主要业务是收购和销售山西本土企业产品，以提倡土货，抵制外货。西北实业公司各厂也通过该商行零售或批发各类轻工业产品。① 合同对火柴售价、结算周期及付款时间、交货地点、商品质量等做了详尽规定。从合同文本来看，这是一份较为普通的商业合同。值得注意的地方是合同落款处的签章为"西北火柴厂记"及时任厂长曹焕文，而非西北实业公司。② 可见，西北火柴厂在市场交易中作为独立的权利义务主体，已成为事实上的企业法人。同样的情况也出现在西北火柴厂与私营晋恒制纸厂签订的购买火柴商标纸的合同中。③

西北实业公司各厂独立的企业法人地位不仅体现在与外部企业的交易中，公司内部各厂也是通过契约而非行政指令的方式开展业务。以西北毛织厂与西北育才炼钢机器厂为例。前者成立于1933年7月，并于1934年10月正式投产，主要产品为毛呢、哔叽、礼服、毛线等。后者成立于20世纪20年代，本为兵工性质的育才机器厂与育才炼钢厂，后两厂合并同时划归西北实业公司机器厂管理处。1935年，西北毛织厂因生产需要向西北育才炼钢机器厂订购三具锅炉并签订了合同。④ 从合同的格式来看，这份订购合同与一般的市场合同别无二致，对产品规格、价格、付款办法、交货时间及地点、验收等环节做了详细规定。但从个别条款的内容来看，这种内部契约与一般市场契约相比又存在一些不同之处。

第一，生产具有给料加工性质。合同第五条约定，"铆造需用之煤炭及

---

① 续承明：《太原土货商场纪略》，引自山西省政协文史资料研究委员会：《山西文史资料》（第24辑），山西省政协文史资料委员会1982年版，第137页。

② 《太原土货产销合作商行与西北火柴厂订立合同》（1934年9月1日），山西省档案馆藏西北实业公司档案，档案号：B31－1－151－23。

③ 《西北火柴厂与晋恒制纸厂立合同》（1934年10月），山西省档案馆藏西北实业公司档案，档案号：B31－1－151－24。

④ 《西北实业公司煤矿第一厂与机车厂立合同》（1935年12月19日），山西省档案馆藏西北实业公司档案，档案号：B31－1－357－11。

安装工料等均归购主办理",部分生产用原料由买方自备,卖方主要负责加工制造。第二,定制化生产。合同除列明锅炉尺寸、气压、气量等技术指标外,同时规定了放水门、气门、炉档等18个附件的生产要求。这些配件显然不是通用件,而是买方根据产品需求定制的。第三,合同未贴印花税票。国民政府于1927年制定了印花税暂行条例,规定各类交易契据凭证均须贴印花税票后方具法律效力。① 上述合同未按法律要求贴印花税票,本质上是不受法律保护的。然而由于合同双方同属西北实业公司,交易纠纷可通过公司内部机制予以调解。因此,西北实业公司所属各厂业务往来虽以合同的形式进行,但并非完全的市场交易,而具有一定的内部资源调配的性质。

由人力资本所有者掌握企业经营权并分享剩余的模式的确提高了员工积极性,"谁也不肯让自己的工厂亏损,想把工厂经营好"。但单一利润导向及分散经营也带来了一系列问题。第一,管理成本上升。由于工厂均为独立的市场主体,各厂都设有生产、销售、会计、庶务等部门,管理机构日渐臃肿。此外,各厂文书格式及会计科目庞杂,不易统一核算盈亏。第二,重复建设造成资源配置效率降低。如机器厂管理处"数厂各制同样之机器及军械而不相为谋,翻砂木工等场所各厂皆有",② 公司内部缺乏专业化协作,总体资源配置效率降低。第三,由于承包期较短,承包者存在生产上的短期行为,如一些厂长仅考虑产量最大化而忽略生产设备载荷,工厂往往超负荷生产。"曾见厂中机器之主轴已经弯曲,而尚在使用者",导致公司机器设备受损。由于这些问题的存在,公司发展遇到瓶颈。据1935年7月发表的《山西省政十年建设第二次报告》统计,西北煤矿第一厂日产量仅相当于苏联采用"斯塔汉诺夫方法"的一个煤矿工人2小时的工作量。西北实业公司八个机械制造工厂的营业额全年总共不过160万元,不及短短一条京沪铁路营业额的1/10。③

三、经理负责制

随着公债规模的持续扩大,西北实业公司不断得到政府注资。1934年

---

① 饶立新、曾耀辉:《中国印花税与印花税票》,中国税务出版社1999年版,第57页。

② 《中国近代兵器工业档案史料》编委会:《中国近代兵器工业档案史料》(三),兵器工业出版社1993年版,第397页。

③ 民国时期文献保护中心、中国社会科学院近代史研究所:《民国文献类编》(经济卷437),国家图书馆出版社2018年版,第68~70页。

山西省工厂调查统计数据显示，西北实业公司资本已达 940 余万元，职工 7 000 余名，年产值也达 320 余万元。① 在组长、厂长负责制及承包制下，各厂独立经营，西北实业公司仅是一个总名称，而非真正的企业。随着工厂数量不断增加，"事务日渐繁多，若管理不善，足以影响各厂工作，而至出品恶劣销售迟滞之弊"。② 管理技术与管理制度的改善对公司持续发展的重要性开始显现。为此，阎锡山决定重组西北实业公司管理层，选派其亲信梁航标出任经理，希望"一洗国内各大营业之官僚化与衙门化"。③

梁航标到任后对公司进行了改组，撤销各组成立总管理处。组长改任总管理处部门负责人，由经理直接领导。从修订后的《西北实业公司章程》对总管理处的职能定位来看，其本质上更类似于监督机构而非营业机构。如各厂的账簿、表册等需由总管理处考核科派人抽查或调阅，各厂一次买进物品价值在 1 万元以上时须函报总管理处查验或抽查。工厂经营权仍在厂长手中，总管理处营业课负责协助各厂办理推销及宣传等。④ 此外，为了便于考核并降低管理成本，公司着手统一各厂财会制度，聘请会计师制定了《西北实业公司会计规程草案》，各厂须按规定的格式和口径编制会计报表并按月向总管理处报送。经过一段时间试行，新会计规程更符合公司运营实际，⑤ 公司也借此实现了会计集中统一核算。

西北实业公司虽将各组取消并通过总管理处或公司本部加强了对工厂的监督，但各厂独立经营自负盈亏的管理模式并未彻底改变，各厂仍然作为独立的市场主体与其他企业进行交易。为了提高西北实业公司的存在感，当局勒令各厂一律在厂名前冠以西北实业公司字样，"以符名实，而利宣传"。⑥ 此时，公司各厂之间仍以合同的形式开展业务，只不过这种合同与一般市场合同相比仍然具有一定内部性。

1936 年 2 月，西北实业公司煤矿第一厂与机车厂订立购买锅炉的合

---

① 山西省政府秘书处：《山西省统计年鉴》（1934 年下卷），1934 年，第 144 页。
② 《山西建设情报：西北实业公司改组》，载于《山西建设》1935 年第 5 期，第 12~13 页。
③ 徐永昌：《徐永昌日记》（第 3 册），台北"中央研究院"近代史研究所 1990 年版，第 251 页。
④ 山西省史志研究院：《山西通志》（第 50 卷《附录》），中华书局 2001 年版，第 175~178 页。
⑤ 韩瑞芝：《太原西北实业公司及所辖八厂会计规程草案（待续）（附表）》，载于《商职月刊》1935 年第 1 卷第 1 期，第 25~34 页。
⑥ 《西北实业公司所属各厂易名》，载于《中华实业月刊》1935 年第 2 卷第 7 期，第 146 页。

同。① 合同第三条规定卖方应按照买方提供的图式及木样生产锅炉主体及附件。第七条规定，"制造需用之锅炉钢板以及锅心、锅壳、锅脸、两端之拉板并锅心结合衬圈、锅壳接合拉板等材料均由购主供给应用，所有应剩零块钢板均归购主享有，其余由售主自备"。与之前的合同相比，仍然具有给料加工及定制化生产的特点。产品加工过程中原料的所有权并未转移，剩余原料还须退还买方。同时，上述合同仍未贴印花税票，而同时期西北实业公司驻沪办事处与上海三力公司所签合同上贴有印花税票2角，② 公司所属各厂间的合同仍具有一定内部性。

值得注意的是，上述两厂虽以合同的形式进行交易，但合同双方均不具备独立履约能力，需要公司相关部门的介入。煤矿第一厂作为买方并无权支付货款，而需公司会计部进行。另外，西北实业公司除机器厂管理处外的所有工厂实行统一的仓储管理，建立了1个总库和31个分库，负责各种原材料、产成品、半成品、设备工具和各种贮藏品的验收、保管与发放。原料入库出库均由公司营业部第一课办理。③ 机车厂所用生铁原料均由公司第一库提供，须在营业部办理借用手续，其价款也要从最终货款中扣除。由此可见，公司各厂独立经营自负盈亏的管理模式已发生改变。

各厂虽保留了一定经营自主权，但人事任免等事项已不能完全做主。1936年，西北实业公司制造厂为提高管理效率，决定采取考试办法重新选任一批下属分厂厂长。选任标准表面上依据考试成绩，实际均需阎锡山批准。最终，经阎锡山核准后，委任李梅雨为第一分厂厂长，王文耀为第二分厂厂长，李亚晋为第三分厂厂长，于邑菊为第四分厂厂长，刘遵闵为第五分厂厂长，王宝善为第六分厂厂长，黄仲熊为第七分厂厂长，王嘉弼为第八分厂厂长，刘天申为第九分厂厂长，胡启驶为第十分厂厂长，姜富春为第十一分厂厂长，张希杕为第十二分厂厂长，张志贞为第十三分厂厂长，范煦为第十四分厂厂长，杨震鼎为第十五分厂厂长，张朝霖为第十六分厂厂长，陈铁夫为第十七分厂厂长。除分厂厂长等管理人员外，各厂工程师等中层职员的

---

① 《西北实业公司煤矿第一厂与机车厂立合同》（1936年2月14），山西省档案馆藏西北实业公司档案，档案号：B31-3-151-11。
② 《西北实业公司驻沪办事处与上海三力公司立合同》（1935年8月1日），山西省档案馆藏西北实业公司档案，档案号：B31-3-151-10。
③ 卢筼、梁宸栋等：《西北实业公司的经营管理》，引自山西省政协文史资料研究委员会编：《山西文史资料》（第63辑），山西省政协文史资料委员会1989年版，第64~68页。

任命也须"奉阎主任谕"。①

综上所述，西北实业公司改组后经理成为公司管理核心，各厂独立市场主体地位被削弱，厂长的权力也相应减小。公司权力结构的调整导致管理层不可避免地出现一些矛盾。公司协理彭士弘曾联合公司部分技术人员逼迫经理梁航标辞职。② 其实早在梁氏上任时，公司内部便有一定的抵触情绪，社会上也出现一些传单对其"诋毁万端"，与其行事风格不无关系。③ 新制度的实行使技术人员的工作积极性受挫，公司现有事业尚可按照惯性发展，但新事业的创建还是受到一定程度的影响，公司开始出现亏损。1935 年年终结算，西北实业公司纯损 25 万余元。④

公司成立初期，山西省当局考虑到官办企业"难免因人事关系，顿挫其业务方针"，未直接干预公司经营管理，而授予经营者较大的经营自主权。如工厂经营不善，出资者虽可行使所有者权利将厂长一免了之，但其个人决策成本完全由出资者承担。政府作为公司所有者，其资本监督权实际上是虚置的，资本收益权也得不到切实保障。1936 年后，组长、厂长负责制和承包制及经理负责制均不再被认为是能促进西北实业公司发展的好办法，公司进入了建立现代企业制度的阶段。

四、代理成本与激励强度

无论是组长、厂长负责制或承包制还是经理负责制都在一定程度上实现了公司所有权与经营权的分离，厘清了所有者与经营者间的关系，工厂获得了较大的经营自主权。由于掌握经营权的组长及厂长与拥有所有权的政府之间存在利益差异，因此"两权分离"带来的是作为股东的政府与作为经营者的组长与厂长之间的委托代理问题。为降低代理成本，西北实业公司在改革经营管理体制的过程中也在不断调整对经营者的激励与约束强度。

表 3.13 从代理成本、激励强度与约束强度视角对公司的三种管理模

---

① 《经之营之不遗余力，西北实业公司最近设施，设立西安办事处，平价散发米面，委定全体厂长》，载于《西北导报》1936 年第 2 卷第 8 期，第 30～32 页。

② 石风：《阎锡山的山西人民公营事业董事会的实质》，引自山西省平定县政协：《平定文史资料》（第 5 辑），山西省平定县政协 1989 年版，第 86 页。

③ 徐永昌：《徐永昌日记》（第 3 册），台北"中央研究院"近代史研究所 1990 年版，第 251 页。

④ 《西北实业公司民国二十五年份营业报告书》（1936 年），山西省档案馆藏，档案号：B30－1－5－7。

式进行了定性分析。公司成立初期，各组管理的工厂尚处于建设或筹备中，代理成本尚不明显，反而由于经营权的集中带来了决策的高效率。如特产组就在较短的时间内开设了 3 家货场商行开展土特产贸易并最早实现盈利。[①] 随着工厂不断投产，各组管理的工厂数量逐渐增加。工厂作为独立的市场主体开展经济活动，不能保证与西北实业公司的整体发展目标相一致，代理成本开始显现。由于各组集中核算盈亏，经理人享有剩余分配权，具有较高的激励强度。而公司层面缺乏必要的监督机制，因此经理人所受约束较小。

表 3.13   各种管理模式在代理成本、激励与约束强度方面的区别

区别点	组长、厂长负责制	承包制	经理负责制
代理成本	高	高	低
激励强度	高	高	低
约束强度	低	低	高

由于政府与工厂承包者存在信息不对称，政府无法以简单明了的方式对工厂生产过程进行监督，承包者有足够的激励夸大生产成本或隐瞒利润，提高自己与其他职工的福利。以军火生产为例，太原绥靖公署与西北实业公司制造厂直接签订采购合同，有时包价明显高于正常价格。如造价仅 90 元的轻机关枪报价高达 298 元，一批订单的总价竟虚高 70 余万元。[②] 这笔高额利润便大多落入承包者囊中。公司所有者和经营者出现了激励不相容的情况，代理成本较高。

实行经理负责制后，西北实业公司建立了直线职能制的组织结构，工厂如采购、财务、销售等重要业务受总管理处相关职能部门监督，工厂经营自主权被不断削弱，厂长受到较大程度的制约。西北实业公司通过加强过程监督，收回工厂部分控制，有效地降低了代理成本。与此同时，各厂已不再是独立的市场主体，而成为公司统一管理下的生产部门。各厂盈亏

---

① 雒春普：《阎锡山和他的幕僚们》，团结出版社 2013 年版，第 257、258 页。
② 《太原绥署减低军用品代价，西北实业公司承造：一次省公帑七十余万元》，载于《西北导报》1936 年第 2 卷第 3 期，第 28 ~ 29 页。

由公司会计课统一核算，厂长的剩余索取权被剥夺，对经营者的激励强度明显降低。

第三节　董事会治理结构的建立及特征

南京国民政府在1928年的《建设大纲草案》中便提出"国营企业（国有产业）在可能范围内应尽量采用公司管理制，并应确定严密之职员服务法"。① 这一时期，国民政府实业部投资设立的国有企业大多采用股份有限公司制，按照《公司法》建立董事会治理结构。实业部作为官股代表按照持股比例向公司派出董事及监察，并根据公司章程获得股息及红利。② 山西第一批近代化国有工业企业创办于19世纪20年代，大多由政府直接管理和派员经营，虽奠定了一定工业基础，但效果并不理想。③ 阎锡山认为山西企业的衰落与股东无限责任制有关，主张用现代公司制办企业。④ 然而，西北实业公司等公营事业为政府独资，《公司法》中的股份有限公司制度对其并不完全适用。尽管如此，山西省当局还是借鉴股份有限公司分权制衡的理念，为全省公营事业建立了统一的董事会治理结构。

一、董事会治理结构的建立

1936年8月，山西省公布《山西省人民公营事业管理章程》（以下简称《管理章程》），规定山西公营事业"属于山西全体人民"，建立了包括山西省人民公营事业督理委员会（以下简称"督理委员会"）、山西省人民公营事业董事会（以下简称"董事会"）、山西省人民公营事业监察会和各县监进会（以下简称"监察会"与"监进会"）在内的公营事业治理结构（见图3.4）。⑤

---

① 孙科：《建设大纲草案及其说明》，载于《中央周报》1928年第24期，第9页。
② 《经济新闻（五）·工业：中国植物油料厂成立》，载于《中国农民银行月刊》1936年第8期，第142～143页。
③ 李茂盛等：《阎锡山全传》（上），当代中国出版社1997年版，第365页。
④ 孔祥毅：《金融贸易史论》，中国金融出版社1998年版，第383～384页。
⑤ 《山西省人民公营事业管理章程》（1936年7月1日），山西省档案馆藏，档案号：B30－1－86－3。

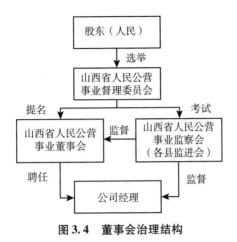

图 3.4　董事会治理结构

根据《管理章程》的规定，督理委员会是公营事业的最高管理机关，具有监督董事会及监察会，指定或更换董事长，罢免董事、监察会主席及监察的权力。督理委员由全省人民选举产生，对全省人民负责。由于全省人民在治理结构中仅是虚拟参与方而非实际参与方，督理委员会就成为事实上的公营事业所有权主体，具有决策权。

督理委员会有权决定公营事业的创设及变更，对企业合并、分立等重大事项做出决议。《管理章程》颁布后，督理委员会随即发布训令，宣布自 1936 年 7 月 1 日起，将西北实业公司、山西省银行、晋绥地方铁路银号、晋北盐业银号、绥西垦业银号、晋华卷烟公司、同蒲铁路等原由太原绥靖公署、太原经济建设委员会、山西省政府等不同政府机关管理的公营事业移交董事会管理，并要求各单位报送资产负债目录。[①] 此后，督理委员会又发布督字第 459 号训令，将晋华卷烟厂划归西北实业公司管理。[②] 除此之外，督理委员会还有权审核董事会及监察会的预算与决算、审议董事会的报告等。

督理委员会的下级机关是董事会，也是公营事业的直接管理机关。与督理委员不同的是，董事并非由全省人民直接选出，而是由督理委员会

---

① 《山西省人民公营事业督理委员会关于将西北实业公司等公营事业划归公营事业董事会管理的训令》（1936 年），山西省档案馆藏，山西省人民公营事业董事会档案，档案号：B30 - 1 - 12 - 1。

② 《山西省人民公营事业督理委员会关于将晋华卷烟厂划归西北实业公司管理的训令》（1937 年 3 月 10 日），山西省档案馆藏，山西省人民公营事业董事会档案，档案号：B30 - 1 - 26 - 1。

"就董事选举区域每区提荐候选董事一人，交各该区选举会复决之"。董事长也不是由全体董事选举产生，而是由督理委员会的最高领导首席督理委员指定。可见，董事会实际上是在督理委员会的授权下工作，具有日常决策权和执行权。董事会对上执行督理委员会的决定，对下管理与监督各公营企业，任免企业管理人员并进行考核与奖惩，在治理结构中居于核心地位。

监察会与监进会是公营事业的监督机关，主要监督公营事业董事会的履职情况及检查各公营事业的财务状况并向督理委员会报告。监察的产生是"由全省人民按五区，每区每县选举一人，再由督理委员会召集考试，每区录取监察一人组织之"。与董事会相同，监察会本质上也是由督理委员会指定并在其直接领导下开展监督纠察。至于监进会，其主要职责为"纠察监察"，是监督监察会的机构。监进会的成员是各县全体人民，"各街村长为会员代表，由会员代表中相互函选七人，复由七人中互推会长一人、副会长一人"。

股份有限公司的董事会是公司常设的经营决策和业务执行机关。董事由股东大会选举产生，董事会经股东大会授权并向其负责。从制度设计上来看，《管理章程》授予公营事业董事会公营事业基金的运用，公营事业的筹办、发展以及预算和决算审核等重大事项决策权，但这些权力的行使必须经督理委员会核准后方可产生正式效力。因此，公营事业董事会并没有股份公司董事会所具有的经营决策权，更多体现在业务执行层面。

1936 年 11 月，董事会发出通知，要求各公营事业编制 1937 年度预算并在本月 15 日前送会审核。西北实业公司将本部及所属各厂 1937 年开支预算编制成册后报送董事会，同时申明此项预算"随同营业发展情形而时有增加"，希望将来能够酌情变动。[①] 此后董事会又通知应在预算中应加入与上一年的预算或决算相比的增减情况，以便审核时参考。董事会将上述预算书进行初步审核后报送督理委员会进行终审。督理委员会进一步提出，西北实业公司应就预算较上年度增加的项目单独编写增加理由。[②] 西北实业公司

---

① 《西北实业公司函送二十六年份开支预算希查照办理理由》（1936 年 12 月 21 日），山西省档案馆藏山西省人民公营事业董事会档案，档案号：B30 - 1 - 353 - 3。

② 《西北实业公司本部暨集中营业各厂并独立营业各厂开支经费概算书及增加理由书请核准施行由》（1937 年 7 月 2 日），山西省档案馆藏山西省人民公营事业董事会档案，档案号：B30 - 1 - 353 - 40。

按要求报送增加理由说明书并经督理委员会审核通过后，督理委员会发布督字第 646 号训令，批准西北实业公司开支预算书及增加理由书。最后，董事会才据此训令函告西北实业公司 1937 年度经费预算正式成立。[①] 除西北实业公司外，同蒲铁路管理局、晋华卷烟厂及太原斌记商行等公营事业的预算也都按照此程序逐层审批。

监察会和监进会作为专门行使监督权的机构被赋予监督董事会和各公营事业的权力，不仅有权监察董事长、董事及公营事业人员的履职情况，还可以监察各公营事业业务开展状况及财务状况。《管理章程》同时规定，监察会独立行使监督权，除有特别规定外不受限制。董事会须在规定时间内对监察会所提事项做出答复，否则监察会有权向督理委员会提出弹劾。如监察会在审查西北实业公司 1936 年度财报后发现，公司分配红利奖金前未将应纳企业所得税从纯益项内扣除，导致少上缴资本红利 3 171.7 元。为此，监事会函知董事会令西北实业公司如数补缴。[②]

可以说，董事会受到督理委员会及监察会的双重监督。监察会监督权的合理安排和有效行使，是约束董事和企业经营者行为、保护投资者及债权人权益的重要措施。

二、督理委员会及董事会的内部运行机制

督理委员会不仅要对《管理章程》规定的各种重大事项进行决策，同时还要对董事会的决议进行必要的监督甚至干预。董事会同时管理 14 家公营事业，需随时了解各企业经营现状、资本运用情况等。督理委员会与董事会如未建立规范的内部运作机制，很难确保各项权力的有效行使。山西省于 1936 年核定实行《山西省人民公营事业督理委员会议事规程》，明确了督理委员会的组织结构及各部门权责。按照该规定，督理委员会设主任干事一人，按照首席督理委员的命令办理该会一切事务。主任干事之下设总务组与审核组。总务组主要办理所属董事会、监察会及监进会人员任免以及会议记录、文件收发等庶务。审核组负责审核公营事业创设及变更、监督公营事业

---

① 《山西省人民公营事业督理委员会指令》（1936 年 7 月 15 日），山西省档案馆藏，山西省人民公营事业董事会档案，档案号：B30-1-353-43。

② 《函请转饬西北实业公司上年所得税一千七百九十二元七角不应在本年杂项损益内提取速予归补由》，山西省档案馆档案，档号：B30-1-276-36。

进行现状，审核公营事业奖金、储金分配，审核董事会、监察会及监进会经费使用情况。督理委员会以训令的方式对公营事业重大事项做出决策。1936年9月8日，山西省颁布《山西省人民公营事业董事会组织规程》，明确了董事会组织结构。董事会下设总务组、会计组、计核组、考核组、调查组。总务组主要承担诸如文件撰拟、保管、收发及公物保管等日常事务。会计组承担事项包括款项的保管及出纳、公营事业资产负债及营业盈亏等各类报表的审核、各公营事业预算决算的审核、董事会经费开支管理等。计核组主要负责涉及和筹办各种公营事业、各公营事业建筑及采购事项、公营事业成本核算及业务发展等事项。考核组主要负责审查承办公营事业人员任免、考核公营事业人员成绩、承办公营事业人员奖惩、各公营事业分配红利及核给奖金。调查组主要负责调查社会金融与贸易、社会用品供需情况，调查省内外物料采购情况，以及铁路运输及沿线物产、成品推销及各种统计事项。[1]

山西省于1936年10月8日开始实行《山西省人民公营事业董事会会议规程》，对董事会行使决策权提供了制度性保障。其中规定，董事会及所属单位人员任免均须开会讨论后方可决定，各单位拨给资本或借贷款项必须经董事会讨论后方准拨付。董事会召开会议由董事长担任会议主席，召集所有董事参加。如董事长因公不能出席，由董事长委托一名董事或由董事互推一人担任会议主席。次年实行的《山西省人民公营事业董事会办事细则》对董事会内部决策程序做出详细规定。[2] 董事会每周一、四分别召开会议，所有事项须过半董事同意后方可形成决议。各单位报来文书应先送主任干事及各组长共同阅看，再由总务组长按事务缓急程度分别送呈董事长及各董事阅看，最后由主任干事交有关各组核办。对外文件由总务组拟稿，组长核稿后交由主任干事审核并送请各董事核阅后由董事长核定。如机密事项或重要事项应由各组长亲自拟稿送核。如从董事会所属各银号支用款项，须由会计组填具支票，经会计组长盖章后再送董事长核准盖章方可提款。每届决算时应填制资产负债表及收支计算表，由董事长及各董事核阅盖章后报呈督理委员会查核。各公营事业送督理委员会的各种表册应由会计组复核，如有统计数

---

① 《山西省人民公营事业章则摘要》（1936年），山西省档案馆藏，旧政权资料，编号：N-63。
② 《送本会会议规程办事细则及请假规则考核规则的呈文及督理委员会的指令》（1937年4月27日），山西省档案馆藏，山西省人民公营事业董事会档案，档案号：B30-1-73-3。

据者还应交调查组审查。

三、集中与独立：公司经营权的调整

1936 年 7 月，董事会正式成立，随即要求各公营事业将 "先后收到资本无论原由何机关拨付均应一律转收本会之账"。西北实业公司便将 2 000 万元资本如数转交董事会。① 至此，董事会实现了对西北实业公司的完全接管。随着董事会治理结构的建立，西北实业公司对内部经营管理模式进行了调整。

1935 年梁航标就任西北实业公司经理后，便曾试图改变西北实业公司各厂独立经营的模式。由于受到厂长及技术人员的抵制，最终仍维持了各厂的相对独立。董事会治理结构的建立，形成了督理委员会、董事会、公司经理的多级委托代理机制，要求经理具有完整的经营权。因此，西北实业公司便借此收回大部分工厂的经营自主权，改为集中统一管理。西北制造厂、西北炼钢厂及兴农酒精厂则仍保留一定经营自主权，谓之独立经营。

从图 3.5 可以看出，西北实业公司改组后完善和充实了公司本部各业务管理部门，建立起垂直的科层组织结构。1937 年修订的《西北实业公司章程》显示，公司下设工务、营业、会计、总务四部，集中营业各厂工务设计与管理、物料采购与成品推销、损益计算与现金收付、人员考核与任免等均由相关部门集中办理。② 工厂成为单纯的生产车间，"厂长连成本低昂也不知，只有完成生产数量的任务，并不计较成本高低"。

营业部是负责全公司原料供应和产品销售的核心部门，下设七课。第一课负责物资供应的计划平衡和物资采购；第二课负责铁路、公路航空、内河、航海运输和煤炭、金属矿石的运销等；第三课负责全公司的物资调拨和仓库管理，包括公司总库以及各广分库；第四课负责钢铁、机械、火药、武器、基本化学和机车车辆等重工业产品的销售；第五课负责陶瓷、料器、耐火材料、水泥、机制纸、火柴、卷烟、皮革、烧碱、漂白粉、碰硝、盐酸等非金属、化轻产品的销售；第六课负责面纱、棉布、毛呢、毛线、针织品等

---

① 《西北实业公司函复将收到资本如数转收董事会之账的公函》（1936 年 12 月 26 日），山西省档案馆藏山西省人民公营事业董事会档案，档案号：B30 - 1 - 352 - 6。
② 《西北实业公司章则汇编》（1937 年 3 月），山西省档案馆藏旧政权资料，编号：N45，第 2 ~ 4 页。

轻纺产品和面粉的销售；第七课负责管理统税、商标、调查统计、搜集市场信息和经济情报等工作。营业处设有无线电传真电台，国内外经济信息和市场状况通过驻外各分公司和办事处半天即可反馈，极大地提高了公司市场反应速度。

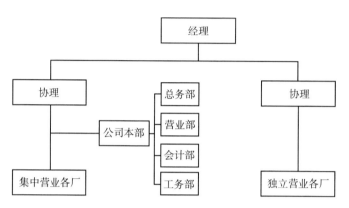

图 3.5　西北实业公司组织结构

各厂物料由公司集中采购可以实现规模效应。公司物资采购是根据各厂提出的用料预算、公司目前物资储备量及资源来源经综合平衡得出的。物资需要量包括产品生产，设备、建筑物维修，工具制造，技术改进和基本建设等需要。由各厂工程技术部门提出用料预算，交仓库核对库存后提出进料计划，送交公司营业处第三课，经与公司综合库以及各基层仓库的库存资料核对，减除已有库存资源后，向营业处第一课提出采购计划。公司拥有较完整的工业生产部门结构，除少量的电工产品和大部分小五金器材及原热、原棉、羊毛、牛皮、烟叶和硫酸、黏土、铝矾土、造纸原料外，生产所需物资大部分均由公司内部生产供应。如矿石、生铁、普通钢材、煤炭、焦炭、焦化产品（汽油、沥青等），以及化学、轻工产品等。采购计划的制定综合考虑了库存资源与期货资源，即公司仓库系统的全部在库物资与已经订立采购合同尚未交货的物资。公司组织的物资平衡，没有繁杂的物资供应计划，而是由营业处第三课每月平衡库存、第一课每月平衡订货资源后确定采购计划。

采购计划确定后营业处第一课便开始进行集中采购。采购方式分为外地采购与本地采购。本地区市场资源短缺不足或者在本地区采购经济上不合算的物资均要安排在外地采购。公司在上海、天津、台湾设有分公司，同时还在北平、西安、郑州、青岛、石门、临汾设有办事处，在绥远、宁夏、阳泉等地设有驻在员。根据公司安排在当地组织物资采购和产品销售（包场进出口）是其主要任务。此外，根据工作需要，视情况由营业处第一课临时派采购人员到设有公司办事机构的地区组织采购。当地市场上有资源可供且价格合理的材料，均由营业处第一课在当地组织采购。当月需要，市场有待供应的物资，采取现货采购的办法；当月不用，可以依据生产需要的期限采购的物资，则尽量组织期货采购，经过订立采购供应合同办理。

至于公司的产品销售，全部集中于公司本部。除西北各发电厂的电力销售，由公司电业处直接收费外，其余所有产品的销售，悉由营业处统一经营。同蒲铁路北段机车用煤，由西北煤矿第二厂直接装运；同蒲铁路南段机车用煤，由西北煤矿第三厂直接装运；西北炼钢厂所需焦煤和铁、锰矿石，由西北各煤矿铁厂径发；营业处第二课负责押运调度。公司在义棠设有煤炭管理所，在太原设有配煤所，对西北各厂分拨工业用煤，并向社会提供民用燃料煤。重工、军工产品由营业处第四课负责销售，民用产品由营业处第五课负责销售，轻纺、面粉产品由营业处第六课负责销售，除武器、弹药是专供太原绥靖公署兵工室器材处转账结算外，其余产品均为批发趸售，并设有零售产品的门市部。西北各厂产品出厂前的货物税、营业税以及注册商标等按各厂产品交库和销售数量，统由营业处第七课办理。①

独立营业工厂有较为完善的组织结构，是一个完整的经营单位。《制造厂组织章程》显示，"本厂系由公司拨给资本独立经营"，与西北实业公司具有总分公司性质。该厂设总办一人，总理全厂对内对外一切事宜，设有总会办办公厅、总务处、会计处、设计处、工务处、审检处等职能部门，下设机车厂等 10 个分厂（见图 3.6）。②

---

① 卢筠、梁宸栋等：《西北实业公司的经营管理》，引自省政协文史资料研究委员会编：《山西文史资料》（第 63 辑），省政协文史资料研究委员会 1989 年版，第 64~68 页。

② 1936 年 10 月西北制造厂将下属 10 个工厂重新改组为 18 个分厂。参见《中国近代兵器工业》编审委员会：《中国近代兵器工业——清末至民国的兵器工业》，国防工业出版社 1998 年版，第 170 页。

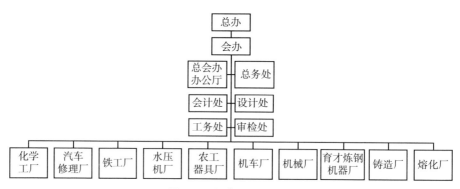

图3.6　制造厂组织结构

西北制造厂前身为山西兵工厂，保留了较强的军火生产能力，因此受到阎锡山的格外重视。蒋介石在视察山西后曾表示，"晋省之兵工厂，大部分均已改为普通制造厂，出品门类甚多，大如同蒲路应用之机车车皮、铁轨及抽水机、电风扇，小至火油灯、磅秤、图钉、缝针等，无不应有尽有、俱切实用"。[1] 该厂虽名义上隶属于西北实业公司，实际上受阎锡山领导。[2] 西北制造厂具有完善的业务体系，"盈亏责任完全由厂自负"，[3] 本质上已经可以视为单独的企业。

值得注意的是，西北实业公司本部与独立营业各厂间的资源调配是以合同而不是行政命令的方式进行的。1936年8月，西北实业公司营业部与西北制造厂下属机车厂签订购买机械零配件的合同，总价大洋4 000元。[4] 该合同内容较为简略，仅列明了所购产品的数量及价格、付款办法、交货期限及地点、产品规格等基本内容。与同时期西北实业公司与其他企业签订的商业合同相比，上述合同无违约责任的认定及相应的免责与惩罚性条款，同时也未像一般商业合同粘贴国民政府印花税票。

有学者将西北实业公司本部与集中营业和独立营业厂矿的关系归为"母子公司"，即西北实业公司本部为母公司，集中营业与独立营业各厂为

① 秦孝仪：《总统蒋公大事长编初稿》（卷3），（台北）中国国民党党史委员会1978年版，第121～129页。
② 方耀泉：《西北制造厂创建情况》，引自太原市政协文史资料研究委员会：《太原文史资料》（第14辑），1990年，第73页。
③ 曹焕文：《太原工业史料》，太原市城市建设委员会1955年版，第41页。
④ 《西北实业公司营业部与西北实业公司机车厂合同》（1936年8月14日），山西省档案馆藏西北实业公司档案，档案号：B30－1－168－18。

子公司。① 事实上，西北实业公司本部仅有营业、会计、总务等职能部门，没有生产单位，不能作为独立的市场主体参与交易。同时，西北实业公司本部与集中营业各厂间建立了直线—职能制的科层组织结构，而不像母子公司属于法人的集合。因此，集中营业各厂仅是公司内部的生产单位，不具备市场主体地位，自然也不存在总分公司关系。至于公司本部与独立营业工厂的关系，仅具有形式上的隶属关系，独立营业工厂实际作为独立的市场主体参与交易。公司本部与独立营业工厂之间建立了一种"准市场"化的手段。上述情况表明，西北实业公司集中营业工厂与独立营业工厂之间的合同属于内部契约。合同未能准确描述与交易有关的未来可能出现的状况，以及在每种情况下契约双方的权利和责任。可以说，在契约完备性方面，内部合同略逊于正式合同。上述内部合同虽不具备正式的法律效力，但在公司内部还是具有与正式合同同等的约束力，并且减少了缔约双方的谈判与监督成本，避免了恶性竞争，有效地降低了交易费用。这种组织形式即威廉姆森所言介于市场制与科层制之间的混合制。

　　内部组织隐含的合同法就是"自我控制的合同法"，其纠纷解决机制不是诉诸法律而是企业内部的层级制。② 西北实业公司集中营业工厂与独立营业工厂之间，以及西北实业公司与其他公营事业之间虽以合同的方式进行交易，但这种交易的保障不在合同法而在于董事会治理结构所形成的内部协调机制。这种内部契约较行政指令能够降低内部行政成本，同时合同双方基于同一层级的平等关系自愿签订契约，这种内部契约的激励强度虽低于市场契约，但仍具有"和缓的激励"。同时内部交易各方可以自己明确他们之间的分歧，或者就未解决的争端诉诸层级制，以做出裁决。③ 可以说，这种"内部契约"既有市场契约普遍具有的约束力，同时又减少了缔结契约的交易成本，同样达到了优化资源配置的效果。

四、高级官员的"个人嵌入"

　　《管理章程》第二条规定，山西公营事业"属于山西全体人民"，首次

① 王斐:《西北实业公司产权制度演化研究（1933－1949）》，上海社会科学院博士学位论文，2019年，第46页。
② ［美］奥利弗·E. 威廉姆森:《治理机制》，石烁译，机械工业出版社2016年版，第100页。
③ ［美］奥利弗·E. 威廉姆森:《治理机制》，石烁译，机械工业出版社2016年版，第102页。

从制度设计上明确了公营事业的全民所有制性质。西北实业公司作为全省最大的公营事业，"不啻我全省人民之公共财产，愿全省人民均爱护扶助而监督之也可"。① 从前文的讨论可知，政府投入西北实业公司的资本中包含大量的官员私人资本。这些私人资本通过政府融资活动隐藏在全省人民公产的表象之下。既然政府官员在西北实业公司中有直接个人利益，公司治理结构中也必然要有其一席之地。然而，官员私人资本对西北实业公司并非直接投资，未形成正式股权，不能直接参与公司治理。同时人民作为"股东"在公司治理结构中仅是虚拟参与方而非实际参与方，督理委员会就成为事实上的公司所有权主体。

从督理委员会和董事会的构成不难发现（见表3.14），这两个组织的成员大多具有官方背景。阎锡山作为山西最高军长掌管兼任首席督理委员，足见官方对这一机构的重视程度。究其原因，一方面是因山西省公营事业包括了西北实业公司在内的14家企业，涵盖轻重工业、金融、外贸等多个行业，② 在全省具有举足轻重的经济地位；另一方面，阎锡山等官方的人格化代表通过这一"个人嵌入"的制度安排在公司治理结构中获得正式权力，可监督经营者以确保官员私人资本的安全和高额收益。

表 3.14 首届督理委员会及董事会成员

序号	姓名	职务	背景
1	阎锡山	首席督理委员	太原绥靖公署主任
2	贾景德	督理委员	太原绥靖公署秘书长
3	温寿泉	督理委员	山西辛亥元老
4	邱仰浚	代理督理委员	晋绥财政整理处处长
5	王怀明	代理督理委员	太原绥靖公署军法处处长
6	陆近礼	董事长	天津海关监督、长芦盐运使
7	张杜兰	董事	国民政府赈务处副处长
8	高时臻	董事	山西大学教师

---

① 《山西建设情报：西北实业公司各厂概况》，载于《山西建设》1936年第9期，第1～8页。
② 《山西省人民公营事业董事会章则摘要》（1937年7月1日），山西省档案馆藏旧政权资料，编号：N63。

续表

序号	姓名	职务	背景
9	耿步蟾	董事	山西省实业厅厅长
10	畅联晋	董事	—
11	宋澈	董事	太原统税局局长
12	陈敬棠	董事	山西省政府村政处处长

资料来源：山西省地方志办公室：《民国山西政权组织机构》，山西人民出版社 2014 年版，第 312 页；丁天顺、许冰：《山西近现代人物辞典》，山西古籍出版社 1999 年版，第 207、253、321、382、398、410、493 页；刘国铭：《中国国民党百年人物全书》（上），团结出版社 2005 年版，第 1204 页；毛洪亮：《民国晋绥集团军政人物春秋》，安徽人民出版社 2013 年版，第 102 页。

西北实业公司在制定 1936 年度红利分配办法时，经理梁航标提议给予公司下属兴农酒精厂的原股东一定分红。该厂前身为私营大同兴农化学工业社股份有限公司，1935 年 9 月由西北实业公司接办，除将原实收股本如数发还外，财产一律接收。[1] 该公司注册文件显示，资本总额定为国币 12 万元，发起人 14 名，股东 26 名，其中大多为山西、绥远两省政府官员或者与政府有密切关系之人（见表 3.15）。[2]

表 3.15　　　　兴农化学工业社股份有限公司官员股东一览

序号	股东姓名	常用姓名	身份	股数	股款（元）	备注
1	傅宜生	傅作义	绥远省政府主席	10	1 000	发起人、监察人
2	樊虚心	樊象离	山西省建设厅厅长	20	2 000	发起人
3	苏象乾	苏体仁	绥远省财政厅厅长	20	2 000	发起人
4	梁次楣	梁上栋	国民政府实业部商业司司长	10	1 000	
5	赵芷青	赵丕廉	国民政府蒙藏委员会副委员长	40	4 000	
6	赵印甫	赵承绶	晋绥军高级军官	210	21 000	发起人、董事

[1]　《山西建设情报——西北实业公司近况》，载于《山西建设》1935 年第 7 期，第 5~6 页。
[2]　《兴农化学工业社股份有限公司设立登记呈请书》（1935 年 5 月 24 日），台北"中央研究院"近代史研究所档案馆藏，档案号：17-23-01-04-10-001。

序号	股东姓名	常用姓名	身份	股数	股款（元）	备注
7	王治安	王靖国	晋绥军高级军官	100	10 000	监察人
8	李慕颜	李服膺	晋绥军高级军官	100	10 000	董事
9	陆恭齐	陆近礼	山西省人民公营事业 董事会董事长	20	2 000	
10	梁航标	梁航标	西北实业公司经理	20	2 000	
11	郝星三	郝星三	山西实物准备库 总管理处经理	140	14 000	董事
合计				690	69 000	

资料来源：股东姓名、股数、股款来源为《兴农化学工业社股份有限公司股东名簿》（1935年5月31日），台北"中央研究院"近代史研究所档案馆藏，档案号：17-23-01-04-10-001。常用姓名、身份来源为丁天顺、许冰：《山西近现代人物辞典》，山西古籍出版社1999年版，第503、525、200、475、372、376、56、224、253页；毛洪亮：《民国晋绥集团军政人物春秋》，安徽人民出版社2013年版，第234页；郝星三、贾乙和：《抗日战争前的实物准备库》，引自中国人民政治协商会议山西省委员会：《山西文史资料》（第8辑），山西省政协文史资料委员会1963年版，第60页。

　　兴农化学工业社股份有限公司被西北实业公司兼并后，原股东与公司已解除投资关系，自然不应再获得分红。但梁航标认为"念旧股东冒险投资，对于出品获得试验成功应予奖励，应自1935年9月1日起从该厂每年纯益内以股东应得之三分之一发给旧股东，连续发放三年"。[1] 阎锡山很快批准了这项提议。从表3.15可以直观看出，官员私人资本占该公司资本总额超半数，100股以上的大股东多为政府官员或晋军高级军官，梁航标本人也在该公司持有股份。这样也就不难理解西北实业公司做出上述分红安排的原因。不难看出，督理委员会在某种意义上代表的是政府官员的个人利益而非公司利益，在面临抉择时，明显偏向前者。

五、剩余索取权和控制权的结合

　　有效的公司治理结构要求剩余索取权和控制权尽可能对应，即拥有控制

---

　　① 《西北实业公司函为补报前规定兴农酒精厂自二十四年九月一日起如有盈余以股东应得之三分之一发给旧股东曾奉总座批可并函知该厂遵以请查照备案由》（1937年3月4日），山西省档案馆藏，档案号：B30-1-276-43-19。

权的人应当承担风险。① 西北实业公司建立董事会治理结构后，内部也进行了相应的改组。首先，取消总管理处成立公司本部，并进一步完善和充实了各业务管理部门，建立起垂直的科层组织结构，公司控制权进一步向经理层集中。其次，将工厂分为集中营业和独立营业两种。集中营业工厂包括洋灰厂、窑厂、毛织厂等 16 个单位，由公司本部集中计算盈亏。各厂采购、销售、财务等业务也由公司本部集中办理，工厂成为单纯的生产车间，仅负责生产和提高产品品质。独立营业工厂为炼钢厂、西北制造厂和兴农酒精厂 3 个单位，"一切业务自行办理，盈亏责任完全由厂自负"。

按照《管理章程》规定，董事会、监察会不能决定的事项应报告督理委员会决定，督理委员会便掌握了公司的最终控制权。如西北实业公司在制定分红办法时，按照公营事业的属性应分为"酌给奖金者"和"分配红利者"，利润分配范围和比例都不尽相同，公司属于以上哪种类型只能由督理委员会核定。至于具体分红比例的确定，董事会根据现有规则仅能确定在12% ~ 15% 范围内，具体数目由首席督理委员阎锡山核定。② 最终，督理委员会将西北实业公司本部及集中营业各厂红利分配比例定为13%。③ 除章程中未明确规定的事项外，公司日常经营决策则由董事会负责。董事会作为督理委员会的下属机关，对上执行督理委员会的决定，对下管理与监督各公营企业，任免企业管理人员并进行考核与奖惩，在治理结构中居于核心地位。

在制度设计上，监察会和监进会虽被赋予监督董事会和企业的权利，但在实际运行中，仅限于对企业的监督。如前文所述，西北实业公司虽按监察会要求补缴了 1936 年所欠红利，但此补缴款项是从法定公积金和本年损益账内杂损项下开支。监察会认为此做法"实属错乱会计年度，有碍本年损益"，要求董事会"查照转饬该公司设法更正"。④ 西北实业公司以所发款项无法追缴为由并未严格执行。可见，监察会对公司的监督力度有限，至于监督董事会更是无从谈起。从制度设计上看，董事会治理结构体现了现代公司

---

① 保罗·米尔格罗姆、约翰·罗伯茨：《经济学、组织与管理》，费方域主译，经济科学出版社 2004 年版，第 309 ~ 310 页。

② 《关于呈报西北实业公司拟送分配红利办法的请示的呈文》（1936 年 12 月 7 日），山西省档案馆藏，档案号：B30 - 1 - 276 - 5。

③ 《关于西北实业公司红利分配办法已核的令》（1936 年 12 月 17 日），山西省档案馆藏，档案号：B30 - 1 - 276 - 9。

④ 《函请转饬西北实业公司上年所得税一千七百九十二元七角不应在本年杂项损益内提取速予归补由》（1937 年 7 月 13 日），山西省档案馆藏，档案号：B30 - 1 - 276 - 36。

治理中分权和制衡的理念，所有权、经营权、监督权分属不同主体，形成权力制衡关系，以此保障投资者利益，而监督机构的约束软化甚至名存实亡导致这种权力制衡机制失去了应有的效力。

按照《管理章程》的规定，公司经营权应当由董事会掌握，在董事会无法决定的情况下督理委员会才参与决策。但实际上，督理委员会较多地剥夺了董事会的经营决策权，各公营事业"均阎先生一手经营"。[①] 如西北实业公司曾欲从上海购买 50 吨肥田粉（即硫酸铵）用于制造火药。[②] 据公司驻津办事处报告，肥田粉在天津售价与上海相同，如从上海购买，包括运费在内比从天津购买每吨要多 850 元。因此，公司请示董事会拟先从天津购买 25 吨，其余部分暂缓采购。[③] 董事会对此事并未立即答复而是向督理委员会发函请示，经首席督理委员阎锡山批准后才令公司遵照执行。[④] 可见，对于原料采购这种常规业务公司都无权决策，督理委员会已远远超越《管理章程》所规定的权力边界，参与了公司具体经营。

利润分配对企业可谓是重大事项，《管理章程》和西北实业公司章程中对此都有具体规定。公司所获纯利除按固定比例留存公积金、奖金及职员红利外，其余应全数上交董事会。[⑤] 可以说，董事会掌握了公司的剩余索取权。此时董事会已取代太原经济建设委员会，成为各类政府公债的发行主体，同时也是西北实业公司等公营事业的直接出资者。公司所缴红利被董事会用于抵偿政府债务。[⑥]

从剩余分配的结果来看，拥有公司剩余控制权的督理委员会并未从公司利润中分得任何收益，西北实业公司的剩余控制权和剩余索取权好像是不对应的。在这种情况下，督理委员会似乎没有足够的动力合理使用控制权并监

---

① 徐永昌：《徐永昌日记》（第 11 册），台北"中央研究院"近代史研究所 1991 年版，第 59 页。

② 《太原绥靖公署兵工室关于购沪炸药原料肥田粉数量与款项出处的请示函、呈文》（1936 年 9 月 8 日），山西省档案馆藏，档案号：B31－1－346－9。

③ 《函复奉批购肥田粉五十吨因津较沪便宜拟先饬津购二十五吨的公函》（1936 年 9 月 28 日），山西省档案馆藏，档案号：B31－1－346－12。

④ 《所请该由津购肥田粉准照办的公函》（1936 年 10 月 16 日），山西省档案馆藏，档案号：B31－1－346－13。

⑤ 《西北实业公司函送红利分配办法请查核修正由》（1937 年 3 月 6 日），山西省档案馆藏，档案号：B30－1－276－10。

⑥ 《西北实业公司函交晋华卷烟厂二十五年份前半年资本应得红利请核实赐复由》（1937 年 4 月 12 日），山西省档案馆藏，档案号：B30－1－350－18。

督董事会和公司经理。实际上事实并非如此。从前文公司资本构成的分析可知，阎锡山等政府官员将自己的私人资金以政府借款的形式投入企业，已经按期取得了丰厚的利息。这些由政府支付的利息中必然包含了西北实业公司等公营事业的部分利润。此外，由阎锡山亲自领导的督理委员会实际上代表的是政府意志。如果说股份有限公司股东承担的是财产损失的风险，那么督理委员会所要承担的风险除政府财产损失外还涉及其政权的稳固。西北实业公司是政府《计划案》的重要一环，其经营成败直接关系到政府提振经济的计划能否实现。如果企业经营不善甚至倒闭，阎锡山政府执政的合理性将受到严重质疑。因此，阎锡山等政府官员从西北实业公司的发展中除了获取直接的经济利益外，还有更大的政治利益。

六、剩余分配与经理人激励

（一）剩余分配

1936年山西省颁布《山西省人民公营事业管理章程》（以下简称《管理章程》），对公营事业的剩余分配做了初步规定。公营事业按照企业性质分为酌给奖金和分配红利两类，红利分配比例又按照企业的资本大小、有无特权及独占性分为甲乙丙三档。甲档红利为纯利的5%～10%，乙档为11%～20%，丙档为21%～30%。① 西北实业公司是否属于分配红利之类以及分配比例则须由公营事业董事会拟定并报督理委员会核准。西北实业公司提出公司本部暨集中营业各厂应归为分配红利之类，分配比例为乙档13%，同时呈送董事会审核。② 客观上，西北实业公司部分工厂确实属于竞争性行业，如制纸、发电、印刷等行业均有民营企业参与市场竞争，西北实业公司并不具备行业垄断地位。综合考虑上述情况后，董事会认为西北实业公司投资规模虽然较大，"但多无特权及独占性"，应当分配红利。至于红利分配比例，按照管理章程规定在12%～15%范围之内，请首席督理委员阎锡山核定。最终，阎锡山将红利分配比例定为13%。此外，督理委员会批准西北实业公司制造厂因具有独占性质定为酌给奖金之类，职工奖金为10%。兴农酒

---

① 山西省史志研究院编：《山西通志》（第50卷）《附录》，中华书局2001年版，第185页。
② 《西北实业公司关于函送红利分配办法经会讨论照章分别拟定的签呈（附办法）》（1936年12月12日），山西省档案馆藏山西省人民公营事业董事会档案，档案号：B30-1-276-1。

精厂及炼钢厂为分配红利之类，根据两厂资本大小，炼钢厂红利分配比例定为12%，兴农酒精厂为20%。①

公司整体的红利分配比例确定后，便需要明确内部经理人及职员的分配比例。为了保持各公营事业激励强度的一致性，董事会指示西北实业公司参照山西省银行奖金分配办法拟定公司内部红利分配办法。独立营业各厂员工红利分配办法也由各厂拟定后先报公司审核。②

省银行奖金分配办法规定，总经理奖金占全部奖金的8.13%，协理占6.5%。据此，西北实业公司将经理层的奖金分配比率定为总理8%、经理6%、协理4.5%。剩余奖金则平均分为两部分：一部分作为职雇员红利，按全年实领薪金总额平均分配，但假期内所领薪金除外。另一部分为奖励金，由经、协理奖励有特殊劳绩的职雇员、工人以及差役。同时规定经协理除应得奖金外不得再行分配奖励金。③

上述办法经董事会报督理委员会审核时，首席督理委员阎锡山批示"总理一职将来取消不必定"，取消了总理奖金。这样，公司红利分配比例经调整后定为经理6%、协理4.5%，职雇员红利及奖励金各为44.75%。④

上述红利分配办法仅针对公司本部与集中营业各厂，对于独立营业各厂则须另行规定。炼钢厂因尚未投产，故暂未制定红利分配办法。制造厂及兴农酒精厂已按公司要求分别自行拟定了红利分配办法。制造厂红利分配办法第二条规定，本厂年终营业结算如有盈余，以10%为职员及点工工人之红利，以90%发归公司。本厂应得之红利按百分率分配如下：总办15%、会办10%、各处长共10%、各厂长共15%、职员30%、工人10%，其余15%作为奖金由总办奖励工作有成绩者。⑤

① 《关于给予奖金或分配红利均应由董事会拟定之请示的呈文》（1936年12月16日），山西省档案馆藏山西省人民公营事业董事会档案，档案号：B30-1-276-2。
② 《准拟定公司红利分配办法已签呈核定抄省银行奖金分配办法希参酌整理函送本会由》（1936年12月18日），山西省档案馆藏山西省人民公营事业董事会档案，档案号：B30-1-276-2。
③ 《西北实业公司函送红利分配办法请查核修正由》（1936年12月26日），山西省档案馆藏山西省人民公营事业董事会档案，档案号：B30-1-276-9。
④ 《公营事业董事会关于函复公司本部暨集中营业各厂经协理及职雇员红利与奖励金百分率已签呈批定另缮红利分配办法函送查照办理由》（1937年1月13日），山西省档案馆藏山西省人民公营事业董事会档案，档案号：B30-1-276-17。
⑤ 《西北实业公司函送制造厂及兴农酒精厂红利分配办法照原办法各抄一份请查核修正颁发由》（1937年1月14日），山西省档案馆藏山西省人民公营事业董事会档案，档案号：B30-1-276-10。

制造厂这一红利分配比例显然较西北实业公司本部高出不少。该厂曾长期实行包工制，根据利润率层层转包。利润率高者可达 30%，低者也有 10% 左右。制造厂据此包工利润分成制定红利分配办法显然与现行管理制度不符。鉴于此，西北实业公司要求该厂重新制定红利分配办法。修订后，总办红利分配比例降为 10%，会办降为 5%，而将奖金比例提高至 25%。①

分配红利本是公司对职员的激励措施，目的在于让公司全体员工都能分享公司发展成果，从而更加努力工作，达到激励相容的效果。按照公司红利分配办法，年终核算时未获利的工厂不能取得分红。这一条款引起集中营业各厂职员的不满。按照公司经营管理制度，集中营业各厂只专注于生产环节，物料采购及成品销售等业务均由公司本部负责。因此，"各厂盈亏责任大部分在公司"。而在分配红利时，被公司核定为亏损的工厂是不能分红的。实际上，公司在核算集中营业各厂盈利时是有一定弹性的，"损一元者不得谓之盈，而益一元者即不得谓之亏"。如果各厂因细微的差异而导致收入不同，"于情于理均欠平允"。因此，西北实业公司最后修订了相关条款，集中营业各厂无论是否盈利都可以享受分红。②

西北实业公司创办之际，阎锡山便认为山西工业要加快发展，采取迎头赶上的做法，最重要的一个措施就是取消资本家分红，将企业盈余悉数用作再投资。③ 西北实业公司盈利除经理人及职雇员应得红利及奖金外，其余全部上缴董事会。1936 年，西北实业公司纯益 69 万元，共上缴董事会资本红利 53 万 3 千零 80 元 1 角 7 分，其中 50 万元全部提拨公司用于增资。④

（二）经理人激励

经理人是指公司中由董事会聘任的高层管理人员，包括总经理、副总经理、总经济师、总会计师、财务总监等。从广义上说，除了该公司的高管

---

① 《西北实业公司函送制造厂修正红利分配办法请查核备案由》（1937 年 3 月 10 日），山西省档案馆藏山西省人民公营事业董事会档案，档案号：B30 - 1 - 276 - 12。

② 《西北实业公司函拟将公司红利分配办法第九条末项集中营业各厂所下之 "未获利或" 四字删除由》（1937 年 1 月 12 日），山西省档案馆藏山西省人民公营事业董事会档案，档案号：B30 - 1 - 276 - 19。

③ 徐崇寿：《西北实业公司创办纪实》，引自山西省政协文史资料研究委员会：《山西文史资料》（第 16 辑），山西省政协文史资料委员会 1988 年版，第 167~168 页。

④ 《山西省人民公营事业董事会关于西北实业公司及晋华卷烟厂 1936 年资本红利除提拨资本外余款已交山西省行注收本会存款账内给督理委员会的呈》（1937 年 5 月 13 日），山西省档案馆档案，档号：B30 - 1 - 35 - 28。

外，还应包括分公司经理层和部门经理层。① 近代企业对于公司高管的称谓虽有所不同，但职能是相近的。本书认为西北实业公司的经理人是指总理、经理、协理、各部部长、各厂厂长等由董事会聘任的高层管理人员。

经理人作为公司运营的关键人物，是完成公司目标的执行者。经理人能够在多大程度上带领公司实现持续成长，取决于对经理人合理和有效的激励。有效率的公司治理要求经理人与公司所有者的目标函数尽可能一致，以降低代理成本，提高公司治理效率。经理人的收益应该与公司经营业绩挂钩是西北实业公司成立前即确定的激励原则。这样做的目的就是解决公司的绩效问题。因为公司管理层尤其是经理的行为很大程度上决定着企业的业绩和投资者的利润，而决定和影响经理行为决策的因素就是其所获收益。设计科学合理的经理人激励机制来激发和引导经理人行为，协调公司所有者和经理人之间的利益冲突，成为西北实业公司实现有效治理的重要环节。

经理人激励分为货币激励与精神激励，货币激励又可以分为报酬激励与剩余支配权激励。报酬激励包括固定薪资奖金及职业年金等。其中，固定薪资的优点是稳定和无风险，不受公司经营状况波动的影响，可以保障经理人基本的生存需要。其缺点在于经理人对自己的报酬有稳定预期，与公司业绩无关，因此激励性较弱。奖金一般与公司业绩挂钩，但其容易引导经理人过于关注短期绩效而忽略公司的长期发展。因此，对公司而言，最优化的激励机制是让经理人成为剩余索取者，即剩余支配权激励，在股东和经理人之间分配利润，使公司所得剩余与经理人的开创性努力保持一致。②

西北实业公司的红利分配办法实际上就是一种剩余支配权激励机制。公司红利按一定比例在所有者及各管理层间分配。西北实业公司1936年纯益为大洋69万元，按照13%红利分配比例，应分配红利共计89 700元。除经理、协理应得部分外，剩余部分中职员和雇员红利约占2/4，职员和雇员奖励金约占1/4，工人差夫奖励金约占1/4。具体分配结果如表3.16所示。

---

① 高闯：《公司治理教程》，高等教育出版社2019年版，第93～94页。
② 高闯：《公司治理教程》，高等教育出版社2019年版，第100～101页。

表 3.16　　　1936 年西北实业公司经理人红利及奖励金分配结果　　　单位：元

职名	姓名	红利	奖励金	合计
经理	梁航标	5 382	0	5 382
协理	彭士弘	4 036.5	0	4 036.5
工务部长	—	603.87	1 080	1 683.87
工务部副部长	曹焕文	635.45	720	1 355.45
工务部副部长	阎锡珍	550.27		550.27
会计部部长	孙筱	427.78	360	787.78
会计部部长	张傑三	444.05	600	1 044.05
总务部部长	曲宪治	485.2	960	1 445.2
总务部副部长	王惠康	263.17		263.17
营业部副部长	徐建邦	560.48	800	1 360.48
营业部副部长	杨玉山	511.99	480	991.99
窑厂厂长	荣伯沈	400.98	385	785.98
皮革厂厂长	—	368.76	300	668.76
毛织厂厂长	王达夫	335.19		335.19
印刷厂厂长	赵甲荣	188.21	100	288.21
制纸厂厂长	徐晓峰	579.2	480	1 059.2
洋灰厂厂长	刘敬业	322.19	255	577.19
火柴厂厂长	—	344.52	270	614.52
发电厂厂长	—	455.53	360	815.53
煤矿第一厂厂长	李文英	590.79	480	1 070.79
驻津办事处主任		459.36	360	819.36
高帝山办事处主任	—	148.02	90	238.02
西安办事处主任		382.8	100	482.8
太白路管理所主任		98.89		98.89

资料来源：《西北实业公司函报业将二十五年份所得红利依照分配办法妥予分配完竣并缮具册折请查核备案由》（1937 年 4 月 7 日），山西省档案馆藏山西省人民公营事业董事会档案，档案号：B30 - 1 - 276 - 30。

从表 3.16 红利分配结果来看，经理与协理所得红利与公司红利分配办法所定比例相符。值得注意的地方是，公司红利分配办法并未规定各部部长、各厂厂长等中层管理者的红利分配比例。他们除分得红利外，还可根据工作性质与贡献得到数量不等的奖励金。如工务部部长所得红利与奖金是太白路管理所主任的 17 倍。奖励金的分配权则由经理与协理掌握。可以说，西北实业公司的经理人激励机制更为注重工作实绩。

除薪酬、红利等物质激励外，公司还建立了精神激励机制。《管理章程》规定的名誉奖励有建祠或铸像、公葬、勒碑与给匾等。

西北实业公司的董事会治理结构中存在督理委员会、董事会、经理人等不同的利益主体，由于各利益主体在相互合作中都追求自身利益最大化，便会存在偷懒与"搭便车"等低效率行为。如果将这种相互协作中产生的外在性内在化，在管理者和被管理者之间形成利益联结关系，便可减少各种低效率行为。西北实业公司建立了以利润为导向的红利分配和经理人激励机制，在不同管理层级之间按比例分配红利，并且根据个人努力程度及贡献发给奖励金，使管理者的收益取决于被管理者的努力程度。这样，被管理者利益最大化的行为同时也实现了管理者的利益最大化，达到了激励相容。

第四节　公司治理中的政府行为

"以政治力量推动经济建设"是山西地方政府建设公营事业的主要思路。回顾西北实业公司发展的历史，政府在公司融资、选择经营者等方面都起了相当重要的作用。在宏观政策上，通过服用土货运动以及贸易统制等方式为西北实业公司获得了市场竞争的相对优势。在微观层面，早期西北实业公司工厂创建、合并等重大事项均需政府首脑阎锡山批准。董事会治理结构建立后，阎锡山虽以非官方的身份首席督理委员参与公司治理，但其始终是官方的人格化代表。公营事业管理章程和西北实业公司章程等文件确立了西北实业公司的董事会治理结构，但对政府在公司治理中的具体作用和地位缺乏必要的阐释。因此有必要对政府在公司治理中实际所起的作用做专门分析。

一、协助公司销售产品

山西从 1933 年开始就掀起了自上而下的服用土货运动，政府通过立法、宣传提倡等方式制度性地推动本省产品的销售。对西北实业公司而言，政府宏观政策调整对增加公司产品的销量起到了一定的促进作用，但要想起到立竿见影的效果，唯有行政力量的直接介入。如省政府以行政命令的方式要求各县推销晋华卷烟厂所产纸烟，并将推销成果作为考核县长的一项指标分别进行奖惩。[①] 此外，政府还对销售西北实业公司产品的商号提供担保。如西北实业公司为在方山县推销晋华卷烟，与该县商号晋兴公隆记签订包销合同。该商号取得了晋华卷烟在该县的独家销售权，并承诺每月最低销售量为5万支。同时还须向西北实业公司交100元押金及铺保保证金14 000元。上述包销合同由方山县县长作保。[②]

二、帮助公司取得矿权和开办电气事业

1929年《公司法》出台后，国民政府对公司类企业的管理日趋严格。实业部于1933年颁发训令，强调"旧有公司未经登记者应一律于本年九月三十日以前依法呈请登记"，并特别制定旧有公司补具登记文件办法四条，通令各省市遵照执行。[③] 而西北实业公司虽有公司之名，却无公司之实，一直未在国民政府实业部履行公司立案手续。董事会成立后，董事长陆近礼就提出西北实业公司未经立案，没有取得法人资格，在货物出省、商标注册及请领矿区等方面不能享受法律上应有之待遇。"虽事之变通而困难仍多，请将西北实业公司补办立案手续以固基础"。[④] 然而，西北实业公司如要履行立案手续须先确定股东及股份。而西北实业公司为全省人民公有，不存在公司法意义上的股东。因此，西北实业公司向南京政府实业部申请立案时便因没有股东而未予批准。[⑤]

为了最大限度降低公司法人地位缺失带来的不利影响，山西省政府采取了一些变通做法。如西北实业公司在申请采矿权以及公司下属兴农酒精厂增加城市供电业务等时便获得山西省政府提供的诸多便利。

---

① 陈真：《中国近代工业史资料（第三辑）·清政府、北洋政府和国民党控制官僚资本创办和垄断的工业》，生活·读书·新知三联书店1961年版，第1201页。

② 《西北实业公司与晋兴公隆记立合同》（1937年9月2日），山西省档案馆藏西北实业公司档案，档案号：B31-3-157-14。

③ 《实业部训令：商字第一九五四一号》，载于《实业公报》，1933年第139~140期，第12页。

④ 《第一届董监联席会议山西省人民公营事业董事会提案》（1936年），山西省档案馆藏山西省人民公营事业董事会档案，档案号：B30-1-5-10。

⑤ 曹焕文：《太原工业史料》，太原市城市建设委员会1955年版，第232页。

石膏、磁土是生产洋灰和陶瓷的主要原料。西北实业公司成立窑厂和洋灰厂后，需要用到大量石膏及磁土原料。公司所在地太原市附就盛产这些原料。两厂厂址便选在原料产地附近，以降低运输成本。如石膏矿就位于西北洋灰厂西方约三公里处玉门沟内小石穴地方的溪谷，各种陶瓷原料也遍地皆是。① 然而，西北实业公司坐拥如此丰富的矿产资源却无权开采。国民政府于1930年12月1日开始正式施行《矿业法》，规定全国矿业资源均为国有，如须开采必须依法取得矿业权。矿业法第五条规定，"中华民国人经营矿业如系公司组织以股份有限公司为限"。② 西北实业公司没有登记立案，自然无法申请矿业权。在政府部门的支持和配合下，公司经理以私人名义获得了相关地块的采矿权。

1933年11月，山西省实业厅分别向实业部呈送彭士弘的两宗采矿权申请，采矿地点为太原县西南乡花塔村西北观沟静居观山石膏矿及太原县店头村东风峪沟北山梁石膏矿，面积分别为26公顷65公亩83公厘和27公顷76公亩66厘。彭士弘本为西北实业公司协理，而山西省实业厅在呈文中将这两项采矿申请描述为私人矿商行为，隐瞒了该矿权实归西北实业公司所有的事实。山西省实业厅在审核意见中提到，"另据太原县查明该商矿区图地相符并无违背矿业法施行细则第四十二条各项规定等情，呈复到厅，职厅复核无异"，使得这一申请顺利通过地方政府初审。实业部收到山西省实业厅的初审意见后也未进行详细调查，"兹准给照以兹开采"。③ 这样，彭士弘就以个人名义拿下了石膏矿的采矿权。

梁航标就任公司经理后，也以相同的方式呈请开采太原县黑鸵乡红骨子瑙等地磁土壤矿。山西省实业厅照例将其描述为私人矿商行为，"审核所送图件，大致尚合，当今令据太原县查报图地相符，与他商矿区无重复纠葛，亦无违背各项规定，并经本府建设厅复核无异"。实业部认为该申请是"经山西省主管官署查明转呈到部"，便按照矿业法规定批准上述采矿权申请。④《矿业法》第四十二条规定，申请人申请采矿权时应提供采矿图，以便主管

---

① 曹焕文：《太原工业史料》，太原市城市建设委员会1955年版，第44、57页。
② 吴其焯：《农工商业法规汇辑》，百城书局1935年版，第276页。
③《太原县静居观山石膏矿：彭士弘；西乡店头村东风峪沟石膏矿：彭士弘》，台北"中央研究院"近代史研究所档案馆藏，档案号：17-24-04-023-03。
④《太原县红骨子瑙磁土壤：梁航标》，台北"中央研究院"近代史研究所档案馆藏，档案号：17-24-04-024-01。

部门查核矿区是否与实地相符及与其他矿区重合等，确保采矿权的唯一性和排他性。而审核这些内容的责任机关是地方政府的相应部门。西北实业公司通过与山西省实业厅的配合，巧妙地回避了公司法人地位缺失引发的采矿权申请中的相关法律问题，公司经理以个人名义拿到了所需矿产的采矿权，为窑厂和水泥厂的生产提供原料保障。

通过表 3.17 可以看出，西北实业公司经理和协理虽以私人矿商名义申请采矿权，但各项注册程序十分便捷，从申请到发给执照，整个流程 2 个月左右即完成，如此高的行政效率是一般民营企业无法企及的，背后自然少不了相关政府官员的推动和支持。

表 3.17 　　　　　　　　西北实业公司矿区位置及说明

呈请人	矿区位置及说明	申请采矿权大致经过
彭士弘	太原县西南乡花塔村西北观沟静居观山一带，矿区面积 20 公顷 65 公亩 83 公厘，矿石所含石膏成分为 92.3%～93.3%	1933 年 11 月 4 日申请采矿，向山西省事业厅呈送矿床说明书暨费税等件；11 月 23 日实业厅审核来图，大致尚合，另据太原县查明该商矿区图地相符，呈请实业部发给执照；12 月 26 日实业部审核大致商合，颁发采字第五五一号执照
	太原县店头村东风峪沟北山梁一带，矿区面积 20 公顷 76 公亩 66 厘，矿石内含石膏成分为 92.2%～93.2%	1933 年 11 月 12 日申请采矿，向山西省事业厅呈送图表及各项费用；11 月 12 日山西省实业厅查核来图大致尚是。当经令太原县查明与矿业法施行细则第四十二条各项尚属相符等情；职厅复核无异；1934 年 1 月 5 日实业部经予审核，大致尚合，各项税费亦经解部核收，颁发采字第五六六号采矿执照
梁航标	太原县东北乡、黑驼乡、红骨子瑙、水草沟、小瑙梁石场沟、大瑙梁驴蹄沟等地，约计蕴藏矿量为 478 299 公吨，矿石所含成分为水分 1.03%、有机质 11.2%、氧化铝 54.18%、石英 28.11%、氧化铁 3.15%、氧化钙 1.26%、氧化镁 1.07%	1936 年 10 月 31 日申请采矿，12 月 5 日山西省实业厅审核所送图件，大致尚合，当今令据太原县查图地相符，与他商矿区无重复纠葛，亦无违背各项规定。1936 年 12 月 23 日实业部依照矿业法之规定准其在上项区域内设定采矿权

资料来源：《太原县静居观山石膏矿：彭士弘；西乡店头村东风峪沟石膏矿：彭士弘》（1934 年 2 月），台北"中央研究院"近代史研究所档案馆藏，档案号：17－24－04－023－03；《太原县红骨子瑙磁土壤：梁航标》（1937 年 1 月），台北"中央研究院"近代史研究所档案馆藏，档案号：17－24－04－024－01。

另根据矿业法施行法规定，"凡人民对于实业部有所请求或陈述得具呈听候核办，具呈时须取具铺保"。① 为彭士弘申请采矿权提供铺保的是源积成银号。该银号经理徐振渭在向实业部提供的铺保中称，"矿商彭士弘愿遵矿业法及其关系诸法律请采山西省太原县店头村东风峪沟北山梁石膏矿，并无籍矿招摇情事"。按照法律规定，如采矿产将来产生纠纷，铺保商号是要负连带责任的。该银号愿意担保并非基于彭士弘的个人信誉。源积成银号的前身是山西铜圆兑换所，是阎锡山家族投资的私人钱铺。② 而此时阎锡山担任西北实业公司总理，由其家族控制的企业如亨记银号等在西北实业公司均有间接投资，让其私人钱铺为公司申请采矿权出具铺保自然在情理之中。

西北实业公司于 1935 年兼并兴农化学工业社后将其改为兴农酒精厂，成为公司下属独立经营工厂。如前文所述，该社在并入西北实业公司前已在国民政府实业部注册为股份有限公司。按照公司法等相关法律法规，公司在解散或被其他公司收购后应将营业执照交回实业部注销。西北实业公司将兴农化学工业社并入后，并未按规定将原公司法人注销，反而继续以原公司名义开展业务。

兴农酒精厂的前身兴农化学工业社专事生产酒精，并未开展城市供电业务。该社并入西北实业公司后增设了电灯部，是大同第二个工业自备电厂。该厂装有 2 台 260 千瓦交流发电机，除供本厂酒类生产电动粉碎机、车床等用电外，又向周边地区铺设了对外供电线路。电灯部成立之初，为了吸引用户，推出免收 1 个月电费的优惠办法，迅速发展到 4 000 余盏的规模。到 1936 年，该部供电的灯数达 1 万余盏，最高负荷 190 千瓦，发电供电人员 54 名，年发电量 20 千瓦。③

国民政府于 1933 年修正颁布《电气事业注册规则》，规定不论公私企业，只要开展电气事业就必须向建设委员会申请注册给照，经核准后方可营业。④ 此后国民政府又于 1934 年 12 月出台《全国三四等电气事业补办注册暂行办法》，要求所有成立的三四等电气事业必须向建设委员会办理注册手

① 郑兢毅、彭时：《法律大辞书补编·法律文件表式》，商务印书馆 2012 年版，第 384 页。
② 阎树林：《太原源积成银号始末》，引自《山西文史资料》编辑部：《山西文史资料》（第 4 辑），山西省政协文史资料委员会 1996 年版，第 1033～1034 页。
③ 王林：《大同工业专题史话》，山西人民出版社 2008 年版，第 54 页。
④ 《法规：中央法规：电气事业注册规则（十九年六月六日公布，二十二年五月二十五日修正公布）》（附表），载于《湖南省建设月刊》1933 年第 38 期，第 1～13 页。

续，否则依法取缔。① 兴农酒精厂此时已并入西北实业公司，而西北实业公司并未在国民政府注册备案，也就不可能获得电气事业营业资质。1936 年 4 月，兴农酒精厂以原兴农化学工业社的名义向实业部申请更改公司章程，兼营大同城内供电事业。按照公司法的有关条款，修订章程必须召开股东大会，出具修改章程的决议录。但兴农化学工业社已不复存在，不可能再召开股东大会。但兴农酒精厂还是出具了一份股东会决议录并经山西省建设厅呈报实业部。山西省建设厅在呈文中称，"查所送股东会决议等件，核与公司法各规定尚无不合"。② 显然，山西省建设厅作为地方主管官署，为西北实业公司兴农酒精厂利用原民营企业法人地位申请电气事业开了绿灯。

兴农酒精厂在向实业部申请更改章程的同时，也向建设委员会申请注册开办电气事业。工厂所在地大同县政府在出具的设立电气事业意见书中声称，"本地需用电气以做电灯及工业动力为时已久，唯以前电厂容量所限未能充分供给，该户开办后用户使用者日益增多。本地实业以面粉业为大宗，用电力较多，将来毛织、榨油厂容量所限等，举办当在意料之中。所拟零灯电价暨电度电价尚公允"。兴农酒精厂在开展电气事业多年后方向中央政府申领许可证，明显有违法律。然而，建设委员会却认为"该厂未呈领工作许可证即行购械装置，与法定手续固有未合。惟该厂僻居北陲，恐于各项电气法规未尽明了，姑念所购器械尚属可用，应予免究以示宽大"，并未追究该厂的法律责任。③

最终，在地方政府的配合下，西北实业公司兴农酒精厂以原兴农化学工业社股份有限公司的名义取得了电气事业营业资质，为西北实业公司开辟了新的利源。据该厂营业概算书显示，电灯业务一年可创造 19 796 元纯收益。

三、培训公司高管

如前所述，西北实业公司的高级技术人员中很多都有留日经历，公司一些重要机器设备也从日本采购，加之阎锡山早年也曾留学日本，日本企业便成为西北实业公司重要的学习对象。政府在不同时期选派西北实业公司部分高管和技术人员赴日参观培训，学习日本企业的管理经验及技术，以提高公

---

① 沈云龙：《近代中国史料丛刊续编》（第58辑），（台北）文海出版社1978年版，第146页。
② 《大同县兴农化学工业社公司》，"中央研究院"近代史研究所馆藏，档案号：17－23－01－04－10001。
③ 《兴农化学工业社电灯部》，台北"中央研究院"近代史研究所档案馆藏，档案号：23－25－04－001－03。

司管理效率及技术水平。

由表 3.18 可以看出，1935～1937 年，西北实业公司分批多次派员赴日培训，参加人员大多为公司高管，其中仅有少部分技术人员。参观企业以电气和冶铁业为主，学习时间短则数日，长则达数月之久。表 3.18 所列企业均为日本相关行业的领先企业。如三菱电机株式会社是日本最大的电机生产企业之一，主要生产电动机、变压器等工业用电气设备。帝国制铁株式会社为日本国内规模较大的炼钢企业。山西省政府派遣西北实业公司相关人员赴日学习，显然是为了针对性地考察电气、钢铁工业设施，以便在西北发电厂及西北炼钢厂等工厂建设中加以借鉴。

表 3.18　　　　　　　　西北实业公司赴日学习人员一览

序号	时间	培训地点	参加人员	职务
1	1935 年 8 月	三菱电机株式会社神户制作所	陈尚文	技师
			曲迺俊	技师
2	1936 年 4 月	日立制作所株式会社	曲迺俊	技师
3	1937 年 5 月	帝国制铁株式会社	张焯福	营业部部长
			王惠康	总务部副部长
			杨玉山	营业部副部长
4	1937 年 5 月	三菱电机株式会社名古屋制作所	梁航标	经理
			张焯福	营业部部长
			荣嗣蒙	技师
			王惠康	总务部副部长
5	1937 年 5 月	田中机械制作所株式会社、中岛制作所放出工厂株式会社	梁航标	经理
			张焯福	总务部副部长
			荣嗣蒙	秘书
			杨玉山	营业部副部长
			王惠康	总务部副部长

注：本书根据实际情况对参训人员的职务做了修订。

资料来源：《第 273 号电报，三菱电机株式会社神户工厂》（1935 年 8 月 22 日），日本亚洲历史记录中心资料，参考代码：C05034171200；《1987 年第 1936 年 4 月 20 日外国人来公司参观》（1936 年 4 月 25 日），日本亚洲历史记录中心资料，参考代码：C05034846400；《陆普第 2523 号 12.5.4 西北实业公司一行工厂见学件》（1937 年 5 月 4 日），日本亚洲历史记录中心资料，参考代码：C05110694200；《中华民国人三菱电机名古屋制作所见学许可的件》（1937 年 5 月 8 日），日本亚洲历史资料中心资料，参考代码：C05110715400；《中华民国人见学的件》（1937 年 5 月 25 日），日本亚洲历史记录中心资料，参考代码：C05110690200。

本 章 小 结

西北实业公司资本来源主要是政府公债和借款。政府财政、公益机构、官方银行号、私人银号及政府官员等通过政府公债和借款间接向西北实业公司投资，在获得稳定利息的同时不承担公司经营风险。公司成立初期，实行组长、厂长负责制和承包制，政府未直接干预公司经营，授予专业技术人员等人力资本所有者较大的经营自主权。这种激励强度较大的管理模式在公司成立初期实现了企业的快速成长。随着公司规模的扩大，公司内部管理成本不断增加，公司整体竞争力并没有随之提高。此后，政府任命了公司经理并对公司进行了改组，收回部分控制权成立总管理处，以期加强对经营者的监督并提升企业整体效率。公司内部人事变动造成专业技术人员积极性受挫，公司经营效率不仅未能提高反而带来亏损，政府面临更大的资本运营风险。

最终，西北实业公司参照股份有限公司制度建立了具有本土特色的董事会治理结构，开始向现代企业制度转型。其主要特征表现为政府高级官员的"个人嵌入"及剩余控制权和剩余索取权的结合。这种将阎锡山个人权威与现代企业制度相结合的治理模式为公司带来效率的同时也造成公私不分的问题。阎锡山败退台湾后，有人提出"西北实业公司等人民财产将为少数人化公为私"，联名要求其清算公司资产。对此，曾任山西省政府主席的徐永昌为阎锡山辩称，西北实业公司所属各厂资本"本是可公可私之款，公家账内无此款，乃悉由阎先生拿出，在民国以来，未见任何有力者肯拿出其自己名下之款，办人民或公家事"。① 徐氏此言在一定程度上也反映出西北实业公司存在政府资本与官僚私人资本混淆不清的状况。

诺思认为，现行的政治规则决定经济规则，产权以及由此产生的个人契约一般是由政治决策过程所界定并实施的，而经济利益结构也会对政治结构产生影响。在均衡状态下，一个既定的产权结构（及其实施）将与一套特

---

① 徐永昌：《徐永昌日记》（第 11 册），台北"中央研究院"近代史研究所 1990 年版，第 314 页。

定的政治规则相一致。[1] 20世纪30年代由地方政治割据带来的经济割据使南京国民政府的经济法令并不能得到完全贯彻，在一定程度上为地方建立与本地经济基础相适应的经济规则提供了较为宽松的制度环境。阎锡山个人独裁的政治体制在经济建设中的体现就是对企业的全面控制，西北实业公司董事会治理结构的建立正是这一规则的直接体现。

国家政权控制的股份制企业的主要目的是确保企业被政府掌控和企业发展的方向为政府服务。[2] 如何在实现政府掌控的同时避免企业组织官僚化和治理行政化以及由此引发的企业发展效率低下，是任何省营企业乃至国营企业都必须面对的课题。西北实业公司借鉴股份有限公司制度建立的新型国有企业治理结构将政府角色内嵌其中，并通过章程等正式制度明确了政府官员的行为边界，政府行政权力得到一定程度的限制。尽管这样的限制有时是脆弱的，但至少在形式上明确了政府与企业的边界。不可否认的是，西北实业公司在省营企业中率先引入现代企业制度，建立了本土化的公司治理结构，具有一定程度的制度创新意义。

---

[1] 道格拉斯·C.诺思：《制度、制度变迁与经济绩效》，杭行译，格致出版社、上海三联书店、上海人民出版社2008年版，第67页。

[2] 朱荫贵：《试论南京国民政府时期国家资本股份制企业形成的途径》，载于《近代史研究》2005年第5期，第1~26页。

第四章　战时董事会治理结构的异化

全面抗战爆发后，日军在晋北攻陷了雁门关，此后又在东面突破了娘子关，省会太原岌岌可危。1937 年 10 月，中日双方爆发忻口会战，激战 30 余日后以中国军队全面溃败而告终。11 月，日军占领了太原，西北实业公司也随之落入日军之手。抗战期间，西北实业公司分为三个部分。第一部分为撤退至成都的西北实业公司清理处。太原沦陷后，公司经理梁航标及协理彭士弘仅率少数职员携带账簿等重要文件及部分产品撤退至成都。此后彭士弘奉阎锡山之命返晋筹设新厂，梁航标则以清理处经理的身份继续留在成都，负责清理公司债权债务等问题。第二部分为新记西北实业公司。阎锡山撤退至陕西宜川后，物资匮乏，经济压力日渐增大。为满足战时需要，阎锡山决定在敌后恢复西北实业公司的组织与生产，令公司协理彭士弘带领部分技术人员在山西、陕西等地筹设新厂，以支持山西抗战。鉴于西北实业公司大多数工厂已落入敌手，且新设企业并未继承西北实业公司的债权债务关系，因此将该企业定名为新记西北实业公司。阎锡山继续兼任公司总理，同时委任彭士弘为经理，曲宪治为协理。[①] 第三部分为被日军强占的西北实业公司各厂。日军占领太原后，对西北实业公司进行了野蛮的军事掠夺，将西北制造厂 3 000 余部优质机器掠至日本本土和我国东北，并对侵占的工厂实行军管。此后，日军为提高工厂生产效率，服务侵华战争，以"日华合办"的名义成立山西产业株式会社，统一经营所占公私各企业，建立了日本企业风格的治理结构。

---

① 李茂盛：《阎锡山大传》（下），山西人民出版社 2010 年版，第 768～769 页。

第一节　新记西北实业公司的资本结构

一、政府拨款

"七七事变"爆发后不久，日军就开始大举进攻山西，战火迅速烧到了雁门关。阎锡山喊出"焦土抗战，死守雁门"的口号，国共双方与日军在雁门关一带展开激战。西北实业公司各厂昼夜加班为前线赶制军品，根本无暇顾及日后公司保全问题。直到日军攻破雁门关直抵太原的北大门忻口，公司后迁才被正式提上日程。但由于前方战事紧张，交通运输优先满足兵员及军需补充，无法筹集足够的运输工具，公司只能将制造厂的一小部分机器运往陕西暂存。随着娘子关的失陷，太原沦陷在所难免，在此紧急情况下，公司人员仓促携带少量机器设备随军向运城转移，后渡过黄河到达陕西。在陕暂定后，出于支持抗战起见，西北实业公司即派员分赴四川、云南各地调查，筹划复工生产，以供前方军民急需物资。为此，阎锡山命令彭士弘带领技术人员从成都赴陕，于1939年7月在陕西宜川县成立新记西北实业公司，并在官亭镇设机器、棉织、毛织三厂，后为躲避日军空袭，转移到陕西泾阳县鲁桥镇，遂在泾阳三原两县开展生产。

从公司资本来源上，新记西北实业公司已不同于战前西北实业公司，全部为政府直接拨款，太原绥靖公署成为公司唯一出资者。国民政府四联总处对战时后方的经济调查资料显示，新记西北实业公司资本定为1 000万元，实收4 402 320元，"系由山西省款筹拨"。[1] 公司章程中对资本来源也有相同的表述。章程第四条称，"本公司所需资金随时向绥署请拨"。又章程第十八条称，"本公司每届年终总结账一次，除去公司本部与各厂一切开支及折旧外，如有余款悉数解缴绥署，不足时得呈请绥署核销"。[2] 可见，政府不仅是新记西北实业公司的唯一出资者，同时也为公司经营兜底，既负盈也

① 《新记西北实业公司：（一）沿革：公司现设山西泾阳县……》，载于《工商调查通讯》1943年第181期，第0～1页。
② 《新记西北实业公司章程》（1941年），太原市档案馆藏西北实业公司档案，档案号：J006-1-0252-2。

负亏。这种所有权与经营权高度合一的管理模式与战前多有不同。

二、官方贷款

除固定资本外，新记西北实业公司的流动资本也是由太原绥靖公署供给。1940 年 9 月，公司纺织厂欲购买原棉，以便工厂建成后即可开始生产。经理彭士弘向阎锡山申请借款，用于购存两个月库存原棉，总价 12 万元。此外，毛织厂等工厂的购料款项也由太原绥靖公署拨给。公司承诺将来使用毛呢售款偿还一部分借款，其余款项以各厂成品抵销。①

除了向太原绥靖公署申请资金外，新记西北实业公司还以支持抗战为名向经济部工矿调整处申请政策贷款。经济部工矿调整处前身为军委会工矿调整委员会，1938 年 3 月更名。其任务主要为督促民营工厂内迁、复工、增产，调剂产品运销与分配；协助后方企业筹措迁移、建筑、设备营运等必需资金，扶助涉及规划以及材料、动力之供需调节、技术员工的调整与训练等。② 抗战期间，工矿调整处向上海天原电化厂等工业企业发放贷款，以帮助其在后方建筑厂房，添购设备。③

公司经理彭士弘在贷款申请中提出，西北各省作为战略大后方有着丰富的资源和众多人口，军需民用物资生产处于非常重要的地位。以往因交通条件恶劣，大多数生产生活物资都依赖外部输入。"值此长期抗战时期，若不急期开展就地造产，则西北物资供应将发生极大困难，影响抗战莫此为甚"。④ 彭氏将新记西北实业公司描述为抗战大后方重要的物资生产机关，以取得经济部的政治认可，为公司获得中央政府贷款提供方便。

由于政府拨款并非一次到位，公司各厂大多是在仓促间筹建，机器设备数量不足，规模也较小，出产无法满足大后方需求。随着太平洋战争的爆发，中国战场逐渐进入相持阶段，山西侵华日军也放缓了对晋西的进攻，客观上为后方工业建设提供了一个相对平稳的时期。阎锡山于 1942 年命新记西北实业公司在第二战区敌后建立纺纱、织布、火柴、火药、钢铁及制造工

---

① 《关于购买原材料需资金的签请》（1940 年 9 月 20 日），太原市档案馆藏西北实业公司档案，档案号：J006 - 1 - 0251 - 030。

② 施宣岑、赵铭忠：《中国第二历史档案馆简明指南》，档案出版社 1987 年版，第 246 页。

③ 上海市档案馆：《天原化工厂卷·吴蕴初企业史料》，档案出版社 1989 年版，第 226 页。

④ 《关于资金俾资建设以利抗战的呈文》（时间不详），太原市档案馆藏西北实业公司档案，档案号：J006 - 1 - 0251 - 32。

厂，加大物资生产力度。1944 年 7 月，公司在又临汾隰县设化学厂，在孝义设立钢铁研究所，到 1945 年 8 月 1 日，两厂建筑主体已大体落成。抗战期间，新记西北实业公司共建成 9 个生产机构，具体情况如表 4.1 所示。

表 4.1　　　　　　　　新记西北实业公司所属各厂概况

厂名	主要设备	生产能力（月）	职员数（名）	工友数（名）
化学研究所	制革及制磷设备各一全套	革皮 2 000 张，牛皮 300 张，机器用皮带 1 000 尺，黄磷 300 磅	20	100
纺织厂	织布机 100 台，纺纱机 100 台 1 600 锭	月产 20 码各色布匹 1 800～2 000 匹，15～20 包	306	800
机器厂	龙门刨床、牛头刨床、八尺车床、六尺车床等共 20 部，万能铣床、钻床、四尺车床等共 20 部，化铁炉 1 座	完成柴油机一部、金波式纱机一组，并修配公司各厂之机器零件	20	250
毛织厂	毛织机 10 台，织呢机 5 台，斜纹机械 10 台，筒纺纱机 20 台	月产 5×7 各色毛毯 500～800 条，毛呢 5 000～8 000 码，毛纱手工毛线 5 000～8 000 磅	30	250
秋林火柴厂	排列机 8 部，焦油焦药设备 1 组，卸材机 5 部，研药设备 1 组，旋梗机 3 部，旋片机 2 部，切梗机 2 部，切盒片机 2 部	月产火柴 2 000 箱，梗子 2 000 箱，盒片 600 箱	45	450
官庄复兴纱厂	320 锭西北金波式纱机 20 台，并条机 8 部，弹花机 4 部，织机 10 台，毛巾机 10 台	月产 16 支棉纱 10 包，40 码 14 磅白布 250 匹，毛巾 490 打	17	100
隰县火柴厂	排列机 8 部，焦油药设备各 1 组，卸材机 5 套，研药设备 1 组，旋梗机 3 部，旋片机 2 部，切梗切片机各 2 部	月产火柴 2 000 箱，梗子 2 000 箱，盒片 600 箱	45	450
隰县化学厂	制造硫酸设备一全套，制造硝酸设备一全套，制造速燃无烟药设备一全套	月产硫酸 15 吨，硝酸 6 000 磅，速燃无烟药 600 磅	30	100

续表

厂名	主要设备	生产能力（月）	职员数（名）	工友数（名）
孝义钢铁研究所	日产半吨熔矿炉2座，日产1吨罐子炼钢设备一套	月产生铁60吨，枪筒钢30吨	50	200
总计			492	2 700

资料来源：《西北实业公司历年概况》（1946年12月），台北"中央研究院"近代史研究所馆藏经济部档案，档案号：32-03-159，第301页。

至1943年底，各厂年终结算共盈余1 888万余元。西北实业公司迁往陕西省鲁桥镇后，至1943年底共建立机器、毛织、火柴、化学研究、棉纺织五厂。由太原绥靖公署陆续拨给资金200万元。[1] 最终，新记西北实业公司额定股本定为1 000万元，实收4 402 320元。[2]

需要注意的是，新记西北实业公司并未承接西北实业公司的债权债务，两者之间存在明显的产权界限。西北实业公司迁往陕西后，由于经理梁航标因病辞职，董事会及监察会成员散居各处，公司事务一直无人主持。督理委员会遂任命彭士弘全权负责，公司才于1939年正式复业。因资产负债未及清理，公司复业后在其名称前加"新记"二字，以表明公司债权债务与战前的西北实业公司相互独立。西北实业公司经理梁航标仍留成都负责清理公司债权债务。这就意味着新记西北实业公司虽然继承了西北实业公司部分人员和设备，但并未承担其债权债务。如本书第三章所述，西北实业公司所欠天津金城银行贷款70万元，银行并未提出向新记西北实业公司清理，而是不断向西北实业公司发函催还。

金城银行向西北实业公司催还欠款的函

查贵公司借用敝行款项早已期满，按照该约规定，早应将本息一并还清，乃贵公司不独未能照约履行，且对敝行屡次奉函均搁置不复，殊为遗憾。兹查贵公司结欠敝行之款截至本年年终决算（即三十二年十二月三十

① 邸钟秀：《西北实业公司之今昔》，载于《西北论衡》1941年第9卷第11期，第17~28页。
② 《新记西北实业公司：（五）财务情形：公司财务情形谨据报额定股本一千万元……》，载于《工商调查通讯》1943年第181期，第5页。

一日），计本息国币五十五万四千九百四十二元，敝总处以压年积欠，各户均已结清。惟尊欠尚应悬置，故一再拖延催理，敝行职责所在，实有难以交代之苦衷。此种困难情形压年专函奉达，贵公司迄无复函，总之如斯巨额欠款，绝非拖宕所能了事。特缮开水单一纸，随函复奉，务希查收，于最短期内迅予筹还，以资清结。

资料来源：《金城银行向西北实业公司催还欠款的函》（1937年），蒙秀芳，黑广菊主编：金城银行档案史料选编，天津人民出版社2010年版，第320页。

从以上催款函可以看出，西北实业公司撤离太原后，一直维持着对债权人的债务关系。公司曾于1938年12月通过授权银行变卖部分抵押品等方式清偿了部分贷款。金城银行于1944年复向西北实业公司发函催还贷款，此时贷款本息也涨为国币616 493.95元。实际上，在整个抗战期间，这笔贷款一直未还清。银行业未要求新记西北实业公司偿还债务。可以说，新记西北实业公司与西北实业公司在债务关系上的切割，一方面保护了脆弱的战时生产体系，另一方面有利于将来复业后的资产清算。

第二节　董事会治理结构的解体

抗战前，公营事业董事会作为山西最大的企业管理机关，曾经管辖数十家公营企业及数万名职工。抗战爆发后，包括西北实业公司在内的多数企业都落入敌手，董事会的管辖范围大大缩小。同时，新记西北实业公司成为太原绥靖公署直属企业，抗战前西北实业公司建立的董事会治理结构随即解体。

一、董事会职能的转换

鉴于此，董事会认为敌后公营事业规模较战前大为减少，且各公营企业已转入战时机制，董事会已无履职空间。为此，董事会曾向阎锡山提请解散，各公营事业由太原经济建设委员会收回。然而，阎锡山对这一提议持否定态度，答复"作战期间应由董事会派员随营管理公营事业事务，待战事终了即行恢复原状"。①

从阎锡山的答复中可以看出,董事会治理结构仍然被认为是管理山西公营事业的有效机制。受战争影响,公营事业董事会的职权已无法与战前相提并论,但阎锡山仍然要维持董事会名义上的存在,支持董事会继续派员协助管理各公营企业。只不过董事会已不再像战前那样具有经营决策权,而成为类似政府顾问的角色。

二、经营管理体制的调整

在董事会职能转变的同时,西北实业公司根据战时需要对公司管理体制进行了调整。为集中力量推进业务,经理彭士弘向阎锡山建议改革公司组织机构及管理模式。第一,公司设立最高决策机构理事会,决定一切业务进行方案与人事任免事宜。理事会设理事九人,由公司总理担任理事长,其余理事由总理聘任。总理从理事内指定二人为常务理事。第二,由于各厂所处地理位置较为分散,公司无法对工厂业务进行集中管理,各厂应有一定的经营自主权。作为管理各厂生产事务的工务部应改为计划部,其职能也相应转变为调查研究与设计审核及工务监督等。第三,撤销公司营业部,将各厂集中营业改为独立营业。公司另设商行经营贸易业务。②

从彭士弘的改革设计可以看出,公司管理层迫切期望获得较大的经营自主权。一方面,为最小化战损风险,新记西北实业公司工厂布局较为分散,集中统一指挥难度较大;另一方面,受战时交通不畅、物价波动等因素影响,集中决策使企业无法及时对市场变化做出反应,导致决策成本较高,不利于公司发展。但阎锡山政府所能调用的工业资源本已捉襟见肘,自然不会放松对新记西北实业公司的管控,这也注定上述改革举措不可能完全实现。如各厂原料物料的购运及储备仍由公司统筹,出品产销也由公司统一管理,各厂经营自主权非常有限。③

与战前西北实业公司相比,新记西北实业公司在管理体制上的一个显著

---

① 《关于在作战期间应由董事会派员随营管理公营事业事务待战事终了即行恢复原状的电报》(1938年),山西省档案馆藏山西省公营事业董事会档案,档案号:B30-1-8-5。

② 《关于公司组织章程有修正之必要的呈请》(1938年8月8日),太原市档案馆藏西北实业公司档案,档案号:J006-1-0251-033。

③ 《新记西北实业公司:(三)设备情形:毛织厂占地八亩》,载于《工商调查通讯》1943年第181期,第2~3页。

变化是西北制造厂的彻底独立。西北制造厂虽曾隶属于西北实业公司，但其集合了公司大部分重工业生产资源，本身具有较高的独立性。全面抗战爆发前，阎锡山便曾试图将西北制造厂内迁。1936 年 7 月，阎锡山致电蒋介石，称"晋省制造兵器各厂，位置于省垣北门外，毫无防控设备，一旦国际战事发生，必至将数千万之资产立成齑粉，拟恳中央将该厂接收，将一切机器逐渐移置于安全地带，以保实力"。① 当时西北制造厂可月产步枪 1 500 支、山野炮 28 门、轻重机关枪 170 支、步枪弹 410 万粒，炮弹 33 000 发，生产能力颇为可观，对增强国防力量不无裨益。因此，徐永昌也建议中央政府对西北制造厂应善加利用。② 蒋介石对阎锡山的此项提议予以积极回应。他指示军政部长何应钦与山西方面接洽办理。同年 8 月，军政部委派兵工署制造司司长杨继增赴晋考察西北制造厂各厂情况，并与山西方面接洽接收工厂事宜。经过几天的考察，杨继增认为西北制造厂"制造兵器尚以工头经验为主，殊少近代化，如射击及制造精度、材料之规格及热之处理，皆少研求，出品不经严格检验，自难期其进步"。③ 杨继增对西北制造厂的这一评价，不排除是为将来与阎锡山讨价还价考虑，但在一定程度上还是反映彼时西北制造厂的生产水平。此外，山西方面还提出由中央偿还西北制造厂积欠山西省银行的 900 万元贷款，并将厂内现存材料作价购买。而中央军费无法支出，也很难通过其他途径筹措到这笔经费。④ 双方反复讨价还价，西北制造厂内迁一事最终落空。

日军突破娘子关防线后，山西战场形势已不容乐观。因军情紧迫，西北制造厂各分厂开足马力赶制军火，无暇顾及向后方搬迁问题。直到日军即将兵临太原，阎锡山才授意工厂总办张书田正式启动工厂搬迁。阎锡山令同蒲铁路局每日预留 20 节车皮供西北制造厂运输物资，另外，工厂动员全厂职工，积极抢运物资。由于时间仓促，抢运出的机器设备不及总数的 20%。离开太原后，工厂职工携带设备和各类物资一路向南抵达运城，短暂停顿后

---

① 《中国近代兵器工业档案史料》编委会：《中国近代兵器工业档案史料》（三），兵器工业出版社 1993 年版，第 394 页。
② 徐永昌：《徐永昌日记》（第 3 册），台北"中央研究院"近代史研究所 1990 年版，第369 页。
③ 《中国近代兵器工业档案史料》编委会：《中国近代兵器工业档案史料》（三），兵器工业出版社 1993 年版，第 397 页。
④ 《中国近代兵器工业档案史料》编委会：《中国近代兵器工业档案史料》（三），兵器工业出版社 1993 年版，第 395 页。

即从风陵渡渡过黄河进入陕西，"沿陇海线相地设厂"。经实地勘察，陕西并无宽阔之地用于集中建厂，只得将工厂分散各处。西北制造厂先在陕西兴平县和宝鸡虢镇设立制造手榴弹和修配枪炮的简易工厂，并将总厂办事处设于虢镇城隍庙。随着公司职工陆续抵达及设备工料等不断运到，西北制造厂派员在秦岭以南的褒城和城固两地设厂，制造枪支和手榴弹。此后又在四川广元选定厂址，准备建造规模较大的厂房。城固分厂因占地面积大，条件稍显优越，遂将总厂迁往此处。由于国民党军队在战场上节节败退，陕西已不再安全，工厂便将褒城分厂撤销，迁往四川广元。同时兴平和虢镇分厂也相继迁往陕西中部县，同时设立留坝分厂。西北制造厂总厂也于1940年也迁往广元。此时，西北制造厂下设9个分厂，分别为广元分厂、固城分厂、中部（即今陕西省黄陵县）分厂、留灞分厂、蒲县分厂、隰县分厂、寨子沟分厂、乡宁分厂、孝义分厂，分别位于陕西和山西境内。总厂资金约700万元银洋。至此，西北制造厂初步稳定，开始筹划扩大生产，供给军需。到1941年7月，西北制造厂产能得到一定程度恢复。如四川城固、广元两处工厂可月产各类手枪及步枪50支，轻机枪300余支。此外，该厂还可自制生产枪弹壳所用黄铁皮以替代进口。[1]

西北制造厂独立后改归太原绥靖公署第一室直接领导，成为政府直属的官营企业工厂。[2] 该室成立于1938年，设于陕西秋林镇，是管理前后方公营企业的专门机构，主任由原山西省政府秘书长王尊光担任。[3] 对于工厂内部管理体制，西北制造厂延续了战前的总办负责制。总办作为工厂最高管理者，向太原绥靖公署负责。太原绥靖公署既是工厂唯一的出资者，同时也是主要客户。工厂所需款项由阎锡山所统辖的第二战区拨给，各分厂生产的军火如手榴弹、手枪、步枪、轻机枪、掷弹筒、炮弹等武器均运交第二战区使用，效益很少，收支大体平衡。[4] 如1940年冬，阎锡山拨给西北制造厂法币80万元，订做了2万条步枪。在生产管理方面，西北制造厂实行包工制和计件工资制。以制造枪筒为例，全体工人分为若干生产小组，每组每日出

---

①　徐永昌：《徐永昌日记》（第6册），台北"中央研究院"近代史研究所1991年版，第167页。

②　杨茂林：《山西抗战纪事》（第2卷），商务印书馆2017年版，第462页。

③　山西省地方志办公室：《民国山西政权组织机构》，山西人民出版社2014年版，第83页。

④　樊玉俭、和振中：《抗战后期的西北制造厂》，引自省政协文史资料研究委员会：《山西文史资料》（第63辑），山西省政协文史资料委员会1989年版，第55页。

产 20 条枪筒，每条工本大洋 1 角。若出产 20 条以上 30 条以内，每条 1 角 5 分；30～35 条，每条 2 角。以此类推，若出产 60 条以上，每条工本大洋 1 元。如果小组日产量少于 20 条，则要扣减工资。[①] 如此一来，工人收入与产量挂钩，有利于工厂增产。

与战前相比，由于各分厂设置分散，互不相邻，西北制造厂已不再是一个完整产业链的联合工厂，而是自成一体的分散小厂的集合。受战事影响，各厂原材料采购、产品运输成本较高，仅依靠政府拨款无法维持工厂正常运转。为此，制造厂总办张书田不得不千方百计开辟利源。如工厂进陕后，西北制造厂就为陕西地方军队修配枪炮，进入四川后也承接了川军的军械修配业务。

三、高度行政化的治理模式

1941 年，新记西北实业公司制定了新的公司章程（见附录三）。该章程共四章二十二条，分为总则、组织及执掌、监察、结算及员工奖励，从章程可以看出，新记西北实业公司在出资者、内部权力分配及经理人激励方面与战前西北实业公司均有所不同。公司治理模式具有高度行政化的特点，主要表现在资源配置、经营目标及经理人任免的行政化。[②]

第一，资源配置的行政化。新记西北实业公司作为政府直属企业，在资金划拨、生产计划、原料采购、税费减免等方面得到了政府更多政策优惠。公司所需资金由太原绥靖公署拨款，年终结算如有盈余须上缴太原绥靖公署，如亏损也由绥靖公署核销。公司经营已不再以营利为目的，盈亏与否也与公司经营者无关，最终由政府承担。各厂生产计划名义上由公司工务部负责，而实际上均须向太原绥靖公署请示，最终还得经过阎锡山的审核批准。为此，新记西北实业公司专门设立随部（第二战区司令长官部）办事处，随时接受阎锡山指令。新记西北实业公司还在西安、洛阳、郑州、宝鸡、重庆及山西吉县等处分别设有办事处，办理该地区购运物料等事宜。这些办事处仅负责具体事务的执行，至于购买何种原料、购进多少以及购料款项都需太原绥靖公署审批。新记西北实业公司决定在观亭镇设厂后，经理彭士弘便向阎锡山申请购买生产所用原料及建筑材料。公司织布厂预计日产布百匹，

---

① 日新：《西北制造厂西迁之后》，引自山西省政协文史资料研究委员会编：《山西文史资料》（第 7 辑），山西省政协文史资料委员会 1982 年版，第 60 页。
② 李维安、郝臣：《公司治理教程》，清华大学出版社 2015 年版，第 385 页。

须购存供两个月生产使用的棉花，计大洋 12 万元，制纸厂购料用款需 15 万元，干电池厂月产大小电池 3 万个，购料需大洋 18 万元，加上建筑材料费等共需大洋 70 万元。彭士弘特别强调"现值物价飞涨、采购艰难"，须将物料速为购进，否则各厂不仅不能按时出货，公司购料预算还会逐日增加。① 彭士弘此语显然是想增加阎锡山对公司购料事宜的重视程度。因资源配置权掌握在政府手中，即使市场行情瞬息万变，公司也无法及时做出反应。

在年终结算时，公司须按照省政府制定的结算办法进行。该办法规定各公营事业的流动资产应按照上一年度年终小麦价格折算成小麦，然后再按本年年底小麦价格折成法币。本年纯益、公积金、固定资产折旧等均须按上述办法进行折合。其中，固定资产均得根据政府规定按年折旧，并按原价列入资产项下，如价格变动必须先呈报上级行政机关核准。此外，公司上年积存的成品在本年度结算时不能自行折算为固定资产，而须在上级行政部门人员监督下按一定比例折算。② 鉴于战时高涨的物价以及阎锡山有限的统治范围，制定统一的实物折算标准可在一定程度上提出公司会计报表中的物价因素，有利于掌握公司实际经营情况。然而，制定会计报表本属公司内部业务，但这一过程须在政府监督下才能进行，公司会计部则无权处理。

在税费减免方面，西北实业公司也得到政府较大支持。抗战期间，国民政府规定凡在国内运销的货物除法律另有规定者外，全部征收战时消费税。新记西北实业公司所属西北纺织厂发明西北金波式纺纱机，获得发明专利五年。公司拟参照政府工业奖励法申请免除该厂出产棉纱的战时消费税。为此，公司经理彭士弘致函经济部，"此项纱机既经发明，亟应设厂制造，以利生产而供需要"。同时，他进一步说明新记西北实业公司的企业性质及营业宗旨，强调公司对大后方经济建设发挥的重要作用，以争取政府对公司税收减免。"本公司各厂均系省公营性质，值此抗战加紧之际，后方生产事业关系至为重要，政府之奖励益不可缓，兹为减低成本扩大生产增加抗战力量计，拟恳钧部仍本奖励生产工业之原则，对此专利纱机之出售及本厂所产棉纱之推销准予免征战时消费税五年，以示钧部奖励发明并促进战时生产之至

---

① 《关于购买原材料需资金的签请》（1940 年 9 月 20 日），太原市档案馆藏西北实业公司档案，档案号：J006 - 1 - 0251 - 30。
② 《山西省公营事业年终结算办法》（1942 年 12 月 31 日），山西省档案馆藏山西省公营事业董事会档案，档案号：B30 - 1 - 364 - 13。

意"。对此，经济部函复如符合工业奖励法相关规定自会依法核办。①

第二，经营目标的行政化。公司章程将新记公司的经营宗旨确定为制造第二战区所需军用品。阎锡山撤退至晋西后，原有的工业体系已不复存在，物资大量散失，同时缺乏足够的技术人员，生产能力大幅下降。为坚持抗战以及维持其对敌后地区的统治，实现抗战急需物品与军民生活用品的自给自足便成为阎锡山政府的当务之急。因此，"克难求存"就成为创设新记西北实业公司的主要目的。1939年7月新记西北实业公司正式营业时便按照战时需求首先设立机器、棉织、毛织三厂，供应第二战区机关、家属及驻军。此后又先后成立秋林火柴厂、官庄复兴纱厂、隰县火柴厂、隰县化学厂、孝义钢铁研究所、化学研究所，以满足第二战区生活必需品及军需的需要。

第三，职员聘任的行政化。公司章程规定，新记西北实业公司直接隶属于太原绥靖公署，总经理由太原绥靖公署主任聘任，经理及协理也均由太原绥靖公署委任。此外，公司还设有总稽核一职，负责监督公司业务计划的执行情况和盈亏状况及各厂生产进度。总稽核由太原绥靖公署派驻并向其负责，代表政府对新记西北实业公司行使监督权。总稽核薪俸由太原绥靖公署核拨，表明总稽核对企业的监督是定位在政府监督的层次上，薪俸由政府核拨显然是为了提高监督的独立性和有效性。

除经理、协理、总稽核等经理人由政府直接任命外，公司招聘技术人员也需向阎锡山请示。1940年8月新记西北实业公司筹备成立之际，急待聘用一批技术人员，而聘用何人及任何职位均需阎锡山批示方可生效。②

总体来看，新记西北实业公司建立了一种行政化的治理模式。公司与第二战区司令长官部、太原绥靖公署等军政机关建立了紧密的政治关系，公司高管由政府任命，资金等各种资源也由政府供给，经营宗旨完全以满足政府各类需求为主。这种公司治理模式注重自上而下的决策程序，政府意志占据主导地位并通过企业内部管理层级进行传递。政府意志首先施加给经理层，然后下达到公司各部及各分厂，在这个过程中，公司管理层的话语权被剥夺，成为一个生产单位性质的工厂。

---

① 《新记西北实业公司》（1942年5月21日），台北"中央研究院"近代史研究所档案馆藏经济部档案，档案号：18-22-01-333-01，第84～92页。
② 《关于公司复业招聘技术人员的签请》（1940年8月27日），太原市档案馆藏西北实业公司档案，档案号：J006-1-0251-27。

第三节 新记西北实业公司的治理效果

新记西北实业公司于 1939 年 7 月正式成立，1940 年 8 月才开始在陕西省泾阳、三原两县建立铁工厂、纺织厂等几个小厂。此后分别于 1942 年、1944 年和 1945 年陆续建立秋林火柴厂、孝义钢铁研究所等共 9 家工厂，前后历时 5 年有余。这些工厂设备简陋，产品单一，产量和产值均较为低下。从建厂速度及规模可以看出，新记西北实业公司发展可谓举步维艰。

一、公司的财务状况

资金拮据无疑是新记西北实业公司发展缓慢的主要原因。一方面，阎锡山退居晋西后，统治区域大幅缩小，税源匮乏、财源减少，还要供养大量军政人员及随军眷属，军政费用本已捉襟见肘。加之晋西事变后，阎锡山军事实力受损，为恢复和加强其军事实力，阎锡山将大量资源用于扩充军队和制造军火，而完全依赖政府拨款的新记西北实业公司自然在政府资源配置顺序中处于较低优先级。另一方面，日寇对抗战大后方进行严密的经济封锁，公司原料与成品购销均面临较大困难。加之晋西交通不便，运输成本较高。公司部分工厂位于陕西境内，在工厂选址、获取营业执照等方面均需与地方当局协调沟通，无疑在一定程度上增加了公司运营成本。这些都给公司发展带来困难。在这种情况下，政府也不可能对公司经营绩效寄予过高期望。

从新记西北实业公司 1940 年 4 月至 9 月的资产负债表及损益计算书中可以粗略看出公司成立初期的资产运营状况及经营管理决策。资产负债表体现的是公司资产总额及结构、负债总额及结构、所有者权益。通过分析资产结构，及各类资产的类别与金额，可以判断投入企业的各类资源的运用情况，从而有助于了解这一时期新记西北实业公司的经营策略。

新记西北实业公司的资产负债表分为三个主要项目，即"资产之部""负债之部""本年各类累积损益"，其中与现代会计项目一致的包括现金、制成品、半成品、利息、手续费等。其余项目在名称上与现代会计项目有所不同，含义也存在一定差异，但并不影响对其解读与分类分析。

按照现代会计准则，新记西北实业公司的资产可分为流动资产与非流动资产。流动资产包括存放银行号、预付款项、预付费用、暂记欠款、付出保证金、各厂往来、现金；非流动资产包括买进商品、器具房屋及建筑、机器、车马、工具、仪器、零件机具、未竣工程、材料、制成品、半成品、在制品、废坏料、开办费、设备、在制自用品。相应地，公司负债可分为流动负债与非流动负债。但新记西北实业公司资产负债表中无资本及所有者权益，全部为流动负债。可见在公司成立初期，政府也无力出资，公司资本全部为借贷资金。

图4.1计算了1940年4月至9月半年时间内新记西北实业公司资产变化率情况。从中可以看出，首先，从资产规模上看，新记西北实业公司成立半年来资产呈不断上升趋势，其资产从4月的1 101 441.05元上升到9月的1 471 235.51元，增长了33.6%；其次，从资产的变化率来看，新记西北实业公司的资产增长率变化幅度较大。这两个事实表明，新记西北实业公司在成立初期运营情况总体向好，但受到政府投入、人手短缺及工程进度缓慢等影响，公司经营有一定波动。鉴于后方经济基础较为薄弱，且受战争威胁公司各厂选址几经变更，新记西北实业公司能有如此业绩已实属不易。

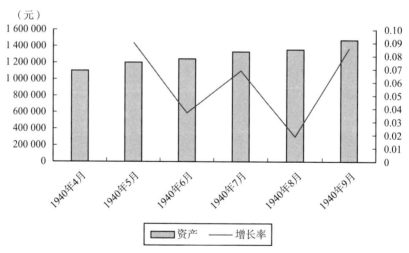

图4.1　新记西北实业公司1940年4月至1940年9月资产变化率情况

资料来源：《西北实业公司四月份资产负债表、开办费报告表》（1940年6月7日），山西省档案馆藏西北实业公司档案，档案号：B31-2-5-13；《西北实业公司五月份资产负债表、损益计算书》（1940年7月22日），档案号：B31-2-2-8；《西北实业公司1940年6月底资产负债表、损益计算书》（1940年9月13日），档案号：B31-2-1-6；《西北实业公司7月份资产负债表、损益计算书》（1940年9月14日），档案号：B31-2-1-8；《西北实业公司8月份资产负债表、损益计算书》（1940年10月15日），档案号：B31-2-6-8；《西北实业公司9月份资产负债表、损益计算书》（1940年11月9日），档案号：B31-2-6-9。

通过分析流动比率和速动比率的变化可以更好地反映新记西北实业公司在成立初期的经营状况。流动比率和速动比率均为衡量企业短期偿债能力的指标。流动比率用来衡量企业在短期内债务到期前，流动资产可以变现用于偿债的能力。其计算公式为：

$$流动比率 = \frac{流动资产}{流动负债} \times 100\% \tag{4.1}$$

一般认为，流动比率越高，则企业资产的短期变现能力越强，偿债能力亦较强。通常情况下，该数值维持在 2∶1 左右，表示流动资产是流动负债的 2 倍，即便有一半的流动资产无法及时变现，也可保证企业有充足的资金用于偿债。

速动资产是流动资产中可以迅速变现的资产，速动比率可以衡量企业将资产迅速变现用于偿债的能力，其计算公式为：

$$速动比率 = \frac{速动资产}{流动负债} \times 100\% \tag{4.2}$$

一般情况下，该数值维持在 1∶1，表示具有即时变现能力的速动资产与流动负债相等，企业可以随时偿还全部短期债务。

表 4.2 为 1940 年 4 月至 1940 年 9 月新记西北实业公司流动比率和速动比率的变化情况。从中可以发现，4 月、5 月新记西北实业公司的流动比率与速动比率均在 6 以上，处于这一时期的最高位。主要原因在于公司为应对战时环境购入了大量的原材料以及在制品及半成品积压较多，公司资金未得到高效利用，在一定程度上也影响到公司的获利能力。事实上，这两个月公司也一直处于亏损状态。但是进入 6 月后，公司流动比率和速动比率大幅降低，之后一直处于 1 以下。表明这一阶段公司流动负债较多，其资产变现能力不足以满足公司短期的偿债需求，易出现债务违约问题。此外，流动比率和速动比率剧烈变动也说明新记西北实业公司在成立初期，经营并不是太稳定。

表 4.2　　1940 年 6 月至 10 月新记西北实业公司流动比率及速动比率　　单位：元

时间	流动资产	速动资产	流动负债	流动比率	速动比率
1940 年 4 月	7 387 436.79	7 020 961.04	1 101 441.05	6.7	6.4
1940 年 5 月	7 216 596.49	7 072 961.04	1 101 441.05	6.6	6.4

时间	流动资产	速动资产	流动负债	流动比率	速动比率
1940 年 6 月	808 364.79	620 079.89	1 236 472.89	0.7	0.5
1940 年 7 月	884 254.86	658 635.85	1 316 652.35	0.7	0.5
1940 年 8 月	1 001 120.69	741 658.63	1 320 564.55	0.8	0.6
1940 年 9 月	1 172 439.46	919 049.49	1 363 853.39	0.9	0.7

资料来源:《西北实业公司4月份资产负债表、开办费报告表》（1940 年 6 月 7 日），山西省档案馆藏西北实业公司档案，档案号：B31－2－5－13；《西北实业公司5月份资产负债表、损益计算书》（1940 年 7 月 22 日），档案号：B31－2－2－8；《西北实业公司6月份资产负债表、损益计算书》（1940 年 9 月 13 日），档案号：B31－2－1－6；《西北实业公司7月份资产负债表、损益计算书》（1940 年 9 月 14 日），档案号：B31－2－1－8；《西北实业公司8月份资产负债表、损益计算书》（1940 年 10 月 15 日），档案号：B31－2－6－8；《西北实业公司9月份资产负债表、损益计算书》（1940 年 11 月 9 日），档案号：B31－2－6－9。

图 4.2 计算了新记西北实业公司 1940 年 5 月至 9 月的盈利情况，从中可以发现，这一时期除了 1940 年 5 月亏损 1 003.84 元以外，其余各月公司都为盈利状态，9 月盈利达到最高值 67 803.26 元。虽然短期盈利能力并不代表新记西北实业公司经营状况良好，但至少可以说明公司管理正逐步走上正轨。

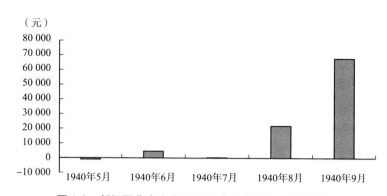

图 4.2　新记西北实业公司 1940 年 5 月至 9 月盈利状况

表 4.3 显示，1941 年上半年公司纯损 2 万余元，其中生产成本占销售收入的 90%。换句话说，公司基本上是按照接近成本的价格销售产品，并无多少利润可言。从中也可以看出，新记西北实业公司主要是供应军需，并

不以营利为目的。

表 4.3　　　　新记西北实业公司 1941 年 1 月至 6 月损益计算书　　　单位：元

损失之部		利益之部	
科目	金额	科目	金额
销货成本	164 969.25	销货	183 945.62
管理费用	25 638.15	各厂摊提公司本部费用	33 806.32
营业费用	47 129.56	收入汇水	271.2
杂项损益	1 921.88	纯损	21 710.55
各项升耗	74.85		

资料来源：《新记西北实业公司损益计算书》（1941），太原市档案馆藏西北实业公司档案，档案号：J006 - 1 - 0254 - 9。

从表 4.4 可看出，1942 年前三个季度，新记西北实业公司平均月销售额较上年度显著增加，增幅达 13 倍。一方面，由于抗日战争进入战略相持阶段，日军对晋西的军事压力有所降低，公司各厂得以顺利开展生产，产量自然增加。另一方面，战时通货膨胀在一定程度上也推高了公司销售额。但无论怎样，新记西北实业公司总体实现盈利是不争的事实。

表 4.4　　　　新记西北实业公司 1942 年 1 月至 9 月损益计算书　　　单位：元

损失之部		利益之部	
销货成本	2 612 310.91	销货	4 095 216.12
付出利息	145 931.06	收入利息	25 710.96
付出汇水	7 345.9	各项升耗	9 349.1
纯益	1 404 805.99	杂项损益	40 117.68
总计	4 170 393.86	总计	4 170 393.86

资料来源：《新记西北实业公司》，引自四联总处秘书处编：《工商调查通讯》1943 年第 181 期，第 5 页。

新记西北实业公司额定股本为 1 000 万元，实收 4 402 320 元。如按照实收资本计，新记公司 1942 年 1 月至 9 月资本收益率为 32%。与同一时期的其他省营企业如川康兴业公司利润率相比略高。[①] 到1943年底，公司盈利达到1 888万余元。[②] 单从数字上看，新记西北实业公司的经营状况在逐年好转，但如考虑币值因素，公司盈利状况仍不容乐观。

二、公司治理效果

与新记西北实业公司高度行政化的治理模式形成鲜明对比的是战后大后方各省迅速发展的省营企业公司。这些省营企业公司普遍参照《公司法》及《特种股份有限公司条例》设立，股权结构较为多元，股东除省政府外还有中央政府各部门及私人投资者，同时在形式上建立了较为规范的董事会治理结构。如贵州企业公司创办时，省政府、经济部、中央金融机构及私人投资者分别持股20.50%、20.83%、58.33%、0.34%。此后中央政府又先后5次向公司增资。该公司采取股份有限公司制度，建立了包括股东大会、董事会、常务董事会、监察人、总稽核、总经理的治理结构，政府不直接干预企业经营，而是以股东身份通过公司治理结构行使出资人权利。[③] 四川省的川康兴业公司、江西省的江西兴业公司等省营企业公司也都有不同形式的中央政府投资。[④]

由于《公司法》对发起人数量及投票权的限制，政府投资设立股份公司曾一度面临法律障碍。《特种股份有限公司条例》的公布则基本解决了这一问题，政府可以较少的股份实现对公司的有效控制。1944年11月，国民政府国防最高委员会第148次常务会议通过的《第一期经济建设原则》也规定政府与民资、外资合办的事业应采用公司制度。政府以股东身份行使对公司业务、财务及人事的管理权。[⑤] 可以说，股权多元化、企业股份公司化是抗战期间省营企业公司的普遍特点。新记西北实业公司回归政府出资、政

① 陈真：《中国近代工业史资料（第三辑）·清政府、北洋政府和国民党官僚资本创办和垄断的企业》，生活·读书·新知三联书店1961年版，第1401页。
② 《西北实业公司历年概况》（1946年12月），台北"中央研究院"近代史研究所档案馆藏国民政府驻日代表团档案，档案号：32－03－159，第300页。
③ 莫子刚：《贵州企业公司研究（1939－1949）》，载于《近代史研究》2005年第1期，第113、119、120页。
④ 卢征良：《抗战时期大后方省营企业的股权结构与内部权力分配问题——以川康兴业公司为中心的分析》，载于《民国研究》2017年第1期，第188页；陈真：《中国近代工业史资料（第三辑）·清政府、北洋政府和国民党控制官僚资本创办和垄断的工业》，北京：生活·读书·新知三联书店1961年版，第1339页。
⑤ 孙科：《三民主义新中国》，商务印书馆1946年版，第145页。

府经营的官办工厂制度，与当时的政策取向及经济实践均不相符。

造成这一局面的原因包括政治和经济两方面。

政治方面，中央政府对各省省营企业公司的投资带有一定的政治取向，是否可以对该省实现有效控制是中央政府进行投资决策时重点考量的因素。如贵州、江西、四川等省营企业公司均获得中央政府数千万元投资，这些省份均在中央政府的有效管辖范围内。与之相反，在桂系控制的广西，其企业公司股本大多系本省各级政府公股。① 阎锡山作为地方实力派，抗战前便长期垄断山西军政权力。抗战期间，阎锡山政府在其控制的地区推行"新经济政策"，变相发行省钞，全面管控生产、流通及消费领域，建立了一个独立性较强的战时经济区域。② 阎锡山对中央战时相关经济政策阳奉阴违，由其一手建立的新记西北实业公司自然不会受到中央政府青睐。

此外，阎锡山对日态度的摇摆不定也是公司无法获得中央政府投资的一个重要原因。1939 年晋西事变后，阎锡山军事实力大为受损，生存空间进一步缩小，与中央政府的矛盾也日益激化。在此背景下，日军制定"对伯工作"计划，以经济和军事援助为诱饵，企图拉拢阎锡山叛变投降。阎锡山曾一度在坚持抗战与公开投敌之间摇摆不定。中央政府对此高度警惕，恩威并用，以维持抗战阵营的稳定。③ 山西抗战形势前途未卜，中央政府无任何理由向阎锡山提供经济支持。

经济方面，西北实业公司核心资产均已落入敌手，除保留了一些技术人员外，新记西北实业公司可以说是白手起家。公司摒弃了原西北实业公司立足山西、面向西北的发展战略，仅以供应山西军需为己任，极大地限制了公司的发展空间。此外，临近的陕西、甘肃等省份在抗战期间相继成立省营企业公司，公司规模均远超新记西北实业公司，使新记西北实业公司对区域经济的影响力大幅降低。

在缺少中央政府资金支持、山西军需供应又极为紧迫的情况下，由政府出资建厂、生产计划由政府指令下达、产品由政府包销、亏损由政府兜底的官办工厂制度便成为新记西北实业公司必然的制度选择。

---

① 谭刚：《抗战时期广西企业公司研究（1941－1944）》，载于《抗日战争研究》2013 年第 3 期，第 110 页。
② 李茂盛：《阎锡山大传》（下），山西人民出版社 2010 年版，第 832～840 页。
③ 贺江枫：《1940－1942 年阎锡山与"对伯工作"的历史考察》，载于《抗日战争研究》2017 年第 4 期，第 99 页。

由于会计制度和会计科目的不同，无法使用现在的会计标准去衡量新记公司的治理成效，而公司的经营业绩也并非政府关注的重点。新记西北实业公司的治理效果更多体现在政治方面。首先，在物资短缺的条件下，公司为满足晋西南地区生产生活必需品做出一定贡献。其次，新记公司各厂的成立填补了当地工业空白，为后方的工业发展打下了一定基础。正如公司经理彭士弘所言，公司"奋斗八年，克服了无数困难，于崇山峻岭间从事各种物资生产，供应抗战需求，支撑了二战区全军，保卫了华北抗战基地，在长期艰苦抗战中，作了最大贡献"。[①]

第四节　日占工厂的治理结构

一、军管理与委托经营

日军占领太原后，继续扩大战争，凡兵力所及之处，所有矿山和工厂都被强占。日军对所占厂矿进行了野蛮掠夺，将各种较为先进的机器设备尤其是制造军火的机器掠夺至日本本土。西北实业公司所属机械各厂原有机器及损失机器数量如表4.5所示。

表4.5　　　　西北实业公司所属机械各厂原有机器及损失机器统计　　　单位：部

厂名	原有机器数量	敌人劫运机器数量
机车厂	893	862
机械厂	283	0
农工器具厂	902	902
铁工厂	517	517
铸造厂	209	209
水压机厂	85	85
融化厂	532	532

---

　　① 彭士弘：《开发西北建设西北：为西北实业月刊创刊而作》，载于《西北实业月刊》1946年第1卷第1期，第3页。

厂名	原有机器数量	敌人劫运机器数量
育才炼钢机器厂	560	560
汽车修理厂	320	0
机械修理厂	260	0
合计	4 561	3 667

资料来源:《归还:西北实业公司机器》,台北"中央研究院"近代史研究所档案馆藏中华民国驻日代表团档案,档案号:32-03-158。

注:机械厂、汽车修理厂和机械修理厂共510部机器由西北实业公司运至后方。

　　西北实业公司所属机械各厂前身为太原兵工厂,代表了西北实业公司的最高制造水平。这些工厂的机器设备多为工作母机,其中很多先进设备都从国外进口,如西北机车厂战前通过洋行"陆续由国外各大名厂购置各种工作机器862部"[1]。太原沦陷后,日本方面于1937年12月从石家庄炮兵工厂派员赴太原与山西日军一并将所占工厂机器设备拆卸运走,所拆机器大部运往日本名古屋、大阪、小仓等。机器起运之前,日本在中国东北的工厂及日本火药会社派员参与机器的分类,并将制造火药的机器运至沈阳一带。[2]表4.5战后统计结果显示,西北实业公司所属机械各厂超80%的机器设备被日军劫走,如农工器具厂、铁工厂等更是被劫掠一空,损失惨重。

　　日军将这些强占的厂矿委托从事相关产业的日本企业经营管理,在日军掩护下进行经济和资源掠夺,"不只供给日本的军需,还要榨取中国人民的血汗,称之为军管理,而对各资本家称之为委托运营"[3]。敌人在沦陷区内掠夺我国公私工厂,在华中称为"委任经营",在华北称为"军管理"。"委任经营"是由敌国内地各会社直接经营我方工厂,"军管理"则为军队占领然后由军队委托敌国会社经营。此项军管理工厂以山西省为最多。敌军占领工厂以后,由特务部决定"临时经营"或委托适当会社代为经营。因为军队不善经营工厂,故大多委托日本国内会社经营。这种委托经营与华中的"委任经营"不同,会社受军队委任后,虽有工厂经营权,但工厂的最终控

　　①②　《西北实业公司(接收文79号附件)》,台北"中央研究院"近代史研究所档案馆藏,馆藏号:32-03-288。

　　③　曹焕文:《太原工业史料》,太原城市建设委员会1955年版,第147页。

制权乃日本军方手中。这一点从重庆经济部公布的军管理工厂委托书中即可看出（见表4.6）。

表4.6 西北实业公司军管理工厂明细

工厂名称	受委托经营者	抗战前原厂名	业别
军管理山西第五工厂	兴中公司	西北煤矿第一厂	煤矿
军管理山西第六工厂	大仓矿业株式会社	西北炼钢厂	钢铁
军管理山西第八工厂		西北窑厂	耐火砖
军管理山西第十工厂	满洲工厂	西北育才炼钢机器厂	机器
军管理山西第十三工厂	东亚烟草株式会社	晋华卷烟厂	卷烟
军管理山西第十四工厂	日本火药制造株式会社	西北印刷厂	印刷
军管理山西第十五工厂	兴中公司	西北发电厂	电力
军管理山西第十六工厂	钟渊纺绩株式会社	西北毛织厂	毛织
军管理山西第十七工厂		西北皮革厂	皮革
军管理山西第十八工厂		西北电化厂	火碱
军管理山西第十九工厂	日本火药制造株式会社	西北化学厂老厂	火药
军管理山西第二十工厂		西北化学厂新厂	火药
军管理山西第二十一工厂	中华磷寸株式会社	西北火柴厂	火柴
军管理山西第二十四工厂	王子制纸株式会社	西北制纸厂	制纸
军管理山西第二十五工厂	兴中公司	西北发电厂兰村分厂	电力
军管理山西第二十六工厂	兴中公司	东山采矿所	铁矿
军管理山西第三十五工厂	浅野水泥株式会社	西北洋灰厂	水泥
军管理山西第三十九工厂	不明	东山煤矿	煤矿
军管理山西第四十四工厂	大仓矿业株式会社	西北煤矿第二厂	煤矿

资料来源：曹焕文：《太原工业史料》，太原城市建设委员会1955年版，第149～150页。
注：原文列表中包括被日军强占的私营企业，为突出研究主题，本书摘录时予以剔除。

委 托 书

关于工厂运营之件　　昭和　　年　　月　　日

北支那方面军特务部长喜多□□

兹将　　厂运营委托贵方，须依昭和十二年十一月二十三日军特务部第

36 号通牒之趣旨实施经营，经营细则另定之。何为第 36 号通牒留待下述。接收此项委托书之会社，在一定期内须对军特务部提出如下之志愿书：

志　愿　书

此次受委　　厂之运营决遵守下开各条无异特提出志愿书如下：

一、厂之经营使用军队所定名称。

二、将来正式开发或另委他人经营时决无异议。

三、提出事业计划之概要、经营组织之要点现请军部承认，此后遇有变更之场合亦必在事先经军部同意。

四、报告主要职员名，此后有变更之场合，亦必随时报告。

五、受托经营后立即提出财产目录。

六、在运营进行中，处分或变更固定财产时须先经军部同意，对□动财产则由管理者自行负责。

七、经营所需经费暂由受托者负担。

八、经营有亏损时，暂由受托者负担，军方对经营者有所变更或另行决定永久经营者时，经军方之认可，得由续承经营者□□经营。获利时，除分配一定红利外，余充改善施设之用。

九、每月末日须填写固定资本及各设备之增减业务、成绩概要、收支明细表等文件于下月十五日以前提交军部。

十、军部认为经营不当时，随时取消委托毫无异议。

资料来源：《军管理工厂之特质及山西军管理工厂现状》（1940 年 2 月 20 日），《敌伪经济情报》（第 8 期），重庆经济部秘书厅，1940 年第 3 期，377~387 页。

不难看出，军管理本质上是一种脆弱的委托代理关系。日军占领工厂后，将工厂作为"逆产"据为自有，成为资产所有者。① 由于工厂资产是以暴力方式掠夺而来，日本军方当然不会像真正的所有者那样以资产的保值增值作为决策的出发点，而是以现有生产约束下最大限度提高产量为目标。作为受托企业，与军方的委托代理关系并非是一个稳定的契约，主动权完全掌

---

① 依田憙家：《日本帝国主义的本质及其对中国的侵略》，卞立强等译，中国国际广播出版社1993 年版，第 124 页。

握在日本军方手中并且随时都有可能终止，当然不会做长期投资。这就是为何日本军方三令五申降低成本提高产量而不得的根本原因。

上述日军特务部第 36 号通牒中规定了军管理工厂管理的要项，即受托经营者须将经理人聘任、会计、利润分配等一切经营事项经常报告军特务部，工厂产品售价须编制"明细表"报告特务机关，经特务机关长允许后可供军用，企业产品以先供军队使用为前提。因山西日军补充给养较其他地区更为困难，山西军管理工厂为日军补充给养的任务也更为繁重。

随着日军对占领地区军事管理的深入，军管理工厂的数量日益扩大，委托经营企业也有所变化，到 1943 年，纳入军管理的工厂达 53 家。[1] 日军成立军管理的工业机构"北支那派遣军山西特务机关"，负责管理由强占的工矿企业改编的 46 个军管理工厂。[2] 这些工厂的受托经营者多为日本国内从事相关产业的企业。如成立于 1935 年 12 月的兴中公司，是由南满洲铁道株式会社（简称"满铁"）投资设立的一个"国策机构"，该公司的主要任务是协助日军管理占领区的经济事业，经营日军掠夺的厂矿企业，进而巩固对占领区的经济控制。[3] 从军管理的方式来看，日军将所占领厂矿的固定资产、库存原材料等全部没收，掌握企业所有权；受托经营企业无偿使用上述资产并自筹流动资金及相应的生产技术，行使经营权。这些企业生产的产品优先供给军需，利润由军方和日本各大财阀分享。[4] 可见，所谓军管理就是在军队的保护下军方与各大财阀相互配合瓜分战利品进而最大限度赚取经济利益的方式。就掌握企业控制权的日本军方来说，其最大利益在于迅速将占领区的各类企业变为满足扩大其侵略战争军事需求的生产机器，而非长久地开发地方经济。军方经常无视经营者利益发布命令，导致受托企业经营困难而不得不向日本母公司请求援助。[5] 受托经营企业需要向接收企业提供资金、技术以及人员，承担经营风险。因企业资产是无偿获得，经营者的最优决策是如何使用这些"免费"资产在短时间内产生最多的收益，并没有长

---

① 《山西省经济の史の変遷と現段階》，山西产业 1943 年版，第 80～81 页。
② 卢筠：《西北育才炼钢机器厂》，引自山西省政协文史资料研究委员会：《山西文史资料》（第 63 辑），山西省政协文史资料委员会 1989 年版，第 36～37 页。
③ 浅田乔二等：《1937－1945 日本在中国沦陷区的经济掠夺》，袁愈佺译，复旦大学出版社 1997 年版，第 102～103 页。
④ 张全盛、魏卜梅：《日本侵晋纪实》，山西人民出版社 1992 年版，第 152 页。
⑤ 内田知行、叶晓彤：《日军占领下的太原铁厂的经营状况》，载于《沧桑》1998 年第 4 期，第 3～5 页。

远经营的动力，如西山煤矿被胡挖乱采，广开坑口，"顿时变成了千疮百孔的病丘"。这种经营管理的短视和掠夺性生产是军管理企业的最大特征。

这些受托企业并不以营利为唯一目标，如兴中公司在生产上主要从事军管理煤矿开采，在销售方面也主要从事军用、铁道用、受托军管理工厂所需物资的经营，经营业绩自然与普通民间会社相去甚远，成立6年后方才首次分配红利。① 其并不追求财务业绩，"而在于确立日本经济进入华北的桥头堡"。经营业绩如此之差还能吸收资本持续扩张，没有日本政府的支持是不可能完成的。此外，这些企业在恢复占领工厂的生产方面发挥了重要作用。如西北实业公司炼钢厂在太原沦陷前尚未建成投产，大约仅建成设计的80%。兴中公司于1938年1月受托经营，9月便将40吨高炉点火运转，另外一座120吨高炉也在次年投入使用。这样，源源不断的钢铁被运送到日本国内，加速了日本军国主义战争机器的运转。

二、株式会社治理结构的建立

军管理下的委托经营本质上是伴随着军事侵略的经济侵略，并非所有者和经营者之间的正式委托代理关系。军方作为企业所有者仅关注是否能够满足军需，对杀鸡取卵式的企业经营方式并不在意。而各财团作为受托经营方，对经营哪些企业以及经营多长时间没有决定权，完全由军方说了算，在对企业经营权没有明确预期的情况下，也就没有动力进行长期投资。此外，随着太平洋战争的爆发，日军急需提高占领区工厂的生产能力，以弥补战场损耗。但日本各财团之间矛盾重重，利益难以调和，严重制约了军管理工厂发展。于是，在日本军方的调停下，取消军管理制，由各财阀合组成立山西产业株式会社，统一管理原军管理各厂。

（一）较为集中的股权结构

山西产业株式会社为股份有限公司性质，股东包括华北开发株式会社、大仓矿业株式会社、日东制粉株式会社、上海纺绩株式会社、东洋纺绩株式会社、钟渊纺绩株式会社、王子制纸株式会社、浅野水泥株式会社、东亚烟

---

① 居之芬等：《日本对华北经济的掠夺和统制——华北沦陷区资料选编》，北京出版社1995年版，第134页。

草株式会社、日本火药制造株式会社、华北电业株式会社、满洲工厂株式会社、中华火柴株式会社13家日本企业。①

从表4.7可以看出，山西产业株式会社的最大股东为华北开发株式会社，前两大股东持股比例即超过总股数的六成。同时，华北开发株式会社还是华北电业株式会社的股东，占股37%。可以说，山西产业株式会社的股权是相对集中的。

表4.7　　　　　　　　　　　山西产业株式会社股数配置

股东名称	承受股数	占股比例（%）
华北开发株式会社	271 154	45.2
大仓矿业株式会社	102 749	17.1
日东制粉株式会社	70 888	11.8
上海纺绩株式会社	33 414	5.6
东洋纺绩株式会社	33 070	5.6
钟渊纺绩株式会社	20 340	3.4
浅野水泥株式会社	16 463	2.7
王子制纸株式会社	15 244	2.5
东亚烟草株式会社	9 140	1.5
华北电业株式会社	8 252	1.4
满洲工厂株式会社	7 856	1.3
日本火药制造株式会社	7 280	1.2
中华火柴株式会社	4 150	0.7
合计	600 000	100%

资料来源：根据下列资料整理：陈真等：《中国近代工业史资料（第2辑）：帝国主义对中国工矿事业的侵略和垄断》，生活·读书·新知三联书店1958年版，第548页。

不难看出，上述所谓股东正是原军管理工厂的受托企业。缘何只有经营权的受托企业在新成立的山西产业株式会社中却成为企业的所有者？据日本方面称，是因为这些财阀"在军管理时期投下资金3 000多万元"。但究其

---

① 曹焕文：《太原工业史料》，太原城市建设委员会1955年版，第151页。

根本原因，在于日本军方已完全放弃对占领区企业的直接控制，将工厂所有权划归受托企业。各财阀即以此资产作为股份，成为山西产业株式会社的股东。

这些所谓股东无一不具有日本官方背景或者受到日本政府直接或间接扶持。以最大股东华北开发株式会社为例，其出资占山西产业株式会社全部资本的45.2%，而其自身3.5亿日元资本中半数是政府出资。政府出资也并非完全是货币形式，其中3 058.6万日元是实物出资，这些物资都是从沦陷区掠夺而来。此外，华北开发株式会社还有免除所得税和营业税、政府补助、超额发行债券等政府赋予的诸多特权。[1] 在其成立后7年时间里，一直处于亏损状态，仅靠向日本政府领取补助金分发民间商股红利。[2] 华北开发株式会社的民间商股股东中也不乏日本大财阀的身影。

表4.8所列民间商股中，三井、三菱、住友三大财阀占比44.8%，几近半数。可以说，日本政府和日本国内各大财阀才是山西产业株式会社真正的股东。

表4.8 　　　　　　　　华北开发株式会社部分民间股东一览

股东	股份（千股）	股东	股份（千股）
生命保险关系	315	损害保险业	49
电气业	155	铁工业	112
煤业	100	海运业	63
造船业	42	纺织业	77
人造丝	35	糖业	63
证券业	155	三井财阀	315
三菱财阀	315	住友财阀	315

资料来源：陈真等：《中国近代工业史资料（第2辑）：帝国主义对中国工矿事业的侵略和垄断》，生活·读书·新知三联书店1958年版，第537页。

---

[1] 依田憙家：《日本帝国主义的本质及其对中国的侵略》，卞立强等译，中国国际广播出版社1993年版，第140～141页。
[2] 居之芬等：《日本对华北经济的掠夺和统制——华北沦陷区资料选编》，北京出版社1995年版，第158、144页。

山西产业株式会社作为半官方的股份制企业，其治理结构具有明显的日本企业制度色彩。明治维新后，日本从西方引入股份有限公司制度，经过不断演化，最终形成了有别于欧美企业制度的独特的公司治理结构。山西产业株式会社建立了社长（总经理）—常务取缔役（常务董事）—课（厂）的公司治理结构（见表4.9）。

表4.9 社长和常务取缔役分工

职务	姓名	分管部门	代表财阀
社长	河本大作	文书课	无
		警务课	
		资源调查所	
常务取缔役	早川次郎	业务课	日本纺绩资本集团
		制粉课	
		纺织课	
		化工课	
常务取缔役	高桥铁造	制造课	大仓资本集团
		太原铁厂	
		阳泉铁厂	
常务取缔役	矢泽四郎右卫门	企书室	王子制纸资本集团
		庶务课	
		原料课	
		碳业课	
		土法铁课	
		输送课	
常务取缔役	和田逸郎	厚生课	无
		劳务课	
		主计课	
		会计课	

资料来源：曹焕文：《太原工业史料》，太原城市建设委员会1955年版，第155～156页。

从组织结构来看（见图4.3），山西产业株式会社建立了直线—职能制的组织结构。战后河本大作被阎锡山政府奉为座上宾，成为西北实业公司的顾问，山西产业株式会社的治理结构对战后西北实业公司的治理结构产生了深刻的影响。

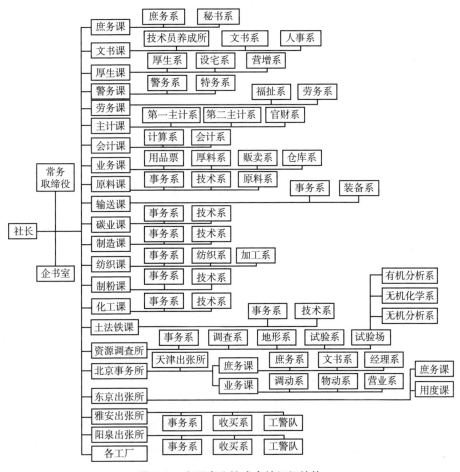

图4.3 山西产业株式会社组织结构

在山西产业株式会社的治理结构中，社长是最高管理者，代表会社总理一切事务。常务取缔役协助社长分别掌管会社的业务。山西产业株式会社取消了原西北实业公司各厂的军管理编号，并对各厂进行重新命名（见表4.10）。

表4.10　　　　　　山西产业株式会社管理的西北实业公司工厂名称

现厂名	抗战前厂名
太原铁厂	西北炼钢厂
中央制作厂	西北育才炼钢机器厂
太原窑厂	西北窑厂
西山洋灰厂	西北洋灰厂
西山采矿所	西北煤矿第二厂
太原毛织厂	西北毛织厂
兰村纸厂	西北制纸厂
太原火柴厂	西北火柴厂
太原火药第一厂	西北化学工厂
太原火药第二厂	
太原电化厂	西北电化厂
太原皮革厂	西北皮革厂
太原卷烟厂	晋华卷烟厂
太原印刷厂	西北印刷厂

资料来源：曹焕文：《太原工业史料》，太原城市建设委员会1955年版，第157～158页。

除更改厂名外，山西产业株式会社对内部人事也进行了调整。解除了大部分原各财阀任命的企业管理人员的职务，组建了新的工厂管理层。需要说明的是，西北实业公司在太原的工厂并非山西产业株式会社的全部。一方面，由于日军的野蛮掠夺，西北实业公司如农工器具厂和铁工厂等已不复存在，同时日军还将侵占的私营企业也划归山西产业株式会社，工厂面貌较战前已大不相同。另一方面，日本方面出于战争需求和对占领区资源的掠夺欲望，也投资设立了一些新的企业。如成立于1942年8月的华北窒素肥料公司，就是由华北开发株式会社、日本窒素肥料株式会社和伪山西省政府共同在太原投资设立的，到日本战败投降时，资本为5 500万元。该公司主要产品为硫酸铵，所用原料为石膏和煤炭，均就地取材，试图垄断华北的肥料业。[1] 尽管该公司因日本战败并未最终投产，但其作为抗战期间日本在晋的一笔较大投资，从一个侧面反映出山西产业株式会社各财阀持股、分块运作的管理特点。

山西产业株式会社尽管建立了正式的公司治理结构，但其毕竟是日本侵华特殊环境下的产物，不可能完全摆脱军方的控制和影响。正如山西日军参谋长花谷正在山西产业株式会社成立时所做的报告中称，"本公司根据公司法所设立的分公司，也要接受日本军方强有力的领导，如果必要的话，军方可向本公司下达指令、命令……军方特别关心公司内部的人事任免问题"。[2]

法人股东通过向山西产业株式会社董事会派驻董事的方式获得企业部分控制权。有些法人股东早在抗战前即在山西进行了投资。例如，大仓矿业株式会社早在 20 世纪 20 年代就在山西大同投资开发煤矿。1920 年 4 月 12 日，民康实业公司、裕晋公司和义昌公司共同在大同成立同宝煤矿股份有限公司，资本 300 万银元。其中华股、裕晋、义昌公司以其现有矿区、设备和以往之经营成本作为现股 150 万元，另 150 万元由民康公司出资，实际上为大仓矿业株式会社等日本企业的借款。同宝煤矿名义上虽由中国人经营，实际上是由日本大仓财团控制。后由于中国政局变动和日本国内经济原因致使未能完成投资计划，最终失去对同宝公司的控制权。日方计划中筹组的售煤公司和修建铁路延长线的计划也随即告吹。[3]

（二）泾渭分明的工资水平

山西产业株式会社的技术人员如工程师等全部都是日本人，事务性工作人员中也仅有少数中国人，而工人队伍则以中国人为主。由工种的差别及制度性的歧视带来工资待遇上巨大的不平等（见表 4.11）。

---

[1]　曹焕文：《太原工业史料》，太原城市建设委员会 1955 年版，第 214 页。
[2]　内田知行、叶晓彤：《日军占领下的太原铁厂的经营状况》，载于《沧桑》1998 年第 4 期，第 3~5 页。
[3]　陈慈玉：《日本对山西的煤矿投资》（1918–1936），引自《"中央研究院"近代史研究所集刊》（第 23 期），第 1~28 页。

表 4.11　　　　　　　　　山西产业株式会社各厂薪资待遇　　　　　　单位：元

厂名	工种		
	技术员	事务员	工人
太原铁厂	241.61（日） 170（中）	291.1（日） 30.84（中）	32.1（中）
中央制作厂	171.15（日） 108（中）	119.5（日） 30（中）	32.73（中）
太原毛织厂	193（日） 66（中）	190（日） 66（中）	15.9（中）
太原火柴厂	256（日） 50（中）	268（日） 40.64（中）	15.08（中）
兰村纸厂	208（日） 60.28（中）	331（日） 34.2（中）	16.5（中）
太原火药第一厂	195（日） 57（中）	182（日） 35（中）	26.1（中）
太原火药第二厂	195（日） 57（中）	182（日） 35（中）	26.1（中）
西山洋灰厂	394（日） 37.62（中）	403（日） 31.78（中）	272.5（日） 29.4（中）
太原窑厂	221（日） 63（中）	254（日） 30（中）	25.5（中）
西山采碳所	67（日） 54（中）	61（日） 47（中）	30（中）
太原电化厂	200（日） 50（中）	114（日）	22.8（中）
太原卷烟厂	220（日） 123.75（中）	257（日） 51.26（中）	14.4（中）
太原皮革厂	172（日）	190（日） 59（中）	30.9（中）

续表

厂名	工种		
	技术员	事务员	工人
太原印刷厂	180（日）	191.25（日） 30.9（中）	29.9（中）

资料来源：曹焕文：《太原工业史料》，太原城市建设委员会 1955 年版，第 163、165、175、184、189、192、194、197、200、203、205、208、211、212、214 页。

注：原表中太原毛织厂工人薪资，兰村纸厂中方员工薪资，太原窑厂、太原电化厂和太原卷烟厂中方工人薪资均以日薪计，表中数字系按 30 天/月换算而得。

从表 4.11 可以看出，同一工种不同国籍的职员薪资有显著差距。以西山洋灰厂为例，日籍技术员薪资是中国技术员的 10 倍之多，日籍事务员的薪资更是中国事务员的 12 倍之多。薪资的严重不平等只是一方面，更为恶劣的是工人的雇佣条件。表 4.11 所列各厂中，克扣工资、强制劳动、限制人身自由等都是普遍现象。如太原铁厂 1941 年工人的平均工资仅为 1938 年的 29%，还不够维持自己的伙食费，更谈不上养家糊口……恶劣的劳动和生活环境引起了疾病和死亡。① 为提高煤矿开采量，日军从各县强征青壮劳力从事运煤、采煤等高强度劳动，甚至不惜实行"以人换煤"的血腥政策。②

上述歧视性政策和不公待遇导致工人的劳动积极性低落，工厂产量较战前不同程度下降。以太原窑厂为例，该厂设计产能年可产耐火砖 50 000 吨，而 1939 年产量仅为 1 734 吨，1940 年产量也仅为 5 810 吨，占设计产能的 12%，③ 为 1935 年产量的 29%。太平洋战争爆发后，日本加强了在华北各地的产业开发力度，但并未达到生产预期。以煤矿业为例，1942 年西山煤矿计划产量 60 万吨，实际生产 24.7747 万吨，完成了 41.29%；大同煤矿计划产量 380 万吨，实际只完成 66%。④ 考虑到战争巨大的破坏性，工厂减产也在情理之中。但更关键的原因在于企业的军事占领性质和殖民性质，企业已经从为社会创造价值的经济组织异化为侵略者赚取被侵略国家财富的工

① 内田知行、林晓彤：《日军占领下的太原铁厂的劳务管理状况》，载于《沧桑》1999 年第 S1 期，第 3～5 页。

② 岳谦厚、田明：《抗战时期日本对山西工矿业的掠夺与破坏》，载于《抗日战争研究》2010 第 4 期，第 54～70 页。

③ 曹焕文：《太原工业史料》，太原城市建设委员会 1955 年版，第 196 页。

④ 张全盛、魏卜梅：《日本侵晋纪实》，山西人民出版社 1992 年版，第 199、202 页。

具，而财富的获取是以损害部分企业参与者利益为代价的，在此情况下，占多数的中国籍员工不可能有足够动力去努力工作，工厂减产是必然的。

山西产业株式会社虽然让日军强占的山西各企业披上了股份公司的外衣，但其本质与军管理工厂并无太大区别。从出资者来看，几大股东为日本财团，其主要资产是沦陷区的原公私企业，其经营方针是一切以满足军需为前提，而"不计各项事业或各种产品之盈亏"，与企业追求盈利的本质相背离。从军管理工厂所有权和经营权的分离，到山西产业株式会社两权合一，日本政府是背后最大的股东。山西产业株式会社资本金由 3 000 万日币增加到抗战胜利时得 8 000 万日币，其产值也随之大大增加，对山西日军的物资与军火供应也由最初的部分供应到 1944 年达到全部供应。①

本 章 小 结

抗日战争爆发中断了西北实业公司的发展进程，也使公司治理模式发生了根本性变化。在敌后重建的新记西北实业公司实行政府投资并派员经营的官办工厂制度，建立了高度行政化的公司治理模式。这种企业制度曾在 20 世纪 20 年代山西第二次工业化浪潮中普遍使用，已被证明并非促进企业持续成长的好办法。受时局、资源等各种约束条件的限制，新记西北实业公司选择官办工厂制度实属历史的必然。但是与传统的官办企业相比，新记西北实业公司各厂保留了一定的经营灵活度。公司取消了原西北实业公司集中营业工厂由公司总部集中统一管理的模式，在物料采购等方面为厂长留下一定决策空间。由于战时剧烈波动的物价以及厂址分散造成较高的信息传输成本，这种既集中统一又兼具一定自由决策空间的管理模式在某种程度上降低了公司决策成本。因此，新记西北实业公司作为政府直属的官办工厂，在资本结构、治理模式等方面与一般的省营或国营工厂多有不同。

日军占领山西后将所侵占的厂矿企业交由从事相应产业的会社进行经营，以期最大限度地利用这些资产为其扩大战争服务。这些日本会社以无偿"接收"的矿山、铁路、企业等为基础，系统性地掠夺山西地区的各种资

---

① 孔繁芝：《残留》，山西人民出版社 2018 年版，第 66 页。

源。但是日本占领军、日本政府、各会社背后的日本各大财阀及山西日伪政权之间存在很多复杂的矛盾，相关各方试图在山西产业株式会社这个现代公司治理结构框架内对这些矛盾进行调和，以实现"消除企业的滥立、企业相互之间由于无谓的摩擦而带来的资本的滥用"。[①] 山西产业株式会社虽建立了形式上的公司治理结构，但其本质上还是为日本侵华战争服务，只是将军管理改为日本各财阀的综合经营。

---

① 陈真等：《中国近代工业史资料（第2辑）：帝国主义对中国工矿事业的侵略和垄断》，生活·读书·新知三联书店1958年版，第108页。

第五章　战后行政型治理结构的建立与运行

全面抗战爆发使得山西欣欣向荣的经济建设戛然而止，企业成为战时供应体系的一部分，一切以满足军需民用服务抗战为目标。抗战胜利后，随着政府政权重建和社会经济秩序的逐步恢复，西北实业公司开始恢复营业。与战前相比，西北实业公司下属工厂数量增加明显，包括战前旧有工厂、接管的私营工厂和日方所建厂矿共计 52 个单位，职工总数达 25 876 人，职工人数与 1937 年相比几近翻倍。[①] 与此相适应，西北实业公司的资本构成、治理结构和治理模式也呈现出一些不同特点。

第一节　资本结构

1945 年底，西北实业公司资本按战前法币币值核算为 2 100 余万，较战前的 2 000 万元略有增加。[②] 一方面，通过接收敌伪产业和向日本索赔，公司权益资本有所增加；另一方面，西北实业公司以协助政府"动员戡乱"为由，获得国家行局的政策性贷款及美援，借贷资本得以进一步增强。

一、敌伪资产

抗战胜利后，迅速接收敌占区各类工商业企业及其庞大资产成为国民政府的一项重大任务。1945 年 10 月，行政院成立"收复区全国性事业接收委员会"统一领导全国接收事宜。委员会下设苏浙皖、河北平津、山东青岛、

---

① 曹焕文：《太原工业史料》，太原市城市建设委员会 1955 年版，第 42、234 页。
② 《山西省民营事业董事会负债目录》（1946 年），山西省档案馆藏山西省民营事业董事会档案，档案号：B30 - 1 - 374 - 1。

粤桂闽等敌伪产业审议委员会及敌伪产业处理局,同时在所辖省市成立办事处,处理辖区内接收事务。国营企业通过接收大量敌伪产业得以急剧膨胀,在各主要行业形成垄断。

抗战胜利前夕,阎锡山即与日本方面就战后接收进行接触,要求日军单方面向其投降并配合开展接收。随后阎锡山便调兵遣将,做好了接收太原等大中城市和交通要道的军事部署。日本宣布投降后,山西省政府的接收人员便在军队配合下开始进行全面接收。接收敌伪产业本应由行政院派驻各地区的敌伪产业处理局进行。河北平津区敌伪产业处理局虽在太原设有办公处,财政、经济等部亦设立了派出机构,但接收权力由第二战区司令长官司令部及地方接收机构接收清理委员会掌握,具体接收与处理则由西北实业公司进行。地方各部门相互配合对付中央,导致中央各部接收效果甚微。山西地区的接收大权真正掌握在第二战区司令部和地方接收机构山西省接收清理委员会手中,西北实业公司即是主要的企业接收机构。① 西北实业公司除接收旧有各厂外,同时接收了被日军强占的 15 家民营工厂(见表 5.1)。

表 5.1 西北实业公司接收的民营工厂

序号	厂名	战前名称
1	太原纺织厂	太原晋生织染工厂股份有限公司
2	榆次纺织厂	晋华纺织股份有限公司
3	祁县染织厂	益晋电气织染公司
4	太原面粉厂	晋丰面粉公司
5	太原面粉分厂	太原电灯新记股份有限公司面粉厂
6	榆次面粉厂	魏榆面粉公司
7	平遥面粉厂	晋生面粉股份有限公司
8	临汾面粉厂	益生面粉公司
9	城内发电厂	太原电灯新记股份有限公司
10	临汾发电厂	临汾发电厂

---

① 魏晓锴:《抗战胜利后山西地区工业接收研究——以西北实业公司为中心》,载于《民国档案》2015 年第 3 期,第 131~138 页。

序号	厂名	战前名称
11	运城发电厂	运城发电厂
12	榆次电灯营业所	榆次电灯营业所
13	太谷面粉厂	太谷面粉厂
14	大同面粉厂	大同面粉厂
15	西北制纸厂	太原晋恒造纸厂股份有限公司

资料来源：景占魁：《阎锡山与西北实业公司》，山西经济出版社1991年版，第275页；曹焕文：《太原工业史料》，太原城市建设委员会1955年版，第4、5、10页。

此外，抗战期间日军曾在太原新建了一些小型工厂，以满足军需。大同作为伪蒙疆联合自治政府的基地之一，日军也在该地设立了一些工厂。这些工厂战后均由西北实业公司接收（见表5.2）。

表5.2　　　　　　　　西北实业公司接收的敌伪新建工厂

序号	厂名	战时名称
1	西北修造厂	日军1808部队兵器厂
2	太原氧气厂	日军太原酸素工厂
3	太原织造厂	日军太原织造厂
4	太原棉织厂	日军太原棉织厂
5	太原油脂厂	日军太原油脂厂
6	太原制麻厂	日军太原制麻厂
7	西北炼钢厂大同分厂	—
8	西北育才炼钢机器厂大同分厂	—
9	西北洋灰厂大同分厂	—
10	西北火柴厂大同分厂	—
11	大同黑铅厂	—
12	大同玻璃厂	—

资料来源：曹焕文：《太原工业史料》，太原城市建设委员会1955年版，第229、234、269、348、360、375页；山西文史资料编辑部：《山西文史精选·阎锡山垄断经济》，山西高校联合出版社1992年版，第213页。

按照国民政府关于敌伪产业的处理规定，民营企业应在查明原主后予以发还，山西省政府则将其化私为公，悉数拨作公营事业资本。1946 年 8 月，阎锡山下发手谕，将所有接收的敌伪物资除枪械外全部划归董事会。① 董事会则将其按照 1937 年的价格再以若干倍计算作为资本分别拨发各公营事业。②

按上述原则，西北实业公司将公司资本额定为 10 亿元。考虑到币值问题，董事会审核时认为该数目偏小，应将公司战前 3 000 万元资产总额按 2 000 倍予以估值，遂将资本额改为 600 亿元。③ 对公司来说，较大的资本额代表公司具有较强的资金实力和信用，对公司发展有利。然而，西北实业公司此时正准备在经济部注册立案，对于上述资本总额计算方式提出异议。1946 年《公司法》第三百一十五条规定，公司设立登记，按其章程所定资本总额，每 2 000 元缴纳登记费 1 元。④ 这样一来，公司资本额如按照董事会要求定为 600 亿元就需要 3 000 万元巨额登记费。而资本额定为 10 亿元，登记费用仅需 50 万元，"省费颇巨"。此外，"即遇政府对产业机构派排捐款时，资本愈大负担愈重"。⑤ 综合以上两方面因素，公司认为"所有股款作成事变前收齐，则股本实际成为现洋，较事变后 600 亿元尚属有利"。⑥

从公司公布的对外章程来看，西北实业公司资本总额最终定为国币 3 000 万元，未按照董事会拟定的折算办法进行估算。公司资本额本应是出资者根据公司章程所规定的出资期限、出资方式和出资额来确定，西北实业公司的资本额俨然已成为官方掌控的数字游戏，公司实际资本大小已无从知晓。但可以肯定的是，西北实业公司资产绝大多数来自董事会所承接的各类敌伪资产。由于战争破坏，这些资产较战前无论在数量还是质量上均显著下降。公司资本表面上由董事会拨给，实际是由政府划拨，资本构成较战前更

① 《关于抄附督理委员会关于接收物资除枪械外全归董事会的函》（1946 年 6 月 27 日），太原市档案馆藏西北实业公司档案，档案号：J006 - 1 - 0928 - 50。
② 《西北实业公司第十四次会议记录》（1946 年 12 月 21 日），太原市档案馆，档案号：J006 - 1 - 0904 - 018。
③ 《山西省人民公营事业董事会关于西北实业公司章程讨论的报告》（1946 年 12 月），山西省档案馆藏西北实业公司档案，档案号：B31 - 1 - 358 - 5。
④ 《修正公司法》，载于《立法专刊》1947 年第 25 期，第 76 页。
⑤ 《省人民公营事业董事会计核组关于西北实业公司呈请中央立案及对内组织章程的提案》，山西省档案馆藏西北实业公司档案，档案号：B31 - 1 - 357 - 8。
⑥ 《西北实业公司关于呈请中央立案文件章程的请示》（1946 年 12 月），山西省档案馆，档案号：B31 - 1 - 358 - 7。

为单一。

二、日本赔偿资产

日军占领太原后，对西北实业公司各厂进行疯狂掠夺，将其中质量较好和较为先进的机器拆卸运至我国东北地区和日本本土，为其军国主义扩张服务。如表5.3所示，西北实业公司机械各厂80%的机器设备被劫。日军的疯狂劫掠对西北实业公司造成了巨大损失。

表5.3   西北实业公司所属机械各厂原有机器及损失机器统计   单位：部

厂名	原有数	接收数	敌人劫运数	备考
机车厂	893	31	862	
机械厂	283	283		由修造厂接收
农工器具厂	902		902	
铁工厂	517		517	
铸造厂	209		209	
水压机厂	85		85	
融化厂	532		532	即枪弹厂
育才炼钢机器厂	560		560	
汽车修理厂	320	320		发归机车厂接收
机械修理厂	260	260		发归育才炼钢机器厂接收
合计	4 561	894	3 667	

资料来源：《归还西北实业公司机器》，台北"中央研究院"近代史研究所馆藏国民政府驻日代表团档案，档案号：32-03-158。

注：接收数内包括战时转移至后方的510部机器在内。

机械各厂的前身是太原兵工厂，可以说是西北实业公司重工业的核心资产，承担了绝大多数军事用品的生产。如农工器具厂曾经各项设备应有尽有，技师及工匠等技艺，尤称精良，以各项出品，其精巧为别厂所不及。如纺纱机、测量仪、绘图仪、分厘卡尺等，几堪媲美舶来品。[①]从表5.3可以

[①] 《晋绥建设观：西北实业公司农工器具厂调查记（附表）》，载于《中华实业月刊》1935年第2卷第8期，第130~134页。

看出，机械各厂可谓损失惨重，70%的工厂被劫掠一空，只剩下残破不堪的空厂房，80%的机器设备不复存在，留下的设备也大多因过度使用和战争破坏而无法使用，恢复战前的生产能力已无可能。西北实业公司虽在太原复业，但面对的是一个残破的局面，为了补充机器设备尽快恢复生产，早日索赔要回被日军劫掠的机器无疑是一个既经济又高效的办法。

抗战胜利后，按照《波茨坦公告》中有关日本战后赔偿的相关原则，驻日盟军总司令部主导日本对中国等战争受害国进行实物赔偿。中国方面也成立行政院赔偿委员会负责处理对日索赔事宜。1946年1月11日，西北实业公司向山西省政府呈送沦陷时期机器损失清册，着手向日本索赔。此后，西北实业公司又按照政府要求陆续报送直接与间接财产损失情况。山西省政府则转呈行政院赔偿委员会开展对日索赔事宜。1946年7月25日，盟军总部正式明确战时被日本政府、军队或由其指使之人劫掠的财产应归还原主。1946年10月29日，国民政府驻日代表团日本赔偿及归还物资接收委员会（以下简称"赔委会"）致电西北实业公司，要求按照盟军总部规定提供被劫机器的尺寸、性能说明、制造厂名、机器号数、制造年月等详细信息，以便接洽归还。不久之后，驻日代表团又按照盟军总部劫夺物资保管组规定，要求西北实业公司提供被劫机器的物权证明及被劫运至日本的确切时间方可申请归还。[1] 因太原沦陷期间，西北实业公司已随政府撤退至后方，提供上述文件面临较大的调查取证难度。

1947年2月17日，赔委会致电国民政府外交部，重申被劫机器详细说明、物权证明、被劫情形等文件的重要性，强调"盟军总部此项政策执行，对归还劫物之申请往往以证件不足延置不复"，要求西北实业公司按照申请书格式详细填述，并提供所需证明文件以便交涉。[2] 对此，西北实业公司答复称，因战时仓促撤退，与各洋行及厂家签订的购买合同未及携带以致遗失，只能由时任厂长"谨就本人经营任内记忆所及从实记录"而出具有关机器的所有权证明，并由山西省政府及实业厅联名开具厂长身份证明书。经

---

① 《电呈山西省政府拟派员认领机器事件请咨复前述搜集证件列单寄日由》（1946年10月29日），台北"中央研究院"近代史研究所档案馆藏国民政府驻日代表团档案，档案号：32-03-158，第32页。

② 《西北实业公司申请归还被日军移劫之机器新转知按照远东委员会规定办理由》（1947年2月17日），台北"中央研究院"近代史研究所档案馆藏国民政府驻日代表团档案，档案号：32-03-158，第53页。

外交部审核，上述证明文件并非原始证件，调查表也与盟军总部规定格式不符。赔委会也认为"所送清单只列机器名称，既缺证件，又无制造厂名及权证等可资对照，且被劫机器多属普通工具机，故向盟总调查时几无从着手"，要求西北实业公司按规定重新准备证明文件。①

在无法从西北实业公司获得被劫机器的确切信息后，赔委会开始在日本各地进行秘密查访。经多方调查，最终获得一份日军劫自西北实业公司及天津铸币厂的机器分配总表。该表显示，这些机器中196部分配至东京区各兵军厂，554部分配至名古屋区兵工厂及其特约附厂，2397部分配至大阪区兵工厂及其特约附厂，其余274部分配至小仓兵工厂及其特约附厂。由于盟军总部规定盟国人员不能直接与日本人有所接洽，赔委会便托词称上述情报系西北实业公司得自国内日本战俘口供，并请盟总彻查有关工厂。②

抗战胜利后，部分驻晋日军及相关经济、情报、文化人员有组织地"残留"，继续为阎锡山政府服务。③ 为配合赔委会调查，西北实业公司令"残留"在山西的原驻太原日军参谋长山岗道武等提供"口供"，以证明公司机器确由日军拆运至日本名古屋、大阪、小仓等地，并向赔委会提出公司派员赴日认领被劫机器。④

就在各方纠缠于被劫机器证明文件的合规性之际，山西方面开始寻求国民政府为西北实业公司向日本索赔提供支持。为此，阎锡山请时任国民政府考试院铨叙部部长贾景德出面与国民政府驻日代表团协调此事。贾氏在抗战前一直是阎锡山的重要幕僚，曾任太原绥靖公署秘书长。国民政府驻日代表团团长商震早年为晋军将领，并曾出任山西省政府主席，与贾景德素有旧交。贾景德以个人名义致电商震，提出委派西北实业公司襄理徐士珙及工务部长张光宇赴日认领被劫机器。其在电文中特别声称"吾兄关怀晋事"，请商震与经济部及外交部协调，为二人赴日提供便利。同时，为符合盟军总部

① 《转发西北实业公司被劫物资调查表及证件仰洽办具报》（1947年7月2日），台北"中央研究院"近代史研究所档案馆藏国民政府驻日代表团档案，档案号：32-03-158，第78页。
② 《电复关于西北实业公司被劫机器经RAC-46及RAC-156两案通过归还我国办理经过情形敬祈鉴核由》，台北"中央研究院"近代史研究所档案馆藏，档案号：32-03-160，第219~222页。
③ 山西省档案馆：《二战后侵华日军"山西残留"：历史真实与档案征引》（第1卷），山西人民出版社2007年版，第1页。
④ 《代省府拟呈行政院及驻日代表团公司损失机器清册及物权证明并日军参谋长山岗道武所出确实被劫时之报告书》（1947年3月4日），台北"中央研究院"近代史研究所档案馆藏国民政府驻日代表团档案，档案号：32-03-288，第12页。

规定，贾氏还请求商震给予西北实业公司赴日人员以国民政府驻日代表团职员的身份，以便与日本方面接洽，并承诺所有费用由西北实业公司自行开支。①

与此同时，西北实业公司向外交部申请，提出应援照南华铁工厂派员赴日追寻被劫机器前例批准该公司派员赴日追寻劫物。实际上，南华铁工厂负责人是受资源委员会委派，作为技术专家在国民政府驻日代表团工作，负责办理日本赔偿和归还物资事宜。② 西北实业公司显然试图以此体现公司派员赴日的合理性。

贾景德的电文起到了一定效果。1947 年 11 月 3 日，商震批准西北实业公司派一人携带所有证明文件赴日认领被劫机器。11 月 8 日，驻日代表团复电外交部，同意西北实业公司派员赴日，要求公司从徐士琪和张光宇中择派一人携带有关资料及证件到日。③ 最终，西北实业公司决定派襄理徐士琪赴日认领被劫机器。

盟军总部的调查结果显示，日军劫自中国的绝大多数机器因飞机轰炸而报废，与赔委会掌握情报相去甚远。因此，赔委会认为该调查结果与事实不符，与盟军总部商洽双方共同派员赴各厂进行实地复查。经多方查证，赔委会在名古屋等地兵工厂查找到取自中国的 1149 部机器，这些机器除一小部分可能属于天津造币厂外，大部分机器可能确属西北实业公司被劫物资。此外，另有 91 部机器已作为赔偿物资分配各国，按照远东委员会相关原则无法归还。④

徐士琪抵日后马上对上述机器进行指认，最终确认只有 85 部可明确为公司所有，尚有 1064 部仅能证明劫自中国，但不能确定为何单位所有。按照盟军总部实行的归还原则，无主劫物有被变卖的可能。为减少中方损失，赔委会提议将上述机器以西北实业公司名义全数认领，待运回国后由公司负

① 《贾景德致驻日代表团团长商震电》（1947 年 9 月），台北"中央研究院"近代史研究所档案馆藏国民政府驻日代表团档案，档案号：32 - 03 - 158，第 113 页。

② 吴半农：《有关日本赔偿归还工作的一些史实》，引自中国人民政治协商会议全国委员会文史资料研究委员会：《文史资料选辑》（第 72 辑），中华书局 1980 年版，第 220 页。

③ 《电复西北实业公司派员来日一节请转知先派一人来日祈鉴核由》（1947 年 11 月 8 日），台北"中央研究院"近代史研究所档案馆藏国民政府驻日代表团档案，档案号：32 - 03 - 158，第 135 页。

④ 《呈报西北实业公司被劫机器经日政府调查转函该公司速派员来日认定由》（1948 年 2 月 18 日），台北"中央研究院"近代史研究所档案馆藏国民政府驻日代表团档案，档案号：32 - 03 - 159，第 3 页。

责归还原主。这一方案也得到盟军总部承办该案的主管官员迈耶（Meyer）的默许。徐士珙向山西省政府透漏驻日代表团将就此事请示外交部及行政院赔偿委员会，并暗示山西省政府也向国民政府提交上述解决方案，以便西北实业公司能获得上述全部机器。①

不久，外交部与行政院便分别复电驻日代表团及山西省政府，在不影响将来中国申请归还劫物信誉的前提下，同意上述归还物资方案。② 同时，按照行政院关于日本归还被劫物资处理原则的规定，这批物资将来运回上海后应交中央信托局接收再行处理。③

在驻日代表团的协助下，西北实业公司顺利将上述机器全部认领并准备起运回国。然而，随着解放战争的不断深入，阎锡山统治区域已所剩无几。到1948年9月，西北实业公司所在地太原已在解放军重重包围之中，将机器运回太原已不太现实。因此，阎锡山指示西北实业公司将这批物资改运台湾。驻日代表团将原本属于西北实业公司的机器集中于大阪及名古屋两处港口，共90具69箱，总重105.7公吨。西北实业公司自行雇船将该批机器运至台湾，由该公司台湾分公司接收。④

三、政府征用资产

如前文所述，西北实业公司作为全省人民公营事业，属于全省人民公有资产，但这种所有权并非建立在对公司的直接投资上，因此公营事业的产权是模糊的。1946年7月，"本会前以本省人民公营事业与政府一般公营事业名称混淆易滋误会，曾经承奉核定改本会为山西全省人民共营事业董事会呈请督理委员会备查。兹奉督理委员会应改为山西全省民营事业董事会"。⑤

---

① 《为呈被劫机器应经归还情形请接洽外交部赔委会核办由》（1948年4月24日），台北"中央研究院"近代史研究所档案馆藏国民政府驻日代表团档案，档案号：32-03-159，第114～116页。
② 《外交部致驻日代表团电》（1948年5月1日），台北"中央研究院"近代史研究所档案馆藏国民政府驻日代表团档案，档案号：32-03-159，第119页。
③ 《为西北实业公司认领被劫机器事》（1948年5月18日），台北"中央研究院"近代史研究所档案馆藏国民政府驻日代表团档案，档案号：32-03-159，第164页。
④ 《电知关于西北实业公司被劫机器于四月二日前可集中港口待运相应检送该批规划机器全部装箱清册希查照办理由》（1949年3月10日），台北"中央研究院"近代史研究所档案馆藏国民政府驻日代表团档案，档案号：32-03-160，第73页。
《为呈被劫机器应经归还情形请接洽外交部赔委会核办由》（1948年4月24日），台北"中央研究院"近代史研究所档案馆藏国民政府驻日代表团档案，档案号：32-03-160，第85页。
⑤ 《本会奉令改称为山西全省民营事业董事会希查照由》，山西省档案馆藏档案，档案号：B30-1-214-10。

西北实业公司作为"民"的私企与政府"公"的企业完全划分开来。1946
年底，民营事业董事会要求所属各企业统计抗战期间被政府征用的物资和款
项并详细造册报送，"本会所属各单位为全省人民公营事业，在抗战期间，
为应环境之需要暂归军事管理，但营业上之权益仍为公营事业本身所应
有"。所以应将长官部、绥靖公署或省政府在抗战期间所有提用机器物质现
款逐一清理，以便请求发还。① 就全国范围来看，政府出于战争需要征用民
间物资是普遍现象，对于民营企业因征用而造成的损失，国民政府也有赔偿
的先例，② 赔偿对象仅限于民间私人企业。此后，民营事业董事会下发第三
三二次决议，要求各企业分"七七事变"前、抗战期间、抗战胜利后至
1946 年 12 月底三个阶段对政府征用资产进行统计，"以便由董事会向公家
总算账"。西北实业公司函复董事会，"因新记西北实业公司尚未清理结束，
待其报来后及行转报"。实际上，新记西北实业公司究竟有多少资产被政府
征用，这笔账是很难算清的。据统计，截至 1946 年 12 月底，政府征借民营
事业董事会所辖各单位物资计国币 328 亿余万元，连同屯煤、西北各厂代
制、赊购军用品等四项共国币 868 亿余万元。③ 抗战期间，新记西北实业公
司完全成为由政府直接指挥的生产机构，在物资短缺的情况下，企业生产的
绝大多数产品都交予政府坚持抗战，同时政府也向公司投入了大量资源，究
竟哪些资产是政府无偿征用的，哪些是按照要求生产的，很难划分清楚。由
于史料阙如，民营事业董事会向政府追偿的最终结果不得而知，但仅就战后
向政府申请发还征用资产事件本身，则可以看出西北实业公司在战后产权的
相对独立性。

四、国家行局贷款

抗战胜利后，中国面临空前艰巨的经济重建任务。然而，大规模的经济
建设需要巨额的资金支持，仅靠市场和企业的力量显然是不可能完成的。随
着工商界发展实业的呼声再度高涨，国民政府出台了一系列金融扶持政策，

---

① 《省民营董事会关于在抗战期间长官部提用物质款项册报结算的函》，山西省档案馆藏档
案，档案号：B30 - 1 - 702 - 7。
② 如上海市民营轮船公司成立上海市轮船商业同业公会以向政府要求赔偿战时征用船只，国
民政府明确保证战争结束后即行汇案赔偿，参见马振波：《战后上海民营轮船业向国民政府索赔问
题研究（1945—1948）》，载于《抗日战争研究》2019 年第 1 期，第 130 ~ 145 页。
③ 孔祥毅：《民国山西金融史料》，中国金融出版社 2013 年版，第 632 ~ 633 页。

以促进战后经济重建与恢复。西北实业公司数次向国民政府申请贷款，用于企业恢复与重建。

（一）国策贷款

抗战结束后，上海等重要工商业城市面临严重的经济困难。许多工厂由于原料缺乏、成本高企及产品积压而亏损严重，几乎处于倒闭边缘。为此，上海工商界组织请愿团，赴南京向财政、经济等部请愿，要求政府发放贷款以救济企业。[1] 此后，国民政府采取信贷扩张政策，鼓励公私金融机构向农、工、矿及各类日用品生产企业放贷。据统计，1946年，国家银行的信贷余额达12 246亿余元，占全国工商信贷余额的77.8%，其中六成都集中于上海。[2] 这些贷款对于救济国统区工商业企业、促其生产走上正轨起到一定作用。

与上海的企业类似，西北实业公司战后同样面临资金不足的问题。1947年7月，西北实业公司向"四联总处"申请工矿贷款348亿元，但被告知该项贷款已暂停发放。实际上，因物价上涨过快，政府已开始限制贷款规模，并将国家行局贷款划分为国策贷款、订货贷款与普通业务贷款三类，按照不同用途发放贷款并控制贷款总量。[3] 上述三类贷款中，国策贷款利息相对较低，主要用于支持煤炭、石油、电力、钢铁等重点工矿的生产。此外，国民政府为挽回战场上的不利局面和镇压国统区的反战运动，于1947年7月发布《戡乱动员令》，并制定了一系列具体的政策措施。按照该令，政府加强经济建设，增加生产，各类公私企业优先供应军需，全力支援前线。[4] 在此背景下，西北实业公司以执行《戡乱动员令》为由再次向四联总处申请国策贷款。"本公司前请之工矿贷款因逾时已久，物价高涨，早感不敷分配……本公司所属各厂矿对动员'戡乱'上、国防上、民生日用上以及国家经济建设上所负之任务愈为重大。但必需之原材料除少数能由附近取给外，大部均需由京沪青陕豫等地采购，抑赖空运接济。因需用甚急而购运不

① 《工商：请愿团》，载于《见闻（上海）》1946年第1卷第7期，第38页。
② 张公权：《中国通货膨胀史》（1937－1949），杨志信译，文史资料出版社1986年版，第127～128页。
③ 刘慧宇：《中国中央银行研究1928至1949》，中国经济出版社1999年版，第283～284页。
④ 汪朝光：《简论国共内战时期国民党的"戡乱动员"》，载于《上海大学学报（社会科学版）》2005年第3期，第34～39页。

易故所费至巨。按实际情形除原申请十五厂矿内之卷烟厂应另案请费外，其余十四厂矿已援照国策贷款重新翔实核计为一万零五百六十亿元……矧值'戡乱'时期，设上述十四厂矿因款项拮据而致停工，则山西军用民生均将感受莫大影响"。①

西北实业公司在上述贷款申请过程中反复强调其在"动员戡乱"方面的重要作用，以取得国民政府的重视。如西北炼钢厂的贷款理由为"太原绥靖公署所需武器及军用大宗钢材原料、正太及同蒲铁路所需修理器材悉赖本厂供给"；西北修造厂的贷款理由为"太原市全市之自动武器、弹药及本公司各厂之自动武器弹药均赖本厂供给"；城内及城外发电厂则将贷款用于购买各种原材料及特种器材，以"加大电力生产，适应'戡乱'需要"。此外，西北洋灰厂、西北毛织厂、西北火柴厂、西北皮革制作厂均以修筑工事、供应军需为由申请数量不等的贷款。

为获得这笔贷款，西北实业公司一面请山西省政府致电行政院，令四联总处如数放款。一面以"扶持工矿事业"的名义请求工商部在办理贷款时予以协助。对此，工商部表示"自当予以协助，以促其成"。②

经多方努力，西北实业公司最终获得贷款金圆券十万元，由"四联总处"太原支处会同山西省银行与西北实业公司商定分配办法后，统一由山西省银行承放。该项贷款虽以西北实业公司各厂所购原材料做抵押，但最终由"省府保证承还"。③省政府背书无疑为西北实业公司取得贷款提供了极大便利。

（二）美援

西北实业公司向四联总处申请国策贷款的同时，也向国民政府美援运用委员会申请分配美援。美国政府为支持蒋介石打内战，以借款、赠与、租借、救济等方式向国民政府提供了大量经济与军事援助。1945～1949年，国民政府共借美债22 129.3万美元。④阎锡山政府在打内战方面不遗余力，

---

① 《西北实业建设公司申请国策贷款及分配美援》，台北"中央研究院"近代史研究所档案馆藏，档案号：18－22－01－041－07，第5、6页。

② 《西北实业公司希申请国策贷款及分配美援请促成一案批》（1948年7月26日），台北"中央研究院"近代史研究所档案馆藏经济部档案，档案号：18－22－01－041－07，第2、3页。

③ 《公司十万贷款拨由省行承放》（1948年10月11日），载于《西北实业月刊》第133期。

④ 财政科学研究所、中国第二历史档案馆：《民国外债档案史料》（第11卷），档案出版社1990年版，第477～638页。

自然希望能从美援中分得一杯羹。

1946年4月，阎锡山派亲信梁化之赴南京求见美国驻华大使司徒雷登，向其表明反共决心，寻求美国援助。司徒雷登则因阎锡山军队败多胜少且统治区域日趋缩小，对山西方面的援助请求未予回应。① 然而，阎锡山却未完全放弃争取美援，认为其坚决反共的政治态度终究会引起美国方面的关注。1948年7月，解放军兵临太原城下，阎锡山政府的统治岌岌可危。此时，西北实业公司各厂已全部制造军火，物资采购仅依赖空运，资金极度紧张。面对困境，西北实业公司寄希望于美援。1948年7月，西北实业公司向国民政府美援运用委员会申请分配美元。同时，公司经理彭士弘致电国民政府工商部，极力强调西北实业公司在"戡乱"方面的作用和面临的困难，请求该部协助获取美援。他声称："抗战期间太原沦陷，各厂机件损失惨重，即以制造用工作机器言，原有四千余部，胜利接收后仅余三百余部，且亦因敌人之八载超度使用，均已破旧不堪，效能锐减……社会之需求于本公司者日多，本公司所负责任日重……他如防卫工事之建筑、剿共械弹之补充、军民衣料及日常生活用品之供应亦日渐增加，均由本公司负责供给……设本公司增产工作不能配合需要，则今后山西在'戡乱'上之困难亦将不堪设想。几经研究认为，解除困难必须请求分配美援以添购若干最迫切需要之机具与特种材料以及山西当地一时不能取得之原料。此种物资就运输言均可空运抵并。就增加效用言，不惟对'戡乱'上有极大之帮助。其于国家经济之稳定亦将有莫大功效。"② 西北实业公司按照所属炼钢厂等19厂的物资需求计算，申请1171万余美元。

实际上，在马歇尔计划出台后，美国对外援助重心已转向欧洲。加之中国经济形势的急剧恶化，美国政府对华援助已日趋收缩。最终，西北实业公司获得美援20万美元，用于"充实电动力设备"。③ 相对于其巨大的资金需求而言，上述援助款项显然于事无补。阎锡山也无奈声称"靠美援如枯杨生花、浮光掠影"。④

① 李茂盛：《阎锡山大传》（下），山西人民出版社2010年版，第1026～1027页。
② 《为本公司申请分配美援案电请赞助由》，台北"中央研究院"近代史研究所档案馆藏，档案号：18－22－01－041－07。
③ 《西北实业公司获得美援二十万》，载于《金融日报》1948年9月27日第1版。
④ 徐永昌：《徐永昌日记》（第9册），台北"中央研究院"近代史研究所1990年版，第88页。

(三）复工贷款及生产事业贷款

国民政府为促进收复区工矿企业复工生产，出台了一些金融扶助政策。1945 年 9 月，行政院颁行《收复区财政金融复员紧急措施纲要》，举办紧急贷款用于接收企业复工复产，重点支持日用必需品生产企业和小工商业企业。① 1946 年 2 月至 7 月，中央银行、中国银行、交通银行、中国农民银行四行联合办事处向上海地区发放复工贷款 70.45 亿元，受助工厂 58 家；向平津区和湘桂区分别贷放企业周转资金 15 亿元和 4 亿元，"以利复工，而资生产"。② 这些贷款无论国营或民营厂矿均可申请。

西北实业公司试图抓住这次政策机遇，争取中央金融机构资金支持。1946 年 12 月，西北实业公司要求各厂制定详细的复工计划，以便向中央申请贷款。为此，公司统一编制了复工贷款请求书，详尽列明各厂战前战后固定资产及流动资产变化情况以及复工计划所需款项。西北实业公司晋华卷烟厂的复工贷款请求书显示，该厂复工计划分为三期，每期两个月，包括添补材料，修配现有械具，修葺破坏之厂房，新建厂库房，购买烟叶并派烟叶督种技师前往各种烟县督种，购买卷烟盒、箱等材料，增聘督种技师、烤烟技师及配料技师等项目，共需贷款 3 亿余元。③ 另西北实业公司太原面粉分厂复工贷款请求书显示，计划增购部分机器设备及动力设备、储备生产用原材料等共需贷款 9 亿余元。④

此外，国民政府迫于全国工业界的压力，决定推出生产事业贷款，帮助工业企业复工复产。国民政府相继制定《生产事业贷款方针》和《生产事业贷款办法》，按行业性质统筹发放贷款，以实现资金使用效用最大化。贷款主要用于政府订货、收购制成品及委托产制且不计利息。西北实业公司将上述方针和办法印发各厂，要求各厂针对性地制定计划，由公司集中后向财

---

① 中国第二历史档案馆：《中华民国史档案资料汇编（第五辑第三编）·财政经济（一）》，凤凰出版社 1999 年版，第 3~4 页。

② 《行政院关于贷放平津各工厂周转资金以利复工训令》（1946 年 2 月 9 日），引自中国第二历史档案馆编：《中华民国史档案资料汇编（第五辑第三编）·财政经济（一）》，凤凰出版社 1999 年版，第 16 页。

③ 《关于复工贷款请求书及填表说明希查填具报的函》（1946 年 2 月 21 日），太原市档案馆藏西北实业公司档案，档案号：J006-1-0401-52。

④ 《西北实业公司太原面粉分厂复工贷款请求书》（1946 年），太原市档案馆藏西北实业公司档案，档案号：J006-1-0497-54。

政部申请贷款。①

　　由于史料阙如，西北实业公司是否获得上述贷款尚不得而知，但从国民政府的相关贷款政策中可以看出，复工贷款和生产事业贷款主要目的是扶助国内各大工矿企业顺利复工复产，增加就业和社会产品供应，促进战后经济恢复。贷款面向全国工矿企业，不分国营、省营或民营企业。西北实业公司不仅生产军事物资，同时也生产棉布、面粉、纸张、电力等社会必需品，向中央政府申请金融支持也在情理之中。

　　总体来看，战后西北实业公司的资本构成较战前并未发生显著变化。在省政府授权下，西北实业公司接收了数十家敌伪工厂及民营工厂并将其作价充作资本。这些企业本质上是由政府划拨，属于权益资本范畴。值得注意的是，战后公司借贷资本中增加了一定数量的国家行局贷款及美援。1947年后，国民政府将"戡乱动员"定为国策，集中一切力量与中共争夺全国政权。西北实业公司正是打着协助政府"戡乱"的旗号，取得了国民政府相关部门的资金支持。从战后资本构成的变化可以看出，西北实业公司在政治上及经济上与政府的捆绑较战前更为紧密，这也预示着战后公司治理必将向着更为行政化的方向发展。

第二节　残缺的董事会治理结构

　　抗战前山西省参照股份有限公司制度为全省公营事业建立了共同的董事会治理结构，在形式上建立了分权制衡的权力体系。抗战期间，山西公营事业大多被日军占领，新建敌后各厂归太原绥靖公署直接领导，董事会已丧失履职基础。为此，董事会曾向阎锡山申请解散，但被其否决。山西省政府在接收西北实业公司、同蒲铁路等公营事业后便恢复了董事会治理结构，但在机构名称、数量及组成人员方面与战前均有不同。

一、公营改"民营"

　　按照战前山西省颁布的公营事业管理章程，西北实业公司属于全省人民

---

① 《抄发财政部三十七年度生产事业性贷款方针及补充办法各一份请查照准办由》，太原市档案馆藏，档案号：J006-1-0492。

所有，因此治理结构各部分如督理委员会、董事会监察会及各县监进会前都冠以"公营"二字。根据企业性质，国民政府时期的企业一般分为国营、省营和商营，并无人民公营之说。国营和省营企业都属于政府公营性质，组织形式只能称为局，不能称为公司。抗日战争胜利后，山西省当局认为省人民公营事业与政府一般公营事业容易混淆而产生误会，西北实业公司等企业是全省人民出资共同经营的事业，应将公营事业董事会改为"共营事业董事会"。督理委员会则认为山西人民公营事业含有节制资本、造福全省人民的意义，是将"剥削奢侈的托拉斯变成为提高民生、开启民智、扫除民困、强健民力的民营、民有、民享的经济制度"，应将董事会全称改为山西全省民营事业董事会。① 相应地，督理委员会名称也进行了修改。

　　董事会由公营改为民营是否意味着西北实业公司成为一般意义上的民营企业？答案是否定的。至于董事会更名的原因，除上述官方说法外，曾在西北实业公司长期担任高管的曹焕文认为，阎锡山将董事会名称改为民营的目的在于使西北实业公司等企业与省政府脱离干系，以免国民政府干涉。② 曾任山西省政府主席的徐永昌也持类似观点，认为此举"一则防中央掣肘，一则防中央拿去"。③

　　抗战胜利后，随着大后方战略地位的消失，国民政府对地方省营企业的策略已从战时的积极鼓励与扶持转变为选择性忽略，导致省营企业的急剧衰落。④ 同时中央政府也正在酝酿限制和规范省营企业发展的办法。按照前述当事人的观点，董事会由公营改为民营是山西省对国民政府政策变化的因应也不无道理。1946 年 11 月，山西省政府曾就山西民营事业董事会的性质向国民政府财政部做出说明，"山西省民营事业董事会原系山西各县集资成立，为山西全省人民产业团体"。⑤ 从政府对董事会的这一定性来看，本质上与战前并无不同。个别民营事业董事会所属企业如斌记商行虽引入私人投

---

　　① 《本会奉令改称为山西全省民营事业董事会希查照由》（1936 年 7 月 31 日），山西省档案馆藏山西省民营事业董事会档案，档案号：B30 - 1 - 214 - 10。
　　② 曹焕文：《太原工业史料》，太原城市建设委员会 1955 年版，第 232 页。
　　③ 徐永昌：《徐永昌日记》（第 11 册），台北"中央研究院"近代史研究所 1990 年版，第 59 页。
　　④ 卢征良：《抗战时期省营企业性质研究》，载于《社会科学》2020 年第 9 期，第 161 页。
　　⑤ 《山西省政府给南京财政部的代电》（1946 年 11 月 6 日），引自孔祥毅：《民国山西金融史料》，中国金融出版社 2013 年版，第 625 页。

资并建立了自身的董事会，但仍处于政府控制之下，没有实现企业的私有化。[1] 总体来看，西北实业公司改称民营与战后中国纺织建设公司等国营企业通过公开出售或减持国有股份的方式进行的民营化有本质区别。[2]

二、残缺的董事会治理结构

战后董事的产生办法也较战前更为简略。"因各县不靖，交通隔绝，由各县旅省同乡按管理章程第二十条规定的资格，各选一人送交督理委员会，按董事选举，每五人圈定一人"。[3] 按照此办法，董事长由张耀庭担任，当选董事分别为耿步蟾、张豫和、靳瑞萱、边延恬、田玉霖、张金七。[4]

与战前相比，董事会除耿步蟾外均为新晋人员，变动较大。张豫和曾任国民政府蒙藏委员会参事[5]，靳瑞萱曾任山西省禁烟善后局局长，[6] 田玉霖曾任第二战区司令部少将参事。[7] 这些董事表面上由各县推举，实则还是由阎锡山指定的政府关系人员。

值得注意的是，监察会及各县监进会作为董事会治理结构的重要组成部分，并未随着督理委员会和董事会一并恢复，导致战前参照股份有限公司制度建立的公司治理结构残缺不全。根据督理委员会指示，民营事业董事会所属各企业人事任免、业务开展及基金保管动用等统归董事会管理监督。[8] 这样一来，本应由监察会独立行使的监督权已由董事会承接。

董事会集经营权与监督权于一身必然会带来监督权的弱化。实际上，早在西北实业公司成立前，阎锡山已认识到监督权对企业的重要性。他曾言："董事不管经理，经理必作弊；监察不管董事，董事或支薪不问事，或假权

---

① 梁娜：《斌记商行研究 1927－1949》，山西大学博士学位论文，2016 年，第 43 页。
② 张忠民：《略论战后南京政府国有企业的国有股份减持》，载于《上海社会科学院学术季刊》2002 年第 4 期，第 163～172 页。
③ 《山西全省民营事业董事会关于全省民营事业起源及其现状特访问主管全省民营事业董事会张董事长承答的记录》（1947 年 12 月），山西省档案馆藏山西省民营事业董事会档案，档案号：B30－1－10－2。
④ 山西省地方志办公室：《民国山西政权组织机构》，山西人民出版社 2014 年版，第 312 页。
⑤ 樊荫南：《当代中国名人录》，上海良友图书印刷公司 1931 年版，第 250 页。
⑥ 山西省地方志办公室：《民国山西政权组织机构》，山西人民出版社 2014 年版，第 61 页。
⑦ 田玉霖：《第二战区的琐事和晋兴出版社的内幕》，引自全国政协文史资料委员会：《文史资料存稿选编（17）·军事派系》（上），中国文史出版社 2002 年版，第 741 页。
⑧ 《山西省人民公营事业管理委员会关于董事会所属各单位统归该董事会管理监督以名归属希转遵照一份给山西省人民公营事业董事会的代电》（1946 年 7 月 16 日），山西省档案馆藏山西省民营事业董事会档案，档案号：B30－1－214－12。

图私利；人民不管监察，监察形同虚设，或滥用职权。必须使全省公民认识此，注意此，爱护此，并养成为此主张公道，虽有牺牲，亦在所不惜之精神，公营事业始有寄托。"[1] 从阎锡山对监督权的理解可以看出，人民才是全省公营事业的终极监督者。由人民主张公道，行使监督权，才能为公营事业发展提供根本保障。因此，山西省当局提倡全省人民对西北实业公司等民营事业进行广泛监督。如有记者就向董事会提出，因西北实业公司晋华卷烟厂出产纸烟涨价，导致太原市近期烟价暴涨，并要求西北实业公司就烟价上涨问题向社会进行解释。对此，西北公司提出三点理由：第一，平汉铁路遭破坏，外埠纸烟来源中断；第二，所需原材料因市面物价上涨导致生产成本增加；第三，石家庄等地近期烟价上涨，本省烟商将本地纸烟大批运往该地销售，导致本市烟价随即上涨。[2] 又如民族革命同志会工作委员会基工组向董事会反映，西北实业公司印刷厂印费较私人印刷机构高昂，"同一纸张、同一油墨，其所印整军纲要较柳巷怡文斋价格贵十分之六。"该会成立于1938 年 2 月 16 日，是带有地方性政党的组织，会长为阎锡山。[3] 董事会要求西北实业公司对此事进行调查。西北实业公司查阅该厂估价单存根，未发现振军纲要印刷品估价及相关印刷过程的登记，[4] 言外之意是该会指证有误。

囿于史料阙如，上述两件投诉的处理结果不得而知。但可以肯定的是，这种全民监督模式的随机性较强，无法完全代替监察会这种已较为成熟的企业内部监督制度。可以说，战后西北实业公司的监察权存在泛化的问题。

三、法人产权的缺失

抗战前，西北实业公司因缺少股东及股份等原因一直未能在国民政府登记立案。鉴于公司业务范围仅局限于山西、绥远两省，国民政府无法有效管辖，且山西省政府与西北实业公司互相配合，采取了一些变通做法规避法律监管，法人地位的缺失并未对公司生产销售造成实质性影响。但随着公司业

---

① 《对公营事业董监会章程起草委员会特嘱注意点十八条》，引自孔祥毅：《民国山西金融史料》，中国金融出版社 2013 年版，第 396 页。

② 《山西省民营事业董事会关于西北实业公司烟价的函》（1946 年 11 月），山西省档案馆藏山西省民营事业董事会档案，档案号：B30 - 1 - 555 - 1。

③ 山西省地方志办公室：《民国山西政权组织机构》，山西人民出版社 2014 年版，第 146 页。

④ 《山西省民营事业董事会关于西北印刷厂印费昂贵问题的函》（1946 年 11 月），山西省档案馆藏山西省民营事业董事会档案，档案号：B30 - 1 - 558 - 1。

务量增加及相继在北京、天津和上海等国内重要城市成立分支机构，其业务开展必定要受所在地政府部门管辖，法人地位的缺失逐渐成为一个无法回避的问题。如西北实业公司天津采办处在向天津市社会局申请更改办公场所时，即因"该办事处尚未办理登记，仰即依照公司法第三百四十九条及第三百五十一条之规定迅速办理分公司登记手续取得法人地位"而不被批准。① 由于西北实业公司本身未取得法人地位，各地分支结构的登记手续自然也无法办理。天津作为离山西较近的大型港口，是西北实业公司重要的物资采购及产品外运基地。公司法人地位的缺失使天津采办处的正常业务受到较大影响，有时甚至需要政府出面协调。

1946年11月，天津市对五金、煤炭、汽油、枪械及弹药等重要物资实行出境管制，任何组织或机构若将上述管制物资运输出市，须持天津市主要物资管制处颁发的许可证方可进行。而许可证必须是在政府部门登记备案的正规商号或法人团体才能办理。② 西北实业公司天津采办处因未在天津市社会局登记备案，物资出境许可证迟迟无法办理，影响公司正常生产。为尽快解决这一问题，阎锡山以太原绥靖公署主任名义致电天津市政府，证明西北实业公司天津采办处"专负采购该公司所属各工厂生产原料及代本公署购买各种军用物资等事宜"，请市政府物资管制处协助办理该公司所购物资出境事宜。③

1947年10月23日，国民政府行政院颁布《各省省营企业整理办法》，其中一项内容是要求各省营企业健全公司组织，尽快立案登记手续。④ 因此，无论从法律上还是公司营业需要上看，西北实业公司向经济部登记立案取得公司法人地位已刻不容缓。

事实上，自1946年3月起，西北实业公司便开始准备立案登记的相关文件，准备按股份有限公司向经济部申请注册。在阎锡山的授意下，西北实业公司与董事会、督理委员会以及山西省实业厅等相关政府部门相互配合，

① 《为办理办公处迁移事致西北实业公司天津采办处批（附该处函）》（1946年9月9日），天津市档案馆藏西北实业公司档案，档案号：401206800－J0025－2－001613－001。
② 《本市主要物资之管制》，载于《天津市》1947年第1卷第4期，第11页。
③ 《关于准西北实业公司天津采办处函送太原绥靖公署请求协助代电致市社会局训令（附电知太原西北实业公司天津采办处代本公署购买各种军用物资请协助代电）》（1947年4月3日），天津市档案馆藏西北实业公司档案，档案号：401206800－J0025－2－000636－001。
④ 中国第二历史档案馆编：《中华民国史档案资料汇编》（第5辑第3编）《财政经济（四）》，江苏古籍出版社2000年版，第83、84页。

伪造了股东名册、董事及监察人名单、公司章程、创立会决议录和公司登记事项表等法律文件,以公司成立时间 1933 年作为登记时间向经济部补办立案手续。[1]

尽管上述注册文件在正式提交前,山西省政府相关部门及董事会对其进行了数次审核,但经济部在审核时还是发现了一些涉嫌伪造文件的痕迹。"该公司章程之订立创立会均在二十二年,何以章程及创立会决议录所引公司法条文为新公司法各条,是何实情应答复明白"。[2] 西北实业公司各项立案文件标注时间均为 1933 年,而文本中却出现 1946 年《公司法》的相关条款,这一重大疏漏显然会令经济部对公司立案文件的真实性产生怀疑,继而影响西北实业公司的立案进程。山西省经济管理局勒令西北实业公司做出解释。公司答复称"因一时误为新公司法各条"所致,请该局协助予以更正。[3] 最终,山西省政府出面为西北实业公司辩解,称该公司章程确实是在1933 年公司成立时所制定,只是距今已十余年之久,公司实际情况已与章程所定条款有所不同,公司章程已按照 1946 年颁布的《公司法》予以修订。这一内容本应在章程中注明,"因此次重新办理登记时漏列"。[4] 在山西省政府背书下,经济部对这一问题未予深究。

除公司章程有明显伪造痕迹外,西北实业公司的立案文件还存在诸多问题。首先是公司名称无法注册。经济部调查后发现,设在天津市的一家公司与西北实业公司同名,该公司早已在国民政府工商部登记在案。工商部公司注册文件显示,该公司成立于 1929 年 4 月,以购置地产、建筑、运输、垦荒、畜牧、纺织等为业,注册资本 15 万元。公司董事中有范旭东等著名实业家。[5] 按照《公司法》规定,西北实业公司只有更名后方可注册。其次,公司章程所列经营范围涉及矿产探测、开采、冶炼及电力之供给等,这些业务应分别依照《矿业法》和《电气事业条例》以及电气事业取缔规则等法

① 王斐:《西北实业公司产权制度演化研究》,上海社会科学院博士学位论文,2019 年,第 76 ~ 82 页。

② 《西北实业股份有限公司议立一案咨复查照更改名称由》,(1947 年 3 月 6 日),台北"中央研究院"近代史研究所档案馆,档案号:18 - 23 - 01 - 04 - 31 - 001,第 47 页。

③ 《呈复公司更改公司名称并陈明章程及创立会决议录所印条文事情由》(1946 年),山西省档案馆藏西北实业公司档案,档案号:B31 - 1 - 358 - 11。

④ 《电送西北实业公司修正章程请查核发照由》(1947 年 4 月 18 日),台北"中央研究院"近代史研究所档案馆,档案号:18 - 23 - 01 - 04 - 31 - 001,第 26 ~ 28 页。

⑤ 《工商部股份有限公司注册稿底》(1929 年 7 月 13 日),台北"中央研究院"近代史研究所档案馆藏经济部档案,档案号:17 - 23 - 01 - 74 - 31 - 002,第 42 页。

律法规分别专案呈请经济部核准后才能开展。

关于公司名称，山西省政府提出在现名称前加"太原"两字以示区别，经济部则认为这一名称"按照司法院解释仍不免类似"。最后，双方议定将公司名称改为西北实业建设股份有限公司，同时申明"所营矿产之探测开采冶炼事项及电力之供给事项现正由公司分别办理按章专案呈请中，并遵照于章程第十二条第一第二两款分别注明"。① 经济部于1947年7月25日向西北实业公司颁发设字第四一六七号股份有限公司登记执照。② 至此，西北实业公司正式获得法人地位。此后，西北实业公司天津分公司、上海分公司、台湾分公司也分别在天津市社会局、上海市社会局和台湾建设厅顺利注册，取得股份有限公司分公司法人资格。③

从西北实业公司立案过程可以发现，山西省政府为使公司顺利通过经济部审核可以说是不遗余力。一方面，山西省实业厅、经济管理局等部门不仅未对公司创立会议及董事、监察选举过程履行法定监督义务，反而协助西北实业公司弄虚作假，就连省政府也出面为公司背书，并提供虚假的资本核验证明，以协助公司规避经济部审核。另一方面，省政府直接参与公司立案文件造假。西北实业公司本不属于股份有限公司，并无股东及股份。但为能在经济部顺利立案，山西省政府与民营事业董事会及西北实业公司合谋，以全省105县省市议员、政府高干和晋军军官作为股东，并按各县富庶程度分配股数，以代表全省人民公产，捏造了股东名册。④ 1946年4月，国民政府颁布训令，"制止现任官吏兼充各工商职务如经理、董事，以期逐渐批清贪污，防止资本官僚化"。鉴于此，山西省经济管理局才要求西北实业公司将阎锡山、贾景德等高级官员从董事、监察名册中删除。⑤

---

① 《西北实业公司关于奉电更改公司名称及改正章程的决议记录》（1946年），山西省档案馆藏西北实业公司档案，档案号：B31-1-358-20。
② 《核准西北实业建设股份有限公司设立登记填发执照函请查照由》（1947年7月25日），台北"中央研究院"近代史研究所档案馆藏经济部档案，档案号：18-23-01-04-31-001，第21页。
③ 《西北实业建设股份有限公司天津分公司登记执照稿底》（1947年12月26日），台北"中央研究院"近代史研究所档案馆藏经济部档案，档案号：18-23-01-04-31-001，第13页；《西北实业建设股份有限公司上海分公司登记执照稿底》（1948年2月26日），第7页；《西北实业建设股份有限公司台湾分公司登记执照稿底》（1948年11月30日），第5页。
④ 《山西省人民民营事业董事会第五十次会议决议》（1946年3月21日），山西省档案馆藏西北实业公司档案，档案号：B31-1-357-8。
⑤ 《山西全省民营事业管理委员会关于省经局的调查意见》（1946年6月），山西省档案馆藏西北实业公司档案，档案号：B31-1-357-9。

事实上，山西省在国民政府登记注册的省营企业中，政府相关人士代持公股并非孤例，晋北矿务局、大同矿业公司均有类似现象。

1934 年 2 月，晋北矿务局向实业部申请注册股份有限公司，资本增至 150 万元，其中公股 134.43 万元，商股 15.57 万元。公股股东并非省政府或各级地方政府，而是由政府官员及与政府密切相关之人士代持（见表 5.4）。

表 5.4　　　　　　　晋北矿务局股份有限公司公股股东一览

号数	姓名	身份	股数（股）	股款（元）
1	阎锡山	太原绥靖公署主任	1 000	100 000
2	樊虚心	山西省建设厅长	1 500	150 000
3	耿步蟾	山西省实业厅长	1 500	150 000
4	梁上椿	晋北矿务局局长	1 500	150 000
5	邱仰濬	晋绥财政整理处处长	1 500	15 0000
6	李尚仁	山西省工商厅厅长	1 500	150 000
7	刘笃恭	西北实业公司育才炼钢机器厂厂长	1 500	150 000
8	张之杰	山西法学院教授	1 500	150 000
9	王平	山西省财政厅厅长	1 500	150 000
10	梁航标	西北实业公司经理	400	40 000
11	赵全功	晋北矿务局工程科科长	43	4 300
合计			13 443	1 344 300

资料来源：《晋北矿务局股份有限公司股东名簿》（1934 年 2 月 20 日），台北"中央研究院"近代史研究所馆藏，馆藏号：17-23-01-04-02-001，第 39~64 页。

同样为省营企业的大同矿业公司，其资本全部来自山西省营业公社。该社营业宗旨为发展全省实业和举办公益事业，资本来自阎锡山和各县富户，由全体社员选举产生董事及监察。[①] 山西省营业公社作为大同矿业公司唯一的股东，其股份也大多由政府相关人士代持（见表 5.5）。

---

① 政协山西省委员会文史资料委员会：《山西文史资料》（第 2 辑），山西省政协文史资料委员会 1997 年版，第 121~122 页。

表5.5   大同矿业公司股东一览

姓名	身份	股数（股）	股款（元）
阎锡山	太原绥靖公署主任	100	50 000
陈敬棠	山西省政府委员	30	15 000
梁航标	西北实业公司经理	30	15 000
徐一清	山西省银行经理	30	15 000
樊象离	山西省政府行政处处长	30	15 000
梁上椿	晋北矿务局局长	30	15 000
白象锦	保晋公司大同分公司经理	30	15 000
曲宪治	西北实业公司主任	30	15 000
梁化之	太原绥靖公署政训处长	30	15 000
阎志宽	阎锡山之子	20	10 000
赵效复	山西省政府主席赵戴文长子	30	15 000
刘笃恭	西北实业公司育才炼钢机器厂厂长	20	10 000
王谦	山西省政府秘书长	20	10 000
曲容静	阎锡山表兄	30	15 000
阎志武	晋北盐业银号协理	20	10 000
王平	山西省财政厅厅长	20	10 000
张之杰	晋绥财政整理处处长	10	5 000
合计			245 000

资料来源：《大同矿业公司股东名簿》（1935年10月），台北"中央研究院"近代史研究所馆藏，馆藏号：17-23-01-04-02-002，第22~24页；刘国铭等：《中国国民党百年人物全书》（下），团结出版社2005年版，第1412页；毛洪亮：《民国晋绥集团军政人物春秋》，安徽人民出版社2013年版，第123、263页；王新生、孙启泰：《中国军阀史词典》，国防大学出版社1992年版，第611页；王萍：《国民党高级将领的子女们》，台海出版社2009年版，第191页；毛洪亮：《民国晋绥集团军政人物春秋》，安徽人民出版社2013年版，第195页；丁天顺、许冰：《山西近现代人物辞典》，山西古籍出版社1999年版，第33页；丁天顺、许冰：《山西近现代人物辞典》，山西古籍出版社1999年版，第38页。

　　通过自然人代持公股，晋北矿务局和大同矿业公司形成了两种股权结构。第一种股权结构如实业部注册文件所示，股权较为分散，无绝对控股的大股东；第二种股权结构也是公司实际的股权结构为政府绝对控股，商股股东退化为单纯的财务投资者，对公司经营决策的影响微乎其微。

与西北实业公司类似，山西省政府在晋北矿务局和大同矿业公司登记注册过程中提供了较多协助。如实业部矿业司在审核晋北矿务局立案文件时发现，该局并未按《矿业法》有关规定向国民政府申请采矿权。[①] 对此，山西省实业厅出面为晋北矿务局开脱称，"该公司开采之煤矿均经前山西农矿厅转请山西省政府发给临时执照，所有该公司矿业部分亦依法办理各在案"。[②] 有了山西省实业厅的背书，实业部对此事也就未做深入调查。再如大同矿业公司章程载明该公司以开发晋北煤矿暨经营有关矿业之附属事业为业务，实业部审核时同样发现该公司未依法取得采矿权，要求该公司"备具图件费税呈经本部核准设定采矿矿业权后始能依法呈请为公司之登记"。[③] 对此，该公司称其所开采之煤矿均经山西省政府发给临时采矿执照，并向实业部呈送了临时执照照片。该执照显示，山西省政府因该公司"积煤甚多亟待运销，而该公司一时尚难领到部照，请发给临时执照以便营业而资救济"。同时表示待大同矿业公司领到实业部颁发的正式采矿执照后便将临时执照予以注销。[④] 从执照颁发的时间判断，该执照应是在大同矿业公司正式向实业部申请注册时颁发的，有应付实业部审核之嫌。在山西省政府背书下，两家公司最终都取得了股份有限公司法人资格。

西北实业公司虽以非法手段取得公司法人资格，但并不意味着其真正具备了独立法人产权地位。有学者基于公司章程等制度性文件，从西北实业公司的股权、法人财产权与经营权的归属与相互分离的角度认为战后西北实业公司建立了不完整的法人产权。[⑤] 然而，判断公司是否具备独立的法人产权不仅要看公司章程等制度性规定，还要看公司在实际运行中是否真正对公司

---

① 《晋北矿务局股份有限公司设立登记案仰赐补正文件并声复由》（1934 年 3 月 27 日），台北"中央研究院"近代史研究所馆藏经济部档案，档案号：17-23-01-04-02-001，第 9 页。
② 《呈送晋北矿务局股份有限公司尊令更正章册及补报文件情鉴核由》（1934 年 6 月 12 日），台北"中央研究院"近代史研究所馆藏经济部档案，档案号：17-23-01-04-02-001，第 11 页。
③ 《大同矿业股份有限公司应准公司登记发给执照惟应呈准设定矿业权始得开采仰饬遵照由》（1935 年 12 月 27 日），台北"中央研究院"近代史研究所馆藏，馆藏号：17-23-01-04-02-002，第 8 页。
④ 《山西省政府为发给临时执照事》（1935 年 10 月 18 日），台北"中央研究院"近代史研究所馆藏，馆藏号：17-23-01-04-02-002，第 15 页。
⑤ 王斐：《西北实业公司产权制度演化研究》，上海社会科学院博士学位论文，2019 年，第 87 页。

财产具有占有、使用和依法支配的权力。这也是公司法人产权的核心所在。[①]

西北实业公司复业后，决定将抗战期间公司本部及新记西北实业公司的各类资产及债权债务逐一清理，以合理安排生产经营活动。其中涉及对政府战时征用物资款项的处理问题。对此，阎锡山指示董事会，"本会所属各单位为全省人民公营事业，在抗战期间，为应环境之需要暂归军事管理，但营业上之权益仍为公营事业本身所应有，应将长官部、绥靖公署或省政府在抗战期间所有提用机器物资现款逐一清理，以便请求发还"。经董事会第三三二次会议决定，各单位分"七七事变"前、抗战期间与抗战胜利至1946年12月底三个阶段分别清理政府提用物资款项，统计完竣后由董事会"向公家总算账"。[②]

就全国范围来看，政府出于战争需要征用民间物资是普遍现象，对于民营企业因征用而造成的损失，国民政府也有赔偿的先例。[③] 阎锡山承诺发还政府战时征用物资，可见政府还是试图维护董事会所属企业产权的相对独立，同时也体现这些企业的"民营"性质。据统计，截至1946年12月底，政府征借民营事业董事会所辖各单位物资合计国币三百二十八亿余万元，连同屯煤、西北实业公司各厂代制、赊购军用品等四项共国币八百六十八亿余万元。[④] 实际上，山西省政府不仅未将这笔资金发还，反而由于军费开支剧增，不断新增拖欠西北实业公司制造军品费用。[⑤]

此外，国民党军队在解放战争期间在太原附近构筑了大量工事，所需军事工程费强制向各企业摊派，董事会即奉批担负9亿元。董事会表示该会承担大量制造军品任务，经费已十分拮据，无力再负担这笔费用，申请延期上缴。对此，阎锡山批示"不可不负担"。董事会只能要求下属企业将此项经

① 梅洪常等：《公司治理研究》，重庆出版社2002年版，第29页。
② 《山西省民营董事会关于在抗战期间长官部提用物质款项册报结算的函》（1946年5月），山西省档案馆藏山西省民营事业董事会档案，档案号：B30-1-702-7。
③ 如上海市民营轮船公司成立上海市轮船商业同业公会以向政府要求赔偿战时征用船只，国民政府明确保证战争结束后即行汇案赔偿，参见马振波：《战后上海民营轮船业向国民政府索赔问题研究（1945—1948）》，载于《抗日战争研究》2019年第1期，第130~145页。
④ 《关于山西民营事业之概况》，引自孔祥毅：《民国山西金融史料》，中国金融出版社2013年版，第632~633页。
⑤ 《关于三十五年度盈余作制造军品等用分摊各费请另设法筹拨归垫并免利留贷以纾困难的请示的函》（1948年3月31日），山西省档案馆藏山西省民营事业董事会档案，档案号：B30-1-432-21。

费从速上缴。[1]

上述情况充分说明，在战争等外部冲击下，西北实业公司独立法人产权已不复存在。政府随时根据自身需要对公司欲予欲求，公司独立支配和运营自身财产的权利无法得到有效保障。

第三节　科层组织结构

随着西北实业公司规模的扩大，董事会管辖的企业数量较战前也有所增长。在原有基础上，山西省将晋北矿务局、阳泉矿务局、山西硝磺局、正兴机器公司、川至药厂、汽车管理处、斌记商行等单位都划归董事会管辖。[2]这些企业性质各异，有行政色彩较重的厂、局、处，也有在国民政府注册的股份有限公司，分布地域也更为广泛。对于如此庞大的企业系统，如何进行有效治理就成为企业恢复和发展的首要问题。

一、董事会的科层结构

如图 5.1 所示，战后董事会的组织系统基本延续了战前的设置，基本原则还是按照业务类型分类管理，但第三层管理机构数量较战前略多，主要因管辖企业数量增加及行业增多，需要更为细化的管理层级设置。除管理层级设置外，董事会编制数量较战前也有所增加，组长、股长、干事、练习生等合计最高员额共89人。[3]

各业务组按照分工有权对董事会下属企业的相关业务计划进行审核，在董事会管理下属企业的过程中发挥了重要作用。1948年7月，西北实业公司按照董事会要求报送所属各厂下一年度生产计划。如西北洋灰厂拟在1949年生产洋灰63 000吨，并添购部分机器设备。董事会计核组审核后认为，当前由于交通不便成品滞销，应降低产量，因此增加设备及增设机器现

---

① 《山西省民营事业董事会公函》（1936年9月21日），引自孔祥毅：《民国山西金融史料》，中国金融出版社2013年版，第632页。
② 山西省地方志办公室：《民国山西政权组织机构》，山西人民出版社2014年版，第312页。
③ 《山西省人民公营事业董事会编制表》（1946），山西省档案馆藏山西省民营事业董事会档案，档案号：B30-1-214-5。

在也无必要。① 西北火柴厂拟在1949年将火柴月产量增加为3 600箱，按照这一产量预计每月需用原木18 000立方尺、黄磷450公斤、头胶900公斤。董事会计核组审核后认为，以现时火柴行市计，制造火柴几无利润可言，故火柴之产量似应减少。所以机器之添购及物料采购数量均应缩减。② 再如西北实业公司试验所本为检验各厂化验品并试制印刷厂用各种颜料、纸厂用硫酸铝等生产用化学原料。1949年度，该所计划生产氧化铁、硫酸镍等各种化学原料成品5 700余公斤。试验所应以分析及研究为主业，业务计划也应着重于分析与研究的设备与布置，不应着重于成品制造。以1948年的情况来看，试制产品产出太少，应从整体上研究增加办法。③ 董事会参照上述审核意见形成关于各企业年度业务计划的决议并下发企业要求遵照执行。企业则按照意见增减生产数量，原料与设备采购数量、资金需求量也相应地进行调整。可以说，董事会审核意见在很大程度上决定了省营企业系统内的资源配置。

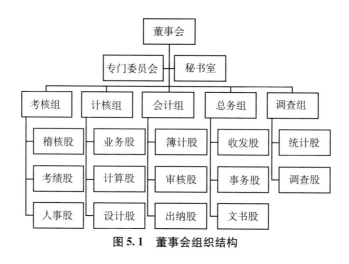

图5.1 董事会组织结构

二、西北实业公司的科层结构

西北实业公司在战前即建立了直线职能制的组织结构。战后，由于下属

---

① 《西北实业建设公司西北洋灰厂三十八年度业务计划书》（1948年12月4日），山西省档案馆藏山西省民营事业董事会档案，档案号：B30 – 5 – 22 – 5。
② 《西北火柴厂三十八年度业务计划》（1948年12月5日），山西省档案馆藏山西省民营事业董事会档案，档案号：B30 – 5 – 22 – 6。
③ 《西北实业公司建设公司试验所三十八年度业务计划》（1948年11月20日），山西省档案馆藏山西省民营事业董事会档案，档案号：B30 – 5 – 22 – 3。

工厂数量及行业类别的增加，西北实业公司建立了职能制和事业部制相结合的组织结构，以实现对公司更为严密与周全的管理（见图5.2）。

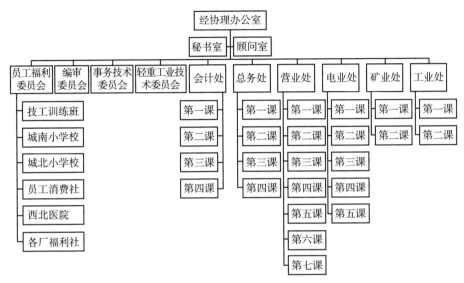

图5.2　西北实业公司的组织结构

关于职能方面，战前公司仅有总务、营业、会计、工务四部，战后则将工务部按照行业类别细分为电业、矿业、工业三处。总务处下设四课，分别掌管文书、人事、庶务、工事等事务；营业处是公司核心部门，下设七课，分别掌管购进、运输、仓库、兵工、纱布销售、面粉销售以及统计调查等事项；会计处下设四课，分别掌管审核、出纳、成本计算、统计等事项；工业处下设二课，分别掌管劳务和生产技术；矿业处下设二课，分别掌管矿厂技术及探测事项；电业处下分四课，分别掌管线路、收电费、工务、技术等事项。此外，公司还设立了若干专业委员会，从事生产之外的一些辅助工作。

经营管理方面，公司在战后取消了战前集中经营与独立经营的划分，各厂只负责生产制造，其余业务全部由公司总部集中办理。各厂原料供给、成品销售、物品运输都由公司营业处办理，各厂的仓库也由营业处集中管理。各厂会计课均由公司会计部管理，工厂成本也由会计处集中核算。这种模式的好处在于资金能够灵活运用，原料能相互调剂，在原料采购时有更强的议价能力。但在此种模式下，工厂成为单纯生产车间，只管产量而不知成本高低，不利于提高职工的工作积极性，工厂生产效率也无法达到最优。

除公司本部外，各下属工厂按照公司章程规定的统一标准也建立了科层组织结构。各厂部门数量与管理层级根据其所在行业、工厂规模、业务量等实际情况而定，但基本还是参照公司本部的职能划分，以便进行业务对接和垂直管理。

以西北实业公司太原棉织厂为例，该厂总务课设课长1人，向厂长负责，管理总务方面一切事宜，其中事务员、办事员、雇员、练习生7人，分别办理稽查、人事、文书、庶务、保管等事项，同时视各部分事务繁简程度相互间予以协助。会计课设课长1人，向公司会计部负责，同时接受厂长督导，掌管会计方面一切事宜，其中事务员、办事员、练习生5人，分别办理出纳款项、登记账簿、编制预算决算、保管契据等事项。工务课设课长1人，向厂长负责，掌管工务方面一切事宜，其中工程师、副工程师、监工、工务员、助理员、练习生共10人，分别管理各室事务。工厂组织系统如图5.3所示。

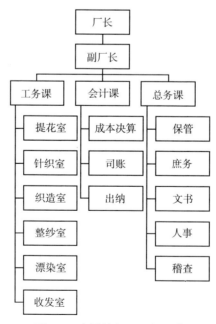

图5.3　太原棉织厂组织系统

这种直线职能制与事业部制相结合的组织结构，发挥了集中统一指挥与专业化管理的优点，能够有效减轻高层管理者负担，使其更加专注于公司长远发展规划和重大事项的决策，同时也存在一些较为显著的问题。

第一，超越组织边界的直线制管理体系。经理虽是公司最高领导，但并非最高决策者，公司最终决策权实际由督理委员会和董事会掌握。在这种情况下，督理委员会和董事会也构成了公司科层结构的一个层次，并处于组织系统的顶层。这种超越组织边界的科层结构使西北实业公司无论在管人还是管事方面都没有足够的自主权，其内部的直线制科层组织在权力分配上可以说是不完整的。

第二，管理层级较多。公司内部管理层级从经协理、处到课再到各厂厂长、副厂长、课、室，合计达7级。如此多的管理层级造成企业内部信息传递失真，而且这种信息损失是累进的，且有可能是按指数级增加，造成公司内部的"控制权损失"。[①] 另外，从管理学的角度看，管理层级的增加使公司在人事配备、职员选聘、考核、培训与发展等方面消耗更多资源，同时各部门之间的协调问题以及机构重复设置势必带来公司总体管理成本的增加。

第三，存在多头领导。战后西北实业公司实行业务集中管理，从直线制来看，各厂会计、工务等课归厂长领导，但在职能上这些部门又归公司相关业务处室指挥。如前述太原棉织厂会计课既受公司会计部领导，同时也受厂长督导。工厂下级管理人员往往因面对多个上级而无所适从，影响公司整体运行效率。

第四，事业部职能较为模糊。电业、工业、矿业三处在西北实业公司的科层管理体系中具有事业部性质，对上执行经理决策，对下指挥部署各厂产销，处于公司管理体系的核心位置。然而，各处能在多大程度上指挥下属工厂不仅取决于公司章程赋予该处的正式职权，而且还与处长的资历和威望密切相关。公司经理彭士弘虽是制革专业出身，但因炼钢厂投资巨大，在全省工业中占有重要地位，故其自兼厂长，厂务自然由其负责，工业处作为主管部门则没有多少话语权。此外，工业处处长曹焕文是化学专家并兼任西北化

---

① ［美］奥利弗·威廉姆森：《企业的局限性：激励特征和行政特征》，引自［美］路易斯·普特曼、［美］兰德尔·克罗茨纳：《企业的经济性质》（第3版），孙经纬译，格致出版社2011年版，第122页。

学厂厂长，其只专注该厂业务，对工业处所属其他工厂事务并不过问。因此，工业处只能起到参谋作用，无法直接指挥下属各厂。电业处名义上负责管理公司所有发电业务，实际上其能有效管理的只有城内和城外两个发电厂，而对发电量最大的炼钢厂所属的发电厂，电业处是过问不到的。电业处处长徐士珙升为公司协理后，处长一职由李汉三接任。李汉三是山西工业界的新人，故更不好指挥各发电厂，各发电厂实际上各自为政。其余几个大厂的厂长，如机车厂厂长刘以仁、造修厂厂长阎树松、育才炼钢机器厂厂长刘治平等人在山西工业界的资历均较深，并不把几个处长放在眼里。因此，公司各处对这几个厂都未能有效管理。这三个处中只有矿业处处长阎锡珍兼具学识与经验，可以直接领导各煤矿铁矿。[①]

第四节　接收民营工厂

接收与处理前政权遗留之财产是新政权建立之初巩固自身地位的政治手段，具有浓厚的政治色彩。辛亥革命后对前清故吏财产的处置和北伐战争期间对北洋政府"逆产"的处分以及抗战胜利后对敌伪财产的处理均属于上述范畴。[②] 这一历史进程的法制化程度虽不断增强，但新政权往往将自身政治需求和经济利益作为产权界定的主要标准，"逆产"及敌伪财产的处理均具有较强的主观性。抗战胜利后，国民政府面临如何处理敌伪产业的问题。敌伪产业与"逆产"虽然定义有所不同，但都与政治密切相关，同时夹杂深刻的民族矛盾。接收处理敌伪产业不仅关系到国家资本和私人资本的此消彼长，也对战后中国的经济重建影响至深。敌伪产业中既有日伪直接投资的企业，也有被日伪强占的民营企业。前者作为"敌产"与"逆产"收归国有具有法律上的正当性，对后者的处理则颇具争议。

---

① 徐驰：《对接管并继续经营太原工业事前应有之认识和打算》（1948年9月15日），载于《山西工业调查资料》1948年第2期，第1～12页。

② 辛亥革命后盛宣怀私产面临充公风险，盛氏以捐赈等方式在各种政治势力间运作，收回部分产业。"逆产"最初是作为新政权建立之初的集财手段，此后受经济利益与政治需求双重驱动，法制化程度有所增强。参见朱浒：《滚动交易：辛亥革命后盛宣怀的捐赈复产活动》，载于《近代史研究》2009年第4期；冯兵：《国民政府逆产处理的法制化进程》，载于《史学月刊》2011年第9期。

西北实业公司是山西地区接收民营企业的主体。① 公司除接收所属各厂及日伪战时新建工厂外，同时接收了被日军强占的 13 家民营或官商合营企业。② 这些企业战前性质各异，须根据实际情况分别处理。如太原面粉厂表面上为民营，实际上有着深厚的官方背景；③ 大同面粉厂则由省政府间接控股；④ 榆次纺织厂、太原纺织厂、城内发电厂、太原面粉分厂⑤ （以下简称"榆次纺织厂等四厂"）是在国民政府经济部登记注册的股份有限公司。按照国民政府规定，如保留官商合营企业中的商股权益，商股股东不能有资敌附逆行为。⑥ 榆次纺织厂等四厂虽有明晰的公司法人产权，发还前还须对各厂财物逐一清点并造册呈报，以剔除敌伪增益。⑦ 这些都需进行大量的社会调查和资产清查，非短期内所能完成。而上述各厂大多为轻工类企业，主要生产棉布、面粉、纸张、电力等军需民用紧缺物资，对战后经济恢复具有重要影响。本节以此四厂为例，对战后并入西北实业公司的原民营工厂的治理进行分析。

一、接收前民营工厂简史

（一）榆次纺织厂

榆次纺织厂战前为私营晋华纺织股份有限公司。作为人民生活必需品，

---

① 河北平津区敌伪产业处理局在太原设有办公处，财政、经济等部亦设立了派出机构，但接收权力由第二战区司令长官司令部及地方接收机构接收清理委员会掌握，具体接收与处理则由西北实业公司进行。地方各部门相互配合对付中央，导致中央各部接收效果甚微。参见魏晓锴：《抗战胜利后山西地区工业接收研究——以西北实业公司为中心》，载于《民国档案》2015 年第 3 期，第131 ~ 138 页。

② 曹焕文：《太原工业史料》，太原城市建设委员会 1955 年版，第 234 页。

③ 该厂战前为晋丰面粉公司，由阎锡山控制的山西省营业公社经营。参见杨静则：《解放前的太原晋丰面粉公司》，引自太原市政协文史资料研究委员会：《太原文史资料》（第 10 辑），太原市政协文史资料研究委员会 1988 年版，第 143 页。

④ 大同面粉公司是由山西省银行控股的官商合办企业。参见实业部国际贸易局：《中国实业志》（山西省），实业部国际贸易局 1937 年版，第 106 （已）页。

⑤ 四厂战前分别为晋华纺织股份有限公司、太原晋生织染工厂股份有限公司、太原电灯新记股份有限公司及附设机器面粉厂。同时被西北实业公司接收的民营股份公司还有太原纸厂，该厂原为晋恒制纸厂股份有限公司，战时被日军拆除并入原属西北实业公司的兰村纸厂。参见曹焕文：《太原工业史料》，太原城市建设委员会 1955 年版，第 3、4、29 页。

⑥ 如股东资敌附逆即有汉奸嫌疑，个人财产将作为"逆产"被政府没收。参见冯兵：《国民政府逆产处理的法制化进程》，载于《史学月刊》2011 年第 9 期，第 98 ~ 107 页。

⑦ 《榆次晋华纺织厂的大概情形》（1949 年），山西省档案馆藏新记电灯公司等厂矿档案，档案号：B32 - 4 - 3 - 5。

山西纺织品一直依赖外部输入。20 世纪 20 年代，山西省政府在全省推行"六政三事"，包括鼓励种棉，棉花种植面积得到显著增加，为棉纺织工业建立提供了较为充足的原料保障。在政府的倡导下，山西社会各界纷纷创办纺织企业。曾任山西省银行经理的徐一清经过多方考察，决定在榆次设立纺织企业。榆次位于山西省中部，距离省会太原仅 25 公里，也是正太铁路和同蒲铁路两大运输动脉的交会点，交通极为便利。晋华纺织公司于 1920 年开始筹建，厂址在山西省榆次县北关，是省内设立的第一家大规模机器纺织企业。1924 年 6 月，工厂厂房竣工，向怡和洋行订购的机器设备也陆续安装完毕，公司正式开始营业。此后公司数次增资扩股，加购纱锭，增设布厂，扩大生产规模，到 1928 年，公司利润较营业初增长 1 倍以上。到 1934年，共有纱锭 41 696 锭，织布机 480 台，职员 90 名，工人 130 名。产品除在本省太原、平遥、临汾、介休等县销售外，还销往河北、河南等省，"营业颇称顺利"。① 晋华纺织公司于 1934 年租办了祁县晋益电气染织厂，改为晋华祁县染织厂，徐一清自任董事长。国民政府实业部公司注册文件显示，晋华纺织公司全称为晋华纺织股份有限公司，"以兴办国货挽回利权为宗旨"，"从事纺纱织布及其他纺织连带事业"。公司资本 400 万元，分为 4 万股，每股 100 元。公司股息定为"常年八厘"，董事长为徐一清。② 晋华纺织股份有限公司的发起人中囊括了当时军、政、商各界的很多重要人物，在他们的影响和感召下，晋商各大票号、商号、商行与商人家族纷纷投资入股，股东达 5 000 余名，遍及省内各县及北平、天津、河北、河南、山东等地。③ 孔祥熙等政要也是公司发起人。实际上公司股东并没有这么多。公司注册文件显示，该公司股东有 5 608 户，系按股东入股年月日期收据号数进行排列，同一股东因其入股年份日期不同，遂不免前后列名重复，实际户数确为 3 331 户。即便如此，该公司股东人数也算多的，可以说是一家公众性较强的近代公司。

正在晋华纺织公司发展蒸蒸日上之际，国际经济危机爆发并波及中国，很快由沿海地区向内陆省份蔓延，棉纱价格直线下跌。加之山西农村经济凋

---

① 造产救国社：《山西造产年鉴》，山西省档案馆藏旧政权资料，编号：N36，第 26～27 页。
② 《榆次县晋华纺织公司》，实业部商业司公司登记档案，台北"中央研究院"近代史研究所馆藏，档案号：17－23－01－04－07－005。
③ 黄志娟：《民国时期山西商人与晋华纺织公司关系研究》，山西大学硕士学位论文，2018年，第 23 页。

敝，民众购买力下降，公司产销均遇到极大困难，"外债竟高达四百余万元"，公司资不抵债，已无法继续经营。1935年，作为主要债权人的中国银行将公司接管，进行全面改组和整顿。中国银行解散了原晋华纺织公司管理层，成立晋华、益晋、晋生太原总管理处掌管经营权，并从上海请来大量经验丰富的管理人员和技工，协助公司改善经营管理方法，提高劳动生产率。同时通过大量裁员节省劳动力成本，"原有职员解雇一半以上"。通过种种努力，到1936年后半年公司扭亏为盈，将所负债务基本还清。① 太原沦陷后，晋华纺织公司被日军强占，成为军管理第十二工厂，后并入山西产业株式会社，改名为榆次纺织厂。抗战胜利后，工厂被视同敌伪财产由西北实业公司接收。

（二）太原纺织厂

太原纺织厂战前为私营太原晋生织染厂股份有限公司。该公司于1928年开始筹设，厂址位于太原市，有职员38名，工人360名。该厂成立之初主要业务为织布，原料从晋华纺织厂购买。鉴于采购和运输成本高昂且供应不及时，该厂于1932年购买纺纱机自行纺纱。公司出品有三龙、晋鼎、桐华牌布匹，年产布匹计12万匹，主要在山西省内销售。公司在1932年以前一直处于盈利状态，但之后由于外货倾销，公司销售受阻，债台高筑。尽管公司管理层采取各种办法降低成本，与晋华纺织公司联合经营，但还是无力挽回颓势，公司连年亏损，到1935年，公司负债额竟达570万元，远超公司股本。为了提高工厂产品的价格竞争力，董事长徐一清于1935年与晋华纺织公司成立两厂总管理处，建立统销联盟。但此举仍未使公司走出经营困境。最后，公司以交出经营权为代价取得了天津中国银行贷款。1935年中国银行接管后，改进生产经营和技术管理办法，产量和质量都得以提高，恰逢山西棉花大丰收以及中国爆发抵制日货运动，公司经营状况有所好转。② 实业部公司注册文件显示，晋生织染工厂全称为"太原晋生织染工厂股份有限公司"，"股本总额为国币七十二万三千四百元，分为七千二百三十四

---

① 中国人民政治协商会议山西省委员会文史资料研究委员会编：《山西文史资料》（第49辑），山西省政协文史资料委员会1987年版，第63～66页。

② 太原政协《太原工业百年回眸》编委会：《太原文史资料（第32辑）·太原工业百年回眸》（上），文史资料研究委员会2009年版，第150～155页。

股，每股一百元"。公司股息定为"常年六厘，自交到股份之次日计算，但须公司年终有盈余时方得付给"①。公司董事长为徐一清，股东人数较多，其中不乏曾任山西警务处长的南桂馨、晋绥军将领王靖国等地方军政要员。1936 年 10 月，晋华及晋生两公司出品纱布、线毯，运往开封、许昌、洛阳、安阳、西安、石家庄、定县、邢台、北平、天津等处推销，并在各该地合设分销处，以期推广国货销路。两公司分别向政府申请分销执照，以便推销产品。② 太原沦陷后，晋生织染工厂被日军占领，成为军管理第一工厂，此后并入山西产业株式会社改为太原纺织厂。抗战胜利后，晋生织染工厂被西北实业公司接收。

（三）城内发电厂及太原面粉分厂

城内发电厂及太原面粉分厂战前为私营太原电灯新记股份有限公司及附设面粉厂。该公司的前身为成立于 1908 年的太原电灯公司，该公司是近代山西第一家商业发电企业。1921 年，太原电灯公司由于经营不善，濒临破产，被债权人强行停业，致太原"全城黑暗，市民咸感困难，责言纷至，无法应付"。该公司呈请山西省会警察厅、太原市自治行政公所和太原市商会寻求商人接办。徐一清等出面筹集资金 294 900 元，将该公司全部资产机器折价 282 600 元予以收购，成立太原电灯新记股份有限公司，并取得太原市区电灯专营权。电灯新记公司建立了股东大会、董事会、监察会以及经理等公司治理结构，广泛吸收社会资金入股，完善各项规章制度，形成了分工明确、权责清晰的管理架构。同时，公司购买新式电机拓展原有供电照明业务，主要用户从市中心商圈逐渐向其他城区扩展，并开始向城北工业区和城南交通区普及。③ 公司于 1934 年向国民政府建设委员会申请了电气事业执照，业务开展更加便捷。此外，该公司还经营面粉事业，从仅有 1 部磨粉机

---

① 《太原晋生织染工厂公司》，实业部商业司公司登记档案，台北"中央研究院"近代史研究所档案馆藏，档案号：17 - 23 - 01 - 04 - 07 - 001。
② 《晋华纺织公司等出品运往开封等处推销并在各地设分销处呈请领发执照以资保护》（1936 年 10 月 14 日），台北"中央研究院"近代史研究所档案馆藏榆次县晋华纺织公司登记档案，档案号：17 - 23 - 01 - 04 - 07 - 001。
③ 岳谦厚、张国华：《新记电灯公司与近代太原电力照明事业》，载于《史学月刊》2020 年第 4 期，第 87～95 页。

增加到 7 部，面粉日产量也由 260 袋增加到 1 300 袋。① 随着业务范围的扩展及用户数量的显著增加，公司盈利状况持续好转。该公司年报显示，1935年共发放股息 39 348 元，盈余 87 137.22 元；1936 年发放股息 39 348 元，盈余 219 073.09 元。在该公司章程显示，公司股本为 655 800 元，"本公司股份以常年六厘计息，但公司年终若无盈余或盈余不足付给时可停付或付六厘以下之正息"②。日军占领太原后，电灯新记公司成为军管理第二工厂，抗战胜利后，被西北实业公司接收。

（四）太原纸厂

太原纸厂战前为私营晋恒造纸厂股份有限公司，也是由徐一清等发起成立的私营股份公司。该厂始建于 1928 年，厂址位于太原市大南门外。公司成立初期，募集股金 21.95 万元，从德国进口造纸机、切草机、切破布机、搅拌机等 24 部生产设备，生产毛边纸、信纸、报纸等十余种产品，填补了省内制纸工业的空白。③ 公司注册文件显示，晋恒制纸厂股份有限公司股份总额国币 50 万元，分为 5 000 股，每股 100 元。股息定为周年 5 厘，自收股之次日起算，但公司营业无盈余时得停止付给股息。④ 最大股东徐一清 795股，45 500 元。晋恒制纸厂成立前，山西本省日常所用纸张"舶来品当居于十分之九以上"。工厂产品问世后，"此间各大纸庄各印刷厂以及各县纸商均因质美价廉纷向该厂订购，销路立即供不应求"。⑤ 1933 年以来，由于日货低价倾销，公司销售阻滞，"货房均被堆满"，"每月须净赔五六千元"，⑥ 公司营业渐趋恶化。太原沦陷后，该公司成为军管理第二十三工厂。山西产业株式会社成立后，改为太原纸厂，后将全部机器移往兰村，并入兰

---

① 太原政协《太原工业百年回眸》编委会：《太原文史资料（第 32 辑）·太原工业百年回眸》（上），2009 年版，第 171 页。
② 《电灯新记股份有限公司》，台北"中央研究院"近代史研究所档案馆馆藏建设委员会档案，馆藏号：17-23-25-04-004-01。
③ 太原政协《太原工业百年回眸》编委会：《太原文史资料（第 32 辑）·太原工业百年回眸》（上），2009 年版，第 183 页。
④ 《太原晋恒制纸厂公司》（1937 年 5 月），台北"中央研究院"近代史研究所档案馆藏建设委员会档案，馆藏号：17-23-25-04-004-01。
⑤ 《太原造纸工厂能自造报纸日本报纸之致命》，载于《湖南省国货陈列馆开幕纪念特刊》1932 年特刊，第 21 页。
⑥ 《晋省造纸业不振：晋恒制纸厂营业衰落，当局现正设法谋救济》，载于《晋风半月刊》1933 年第 8~9 期，第 24~26 页。

村纸厂，太原纸厂就此结束。①

二、接收后的处理政策

抗战胜利前后，国民政府即着手筹划战后经济接收事宜。经济部、行政院等分别拟定了具体的企业接收办法，对接收敌伪企业的处理均有具体规定。经济部于 1945 年 8 月分别拟定《收复区敌伪工矿业接收整理计划》与《收复区民营工矿事业调整计划》。前者规定：敌国投资企业一律收归国有；与敌人合资的企业一律由政府接收，分别交国营或民营组织接办；敌伪组织所办企业一律由政府接管处理；战前由政府经营的企业由政府收回；战前官商合办企业先由政府接管经营，审查商股股东有无附逆行为后按其情节再行处理。后者规定：遭敌伪没收或侵占的民营工矿企业查明后发还，如有附逆行为另行处理。如企业因产权纠纷陷于停顿，可由政府先行接管经营，待纠纷解决后依法处理。该办法还特别强调民营工矿企业如有资敌行为则视同敌产。1945 年 8 月 21 日，行政院通过《收复区重要工矿事业处理办法》，基本延续了经济部对敌伪企业的分类和处理方式。② 为统筹全国接收事宜，行政院于 1945 年 10 月成立收复区全国性事业接收委员会并于次月颁布《收复区敌伪产业处理办法》，规定：原属本国、盟国或友邦人民，查明系由日方强迫接收者，发还原主；原属华人与日伪合办者，收归中央政府，如系强迫合办者，呈请行政院核办；原为日侨所有或由日伪收购者，收归中央政府，分别交资源委员会、纺织业管理委员会、粮食部接办；不属于上述范围或规模较小者，以公平价格标售。③ 因此，敌伪企业的基本处理方式有发还原主、收归国有和公开标售三种。总体而言，国民政府对接收民营企业的处理原则是发还原主，体现政府对私有产权的保护。但上述处理办法仅是原则性规定，具体处理方式和程序则由各部门自行把握。经济部作为接收处理敌伪企业的主要部门，规定民营企业仅发还原有资产，原料成品与敌伪增益设备

---

① 曹焕文：《太原工业史料》，太原城市建设委员会 1955 年版，第 184 页。
② 中国第二历史档案馆编：《中华民国史档案资料汇编》（第 5 辑第 3 编）《财政经济（四）》，江苏古籍出版社 2000 年版，第 334、397、489 页。
③ 秦孝仪主编：《中华民国重要史料初编·对日抗战时期》（第 7 编）《战后中国（四）》，（台北）中国国民党中央委员会 1981 年版，第 46、47 页。

收归国有。对所有权暂不明确的企业，由经济部特派员办公处负责保管。[1]
然而，民营企业接收时的产权状况较战前更为复杂，政府与民营企业主在区
分企业原有资产与敌伪增益方面存在明显分歧。如上海福新面粉一厂申请发
还时，工厂主认为厂中物品大多系敌伪强占的企业原有资产，而政府则将其
认定为敌伪增资，要求该厂按估价承购。[2] 此外，民营企业发还手续繁多，
须经清点、审议、调查、决定乃至复议等程序，加之接收人员漏报、隐
匿、贪污等弊病丛生，实际上很多没有兑现。上海发还原主的资产价值不
到接收总资产的4%。[3] 从全国来看，敌伪工矿资产近90%都被国家垄断资
本占有。[4]

　　企业接收本应由各地区敌伪产业处理局进行，接收后的处理也应报经
济部核定，而山西民营企业的接收与处理主要由西北实业公司进行。西北
实业公司接收的民营企业存在大量产权纠纷，增加了发还难度。沦陷期
间，日军按照行业类别对强占的民营工厂进行了重新整合，部分工厂的机
器被日军拆卸转运，导致战后民营企业间的产权纠纷不断。大益成纺织股
份有限公司即对榆次纺织厂等四厂中的部分机器设备提出了所有权要求
（见表5.6）。

表5.6　　　　　　　大益成纺织股份有限公司呈请发还机器情况

设备名称	单位	数量	转移地点
梳棉机	台	8	
链条机	台	1	
马达	台	14	榆次纺织厂
抬纺机	台	1	
间纺机	台	4	
卷返机	台	3	

① 中国第二历史档案馆：《中华民国史档案资料汇编》第5辑第3编《财政经济（四）》，江苏古籍出版社2000年版，第698、699页。
② 上海社会科学院经济研究所：《荣家企业史料》（下册），上海人民出版社1980年版，第419页。
③ 熊月之等：《上海通史》（第8卷）《民国经济》，上海人民出版社1999年版，第432页。
④ 许涤新、吴承明：《中国资本主义发展史》（第三卷·下），人民出版社2005年版，第622页。

设备名称	单位	数量	转移地点
梳棉机	台	4	太原纺织厂
抬纺机	台	1	
精算电力计	台	2	
电话机	台	2	
马达	台	13	
动力传导装置	式	1	
发电机附属品	式	1	榆次纺织厂、太原纺织厂
马达	台	1	太原面粉分厂

资料来源：《新绛大益成纺织公司请发还机器表》（1946年），山西省档案馆藏西北实业公司档案，档案号：B31-2-293-3。

　　西北实业公司的核查结果显示，上述情况部分属实。马达各厂正在使用，梳棉机虽在厂中，但"仅剩零件一堆"或因"主要零件缺失"无法使用。还有些设备的规格型号与呈报内容不符，须与日方逐项核对。至于这些设备如何处理，政府建议"如各厂现实利用此项机器，一时不能发还，可由各厂暂借，速为购置。其能发还者尽先发还"。[①] 榆次纺织厂等四厂接收时本已残破不堪，如再将上述设备拆除，工厂生产必受影响，如临时借用，还需商讨具体办法。这些问题无疑大大增加了发还民营企业的难度。

　　此外，民营企业股权结构多元，政府在处理时须顾及可能带来的社会反响。从资本构成来看，榆次纺织厂等四厂面向全国公开招股，是具有法人地位的民营股份有限公司。如榆次纺织厂股东户数达5608户，除重复列名者外，实际户数也有3331户，遍及省内各县及河南、山东、河北等地。[②] 一些晋商望族及著名商号在四厂中均有股份。榆次常家在晋华纺织公司中有股

---

　　① 《函为薛笃弼函请发还新绛大益纱厂机器一案有无转移该厂是否存在已否利用附去调查表确查克日具报并将原表填明寄还以凭核转由》（1946年2月14日），太原市档案馆藏西北实业公司档案，档案号：J006-1-0472。

　　② 《呈据晋华纺织股份有限公司呈复遵令更正文件并声叙各缘由请鉴核由》（1934年2月27），台北"中央研究院"近代史研究所档案馆藏实业部公司登记档案，档案号：17-23-01-04-07-005，第19页。

金 4 000 银元，[1] 太原纺织厂股东中也有大德通票号、德兴昌钱庄、益和银号等老牌商号。此外，阎锡山家族的私人商号庆春茂也持有该厂股份。[2] 民族工商业资本在四厂中居于主要地位，如榆次纺织厂中民族资本占比达83.15%。榆次纺织厂等四厂部分政界及企业界股东及股金如表 5.7 所示。

表 5.7　　　　　　榆次纺织厂等四厂部分政界及企业界股东一览　　　单位：银元

姓名	曾任职务	入股企业	股金
徐一清	山西省银行经理	榆次纺织厂	249 200
		太原纺织厂	68 000
		城内发电厂	40 000
		太原纸厂	79 500
南桂馨	山西警务处长兼省会警察所长、天津特别市市长	城内发电厂	11 000
		太原纺织厂	34 000
边廷恺	省政府采运处处长	太原纺织厂	2 000
薄桂堂	太原绥靖公署军医处长		6 200
赵芷青	国民政府蒙藏委员会副委员长	太原纺织厂	2 300
		太原纸厂	5 500
张杜蘭	国民政府赈务处副处长	太原纺织厂	3 000
苏象乾	绥远省财政厅厅长	太原纺织厂	5 000
王靖国	绥远警备司令	太原纺织厂	3 000
曾心安	山西无线电信局局长	太原纸厂	23 300
徐崇寿	阎锡山侍从秘书	太原纸厂	4 000
		太原纺织厂	19 000
陆近礼	山西省公营事业董事会董事长	太原纺织厂	4 400
曹焕文	西北实业公司工务处处长		1 000

资料来源：《太原电灯新记股份有限公司投资人姓名簿》，台北“中央研究院”近代史研究所档案馆藏实业部公司登记档案，档案号：23-25-04-004-01，第75~91页；《太原晋生织染工厂股份有限公司股东名簿》，档案号：17-23-01-04-07-001，第37~92页；《山西省晋恒制纸厂股份有限公司股东名簿》，档案号：17-23-01-04-08-001，第35~66页。

---

[1]　山西旅游景区志丛书编委会：《晋商文化旅游区志》，山西人民出版社 2005 年版，第 134 页。
[2]　该商号由阎锡山之父创办，经营绸缎、杂货等生意。参见阎子奉：《阎锡山家族经营的企业》，引自全国政协文史和学习委员会：《文史资料选辑》（合订本第 17 卷），中国文史出版社 2010年版，第 209 页。

除工商业资本外，一些政府官员和公营事业高管也以个人名义入股。表5.7中政界股东持股比例虽不高，但其位高权重，具有较大的社会影响力，在一定程度上可以左右政府决策。如大股东徐一清不仅是榆次纺织厂等四厂主要创办者，其本人与阎锡山兼具亲属关系。[①] 榆次纺织厂等四厂战前广泛吸收社会投资，股权结构多元，具有较强的社会公众性。因此，政府在处理四厂时不得不顾及可能带来的社会反响。

榆次纺织厂等四厂因产权纠纷暂不予发还，政府也不敢贸然将其收归省有。为不影响企业复工，按照经济部关于民营工矿企业如有产权纠纷可先由政府接管经营的规定，山西省政府决定榆次纺织厂等四厂暂由西北实业公司代管。

三、处理方式：代管与租赁

西北实业公司代管榆次纺织厂等四厂虽有一定法理和事实依据，但代管毕竟是暂时的，工厂产权归属问题最终无法回避。四厂股东陆续返晋后，对西北实业公司长期占据工厂日渐不满，联合起来向山西省政府抗议，要求发还。面对舆论压力，政府不得不予以回应。各方围绕工厂发还问题展开博弈。

（一）代管：企业控制权的转让

西北实业公司代管榆次纺织厂等四厂后，对各厂人事、购销、仓储、会计等业务进行了全面调整，强化了对工厂的实际控制。人事方面，任命了新的管理层。四厂厂长多出自第二战区经济建设委员会所属各厂。[②] 如第二战区经济建设委员会纺织一厂厂长王吉六出任太原纺织厂厂长，[③] 纺织二厂、三厂厂长张作三出任榆次纺织厂厂长。[④] 此外，西北实业公司还留任了部分原民营企业职员。如太原纺织厂人事课长曾任晋华纺织公司前纺主任，榆次

---

① 徐一清与阎锡山的岳丈同宗，参见徐士瑚：《我所知道的徐一清先生》，引自《山西文史资料》编辑部编：《山西文史资料全编》（第6卷），《山西文史资料》编辑部1999年版，第259～260页。

② 该委员会1938年经重庆国民政府经济部批准成立，管理敌后公营工厂以供军需民用。参见杨茂林主编：《山西抗战纪事》（第2卷），商务印书馆2017年版，第461页。

③ 《太原纺织厂编制人数及实有人员一览表》（1946年），太原市档案馆藏西北实业公司档案，档案号：J006-1-0295。

④ 《西北实业建设公司关于榆次纺织厂编制人数及实有人数一览表》（1946年），太原市档案馆藏西北实业公司档案，档案号：J006-1-0304。

纺织厂原动课长曾任晋生织染工厂总管理处营业主任，更有部分原民营企业技士、工务员等普通职员被提拔为保全主任等中层管理人员。西北实业公司做出上述人事调整，体现出对抗战功臣的重视以及对专业技术人才的渴求，有利于笼络人心。其他方面，四厂原料采购、成品销售、物品运输等业务均由西北实业公司营业处集中办理，仓库物料也由营业处统一调配。各厂虽设有会计课，但均由西北实业公司会计处领导，成本核算也由会计处办理。工厂成为单纯的生产车间，只管扩大产量而不问成本高低，盈亏与否自然也不必关心。[①]

通过代管，西北实业公司掌握了榆次纺织厂等四厂的业务主导权，工厂仅具生产职能，不再是自主经营自负盈亏的企业实体。更为重要的是，山西省政府通过间接管理的方式，取得了四厂的最终控制权。[②] 可见，代管的本质是政府取代股东获得榆次纺织厂等四厂的最终控制权。工厂经营也不再以股东利益最大化为目标，而服务于政府施政需要及西北实业公司的整体发展。

西北实业公司代管榆次纺织厂等四厂只是山西省政府基于相关法律的权宜之计，目的是为发还前的调查取证与纠纷处理留下充足时间。同时，四厂还可借助西北实业公司的管理与技术资源以及物资调度能力加快复工步伐。西北实业公司接收民营各厂后，当年9月1日即恢复生产。[③] 但是，随着各厂生产渐次步入正轨，该公司一直未就发还问题给出明确时间见表，并对股东的交涉采取回避态度。四厂主要创办者徐一清多次赴西北实业公司交涉发还工厂问题，均被该公司以产权纠纷尚未处理等为由拒绝。他要求面见阎锡山，也被其以公务繁忙为由推脱。因此，股东认为西北实业公司是借接收之名行吞并之实。其实山西省政府在着手接收榆次纺织厂等四厂时对这一问题即有所考量，委派时任公司电业处处长徐士珙负责接收。徐士珙不仅是榆次

---

① 曹焕文：《太原工业史料》，太原城市建设委员会1955年版，第235页。

② 西北实业公司的上级主管部门依次为山西省民营事业董事会和督理委员会，督理委员会为最高决策机构，山西省政府主席阎锡山为该会首席督理委员。西北实业公司的重大事项及接收榆次纺织厂等四厂后的处理均须请示董事会和督理委员会并经首席督理委员批准。阎锡山同时以地方军政长官身份对西北实业公司处理四厂事务作直接指示。

③ 《西北实业公司历年概况》（1946年12月），台北"中央研究院"近代史研究所档案馆藏国民政府驻日代表团档案，档案号：32-03-159，第301页。

纺织厂股东，同时也是徐一清之子。① 然而，徐一清对工厂接收后的处理结果非常不满，曾对其子徐士珙说，"不能做了官就把老百姓的东西变成公家的"，坚决要求将工厂收回自办。②

多方交涉无果后，股东清楚地认识到，仅凭数人之力无法与西北实业公司抗衡，亟须恢复法定的企业管理机构。于是，徐一清出面召集股东成立晋华纺织股份有限公司、太原晋生织染工厂股份有限公司、太原电灯新记股份有限公司及附设面粉厂、太原晋恒造纸厂股份有限公司董监联合会（以下简称"董监联合会"），作为榆次纺织厂等四厂法定代表与西北实业公司和政府进行交涉。他同时表示，如西北实业公司继续占据工厂，即向国民政府状告山西"霸占民产，不予发还"。③ 在此情况下，如任由事态扩大，舆论势必对山西省政府不利，也与其一向标榜的"接收人心第一，接收物资第二"不符。因此，山西省政府不得不重新考虑发还工厂问题。从1945年9月开始，直至1946年7月，西北实业公司对榆次纺织厂等四厂的代管才宣告结束。

（二）租赁：折中的方案

如前文所述，股东是否有资敌附逆行为是影响企业能否发还的重要因素。汉冶萍公司经理即因担任伪职及擅举日债，名下股份均被没收。④ 为回应股东声讨，体现代管的正当性，西北实业公司就上述问题展开调查，重点在日人占用期间原工厂主与日方有无租赁及合股等关系以及股东有无附敌附逆情形。同时，西北实业公司还要求四厂详细核算日伪占用以后增加资产数量，并报送接收时厂内物资明细，以免产生"隐匿之弊"。⑤ 至于哪些资产应予发还，山西省民营事业督理委员会做出了明确指示，"接收各该厂原有

① 徐崇寿：《徐士珙参与第二战区经济活动始末》，引自山西省政协文史资料研究委员会：《山西文史资料》第58辑，山西省政协文史资料研究委员会1988年版，第77～78页。
② 李兴杰：《实业家徐一清与阎锡山》，引自山西省政协文史资料研究委员会：《山西文史资料》第58辑，山西省政协文史资料研究委员会1988年版，第155页。
③ 徐士瑚：《我所知道的徐一清先生》，引自山西省政协文史资料研究委员会编：《山西文史资料》第63辑，山西省政协文史资料研究委员会1989年版，第85～107页。
④ 左世元、方巍巍：《抗战后"接收"过程中汉冶萍公司与国民政府之关系》，载于《湖北理工学院学报》（人文社会科学版）2014年第4期，第21页。
⑤ 《函知查复该厂在日人占用期间有无租赁及与日伪合股又在日人占用时增加资产计有若干确实查清具复以凭转报由》（1946年5月22日），太原市档案馆藏西北实业公司档案，档案号：J006-1-0475。

财产内之属于固定性者作为原业主所有，预备将来发还；其流动性及敌伪新增固定性财产则为不发还之财产"。① 西北实业公司拟定的发还资产明细表显示，发还榆次纺织厂等四厂的主要是土地和建筑物，机械及工具数量较少，且每项资产都要按使用年限计算折旧，发还资产与战前民营企业原有资产相去甚远。

对于上述发还方案，董监联合会表示无法接受，坚决要求将工厂资产全部收回。其主张显然也与事实不符。为此，山西省民营事业董事会提出三项解决方案，分别是公家代管、公商合办和生产合作。公家代管显然无法继续，董监联合会认为后两个方案无疑也是将工厂拱手相让，予以拒绝。最后，在省政府提议下，经与徐一清等主要股东协商，三方达成一个折中方案，即暂时搁置争议，由西北实业公司租赁榆次纺织厂等四厂。租赁合同如下：

承租晋华四厂租约

立租约：晋华纺织公司、晋生织染工厂、电灯新记公司（附设面粉厂）、晋恒制纸工厂联合董监会（以下简称甲方），西北实业公司（以下简称乙方），因战时关系，经双方议定，以甲方工厂出租于乙方订定条件如左：

一、乙方按照甲方各厂之原股本面额订定年息率计晋华纱厂五厘，晋生织染厂五厘，电灯新记公司三厘，晋恒纸厂二厘五毫，按十二个月平均给付。各该厂租金均为现银洋，每届月终按两千倍折为法币给付之。

二、由乙方按照甲方各厂之原股本面额订定年息计晋华三厘，晋生一厘，新记电灯公司三厘，晋恒二厘五毫，按十二个月平均给付长官部献碉费。此项费用均为现银洋，每届月终按两千倍折为法币送交长官部。

三、如遇天灾人祸及人力不能抵抗之事故致工厂停工连续超过一月以上者，停止付租，中间如曾有一日开工时须照付全月租金，全月以自一日至月终为准。

四、各厂制品如因物价高涨致成本高于市面价或产品滞销乙方持续亏损在两月以上时向甲方解除租约。

五、如遇天灾事变或人力不能抵抗之事故或为匪叛阴谋破坏以致损害所

---

① 《关于民营各厂预计发还资产明细表希查照公司财产的函》（1946 年 10 月 29 日），太原市档案馆藏西北实业公司档案，档案号：J006 - 1 - 0495。

租设备时，甲方不负其责。

六、乙方经常修理机具或其他设备所需修理费由乙方负担，如修建房屋、添购机器或整修后增加价值者须经双方同意或另议规定。

七、本办法自双方同意成立合约之日（即七月一日）起为开始租用之日，租期为一年。期满如双方同意时得继续订立之。

八、租金外乙方按月给付甲方经常费法币三百万元。

九、以上应付各款由乙方指定西北银行负责按月付清。

十、甲方得于各厂各派监理一人负责监视所有财产之责。

十一、在承租期内如遇战后敌人赔偿及政府救济等权利事项仍归甲方享受。如乙方以西北实业公司名义因经营各厂业务所争取到之各项权益在租期内应归乙方享受。

十二、在承租期内奉派各种摊款及一切负担乙方完全负责。

十三、本租约同样四份由督理委员会、民营事业董事会、西北实业公司及四厂联合董监会各执一份为凭。

资料来源：《函送公司承租晋华四厂租约请备查由》（1946年12月1日），山西省档案馆藏山西省民营事业董事会档案，档案号：B30-1-551-4。

租赁方案能被各方接受，主要有以下原因。

第一，山西省政府可最大限度增加社会生产力，为发动内战做好经济上的准备，同时免于背负"霸占民产"的罪名。抗战胜利后，阎锡山便积极筹划，图谋重新恢复对山西全境的统治。国共重庆谈判期间，阎锡山军队即进犯上党解放区，率先挑起内战。西北实业公司租赁民营各厂，增加军需民用产品供应，可为发动内战做好经济上的准备。从全国来看，民营企业发还后复工情况并不理想。经济部发还的298家企业中有69家复工，仅占发还企业的23%。[1] 在一些地方，拆售设备往往比复工更有利可图。[2] 榆次纺织厂等四厂接收时的情况也不容乐观。榆次纺织厂原有蒸汽机被日军拆除，仅靠发电机供电，动力严重不足，纱锭仅为战前的43%；[3] 太原纺织厂仅能勉

---

① 中国第二历史档案馆：《中华民国史档案资料汇编》（第五辑第三编）《财政经济（四）》，江苏古籍出版社2000年版，第699、702页。
② 费正清：《剑桥中华民国史》（第2部），章建刚等译，上海人民出版社1992年版，第803页。
③ 张作三：《榆次纺织厂概况》，载于《西北实业月刊》1946年第1卷第3期，第68～72页。

强维持生产；太原城内发电厂 3 000 千瓦透平发电机被日人损毁，其附属机器零件和所用锅炉全部被拆卸，两部 300 千瓦透平发电机的零件也被拆下移作他用，导致城市用电缺口较大。1946 年 8 月和 11 月，太原市内停电次数分别达 376 次和 511 次，停电总时数达 1 189 小时。[①] 而此时榆次、太原纺织厂战前所欠银行贷款仍有约 16 万元未结清，[②] 且股东资料于战乱中全部遗失，信息尚在重新登记中。[③] 如将工厂收回自办，董监联合会显然无力妥善应对残局。在西北实业公司管理下，各厂迅速复工，生产逐渐走上正轨，客观上对恢复经济、稳定民心不无裨益。同时，租赁合作是双方协商的结果，签有正式合同，表面上反映的是企业经济行为，山西省政府可免于背负"霸占民产"的罪名。

第二，有利于西北实业公司实现"以轻养重"的经营策略。沦陷期间，日军将西北实业公司各类机器设备 3 667 部劫运至日本本土，重工业各厂损失惨重。[④] 全面内战爆发后，山西境内战况不断升级，西北实业公司便是主要军火生产企业。但军火业务往往需要大量垫资，甚至难以收回成本。1945 年 10 月至 1947 年 12 月，太原绥靖公署拖欠西北实业公司武器弹药钢铁等价款达 600 多亿元，仅折合小麦数记账。[⑤] 西北实业公司"因公家欠款甚巨，资金时感不足"，[⑥] 须有稳定的利润来源。投资少、见效快的民用轻工业即是不二之选。1945 年 12 月，榆次、太原纺织厂及太原面粉分厂收支相抵结余 8 000 余万元。[⑦] 这些轻工业工厂之盈余均用于贴补重工业，且"开支尚不敷极巨"。[⑧] 虽没有确凿数据证明榆次纺织厂等四厂在租赁期间是否

---

① 曹焕文：《太原工业史料》，太原城市建设委员会 1955 年版，第 368、416 页。
② 徐崇寿：《晋华纺织股份有限公司概况》，山西省政协文史资料研究委员会编：《山西文史资料》第 49 辑，山西省政协文史资料研究委员会 1987 年版，第 65 页。
③ 《据报载通知将本人持有晋华纺织公司股票号码报上之信函及晋华晋恒晋生电灯四公司股东登记持有股票号码的信函》（1947 年 2 月 17 日），山西省档案馆藏新记电灯公司等厂矿档案，档案号：B32 - 4 - 7 - 23。
④ 《西北实业公司（接收文 79 号附件）》（1947 年 11 月 5 日），台北"中央研究院"近代史研究所档案馆藏国民政府驻日代表团档案，档案号：32 - 03 - 288，第 84 页。
⑤ 《西北实业公司 12 月底应收账款报告表》（1948 年 7 月），山西省档案馆藏西北实业公司档案，档案号：B31 - 3 - 71 - 14。
⑥ 《函呈送三十五年业务检讨报告由》（1947 年 6 月 7 日），山西省档案馆藏山西省民营事业董事会档案，档案号：B30 - 1 - 474 - 4。
⑦ 《西北实业公司本部暨各厂部所处民国三十四年十二月份收支概月报表》，山西省档案馆藏山西省民营事业董事会档案，档案号：B30 - 1 - 395 - 5。
⑧ 《山西省民营事业董事会所属各单位现况表》（1946 年 9 月 8 日），山西省档案馆藏山西省民营事业董事会档案，档案号：B30 - 1 - 516 - 6。

有盈利用于支持重工业发展，但从股息能否按时足额发放也可大致看出工厂的盈利状况。榆次纺织厂的一份股东息折显示，该股东1946年下半年及1947年全年股息如数付讫。同时，该厂抗战前股息多按4厘支付，且1935年被债权人接管后便再未分配股息，而工厂租金按5厘计，较战前略高。① 可见，在租赁前期，榆次纺织厂等四厂的盈利状况还是较为可观的。租赁民营工厂为西北实业公司实现"以轻养重"的经营策略提供了重要支撑。

第三，股东私有产权得到一定保护。企业间的租赁一般按资产价值或产能计算租金，而上述合同却按股本计算，一个重要原因便是双方在工厂产权界定方面的分歧并未随着租赁合同的签订而消除。如前文所述，山西省政府与西北实业公司仅承认四厂战前原有资产的私有产权。在租赁合同签订时，就存在如何确定工厂原有资产价值的问题。由于敌伪增益的定义不明，难以将其从现有资产中剔除，股本便成为衡量工厂原有资产价值的一个客观标准。此外，从公司金融的角度看，租赁行为本身就有一定的借贷性质，只是其涉及的是实物资产而非资金。按股本和股息计算租金忽略了资产折旧及战争破坏等因素，也易被股东接受。更为重要的是，以股本计算租金意味着山西省政府与西北实业公司承认了榆次纺织厂等四厂部分资产的私有产权属性。这种承认还体现在工厂章程中。如太原面粉分厂章程第一条即载明"本厂系太原电灯新记股份有限公司附设机器面粉厂"。② 此外，合同约定，将来日本赔偿及政府救济仍归股东所有，而政府摊派等一切负担均由西北实业公司承担。可以说，租赁合同的签订减轻了股东对山西省政府借机吞并工厂的顾虑。

第四，实现了风险共担。1946年6月全面内战爆发后，阎锡山军队频繁向解放区发起进攻，平绥、正太和同蒲铁路及沿线地区成为国共双方争夺的重点。③ 这几条铁路线恰是榆次纺织厂等四厂原棉运输及外销成品的主要通道。战争成为工厂经营面临的最大风险。租赁双方对此都有清醒的认识，在合同中特别予以规定。合同约定，如遇天灾事变或人力不能抵抗之事故，导致工厂停工超过一月以上，则停止支付租金。同时，如因产品滞销导致工

---

① 榆次市政协文史资料研究委员会：《榆次文史资料》（第7辑），榆次市政协文史资料研究委员会1986年版，第57页。
② 《西北实业公司太原面粉厂章程》（1946年），太原市档案馆藏西北实业公司档案，档案号：J006－1－499－53。
③ 李茂盛：《民国山西史》，山西人民出版社2011年版，第595页。

厂连续亏损超过两个月时，双方可解除租约。承租方西北实业公司的经营风险得以降低。对出租方董监联合会而言，租金按年度核算，平均至 12 个月支付，只要工厂开工一天，董监联合会即可取得整月租金。此外，承租期间西北实业公司承担所有机具修理及厂房修缮费用，董监联合会无须追加投资。因此，对股东来说，出租工厂分摊风险不失为一种较为稳妥的办法。

需要说明的是，榆次、太原两纺织厂于 1935 年 12 月因资不抵债被债权人中国银行接管。[①] 抗战爆发时，两厂仍有部分未偿债务。战后银行是否将产权完全归还业主虽不得而知，但考虑到两厂债务近 90% 已结清，[②] 且中国银行自身也面临接收敌伪金融机构和复业等繁重任务，缺乏足够动力和资源恢复对两厂的接管。另外，董监联合会与西北实业公司签订的是短期租赁合同而非并购合同，没有进行产权切割，战前债务自然仍由原业主承担，无须在租赁合同中体现。

（三）利益均沾：租金的确定

各方虽认识到租赁合作可能会带来好处，但租赁合同的签订并非一帆风顺，租金的确定即颇费周折。董监联合会提出榆次纺织厂等四厂均有盈利前景，应按各厂战前在实业部登记之章程所定股息给付租金，"股东放弃盈余本已遭受损失，而股息只为纯益中之极小部分，若再减低股息实无以对各股东"。对此，西北实业公司则认为四厂接收时机器残缺不全，已无法与战前相比，"维持工厂开工不至停顿已属不易，盈利更无从谈起"，应在原定股息基础上进行扣减。[③] 就四厂战前状况而言，章程所定股息及红利仅在年终结算有盈余时才予支付。直至抗战爆发时，两厂债务尚未还清，更谈不上股息与红利了。何况租赁双方谈判期间，内战已全面爆发，社会局势动荡不安，工厂经营前景并不明朗。董监联合会按战前股息计算工厂租金，自然不会轻易得到对方认可。

双方僵持不下之际，山西省政府介入调停。几经磋商，阎锡山以地方最

---

① 《接管晋华等三厂报告》（1935 年 12 月 12 日），天津市档案馆藏晋华晋生公司档案，档案号：401206800 - J0161 - 2 -001786。

② 1933 年底中国银行对两厂放款余额为 145. 2 万元。见中国银行总行、中国第二历史档案馆：《中国银行行史资料汇编（上编 1912 - 1949）》（第 2 册），档案出版社 1991 年版，第 1078 页。

③ 《关于西北实业公司租用晋华等四厂股息问题的签呈》（1946 年 10 月 27 日），山西省档案馆藏山西省民营事业董事会档案，档案号 B30 - 1 - 151 - 1。

高军政长官的名义，要求西北实业公司按战前榆次纺织厂等四厂章程所定股息计算租金。董监联合会也做出让步，"愿将应得股息抽出一部献充筑碉费用，由西北实业公司按月呈缴长官部"。[①]这样，山西省政府、西北实业公司及董监联合会在企业收益分配上达成一致，实现了利益均沾。

谈判期间，政府方面也加紧对董监联合会进行游说，委派阎锡山表兄曲清斋、同蒲铁路局局长王谦和财政厅厅长王平出面向徐一清澄清各方的利害关系及出租工厂的好处，力劝其接受租赁方案。此外，西北实业公司许诺按月向四厂董事和监察每人发放车马费现洋30元，另每月又向徐一清单独供给面粉20袋、白布5匹、纸烟1箱及若干煤炭。[②]最终，董监联合会与西北实业公司正式签订租赁协议。如表5.8所示，实付股息虽低于章程所定股息，但经董监联合会极力争取，股息有所提高，最大限度维护了股东利益。此外，双方议定将合同生效日期提前至7月，股东又获得一笔额外的租金。可见，政府、省营企业与民营企业股东均从租赁合作中获益，避免了资源闲置，为战后经济恢复注入新的活力。

表5.8 　　　　　　　　　　榆次纺织厂等四厂租金表　　　　　　　　　单位：银元

工厂名称	股本额	原股息	拟付股息	实付股息	年租金
榆次纺织厂	4 000 000	8厘	3厘	5厘	200 000
太原纺织厂	723 400	6厘	5厘	5厘	35 000
城内发电厂及太原面粉分厂	655 800	6厘	2厘5毫	3厘	19 500
太原纸厂	500 000	5厘	2厘	2厘5毫	12 500

资料来源：《关于西北公司租用晋华等四厂股息问题的签呈》（1946年10月27日），山西省档案馆藏山西省民营事业董事会档案，档案号：B30-1-551-1；《督理委员会关于西北实业公司租用晋华等四厂股息问题的函》（1946年11月），山西省档案馆藏西北实业公司档案，档案号：B31-2-287-1。

需要指出的是，工厂租金虽以银元计算，但合同规定支付时须按固定比率折合为法币。租赁合同签订之后，法币贬值呈愈演愈烈之势，无形中损害

[①] 《长官交下关于西北实业公司租用晋华等四厂股息问题解决办法的函》（1946年11月6日），山西省档案馆藏西北实业公司档案，档案号：B31-2-287-1。
[②] 《晋华纱厂简史》（1949年），山西省档案馆藏新记电灯公司等厂矿档案，档案号：B32-4-3-4。

了股东利益。而合同中并未规定银元与法币折合率随市场行情变动，这也成为日后租赁双方争执的焦点。

四、处理效果

抗战期间山西轻重工业遭敌严重摧残，各大工厂机器设备"残破损坏，多不堪使用"，厂房建筑"亦多坍塌破漏成为废墟"。[①] 接收之际，一些主要日用品产量较战前显著下降。纸张月产量下降为战前的 40%，棉纱、布匹月产量仅为战前的 5% 左右，面粉产量甚至不及战前的 0.1%，至于毛毯、针织物等已无法生产，生活物资严重短缺。[②] 此外，全国各地愈演愈烈的通货膨胀也逐渐蔓延到山西。1946 年 9 月，太原市批发物价较战前上涨 6 187 倍，[③] 政府面临生产萎缩和通货膨胀的双重压力。工厂能否尽快复工并增加生产，对缓解战后经济困境具有重要意义。民营企业的代管租赁模式对战后尽快恢复工商业发展产生了积极效果。然而随着局势演变，这种代管租赁模式逐渐走向异变，最终转变为政府的"征用"与"征借"。

（一）代管租赁模式的积极效果

首先，租赁合同的签订，标志着西北实业公司正式取得工厂经营权，一些行之有效的管理制度得以更好执行。接收四厂之际，西北实业公司即发起"复工竞赛运动"。在总结前期经验的基础上，公司成立竞赛主管机关，制定了考核及奖惩等办法。运动将名誉和物质激励相结合，评比出"排字状元""钢铁英雄"等荣誉称号，并给予一定奖金或职级晋升。对成绩未达要求者，给予降薪、记过或开除等处罚。[④] 公司还多次组织厂矿技术员工开展工作竞赛，并由省政府报国民政府社会部对获奖的 46 人颁发了奖状。[⑤] 通过自上而下的运动和工作竞赛，调动了员工的工作积极性。在技术人员和工人的努力下，修复了部分被损坏的机器。太原纺织厂将磨损严重的机器逐台

---

① 彭士弘：《西北实业公司一年来之工作》，载于《西北实业月刊》第 1 卷第 6 期，第 1 页。
② 岳谦厚、田明：《抗战时期日本对山西工矿企业的掠夺与破坏》，载于《抗日战争研究》2010 年第 4 期，第 64、65 页。
③ 全国图书馆文献缩微复制中心：《民国时期物价生活费工资史料汇编》（第 7 册），全国图书馆文献缩微复制中心 2008 年版，第 168 页。
④ 曲宪治：《展开复工竞赛运动》，载于《西北实业月刊》1946 年第 1 期，第 11 页。
⑤ 《山西省西北实业公司获社会部奖者共四十六人》，载于《科学时报》1948 年第 16 卷第 1 期，第 29 ~ 30 页。

修整，"短期内当可全数开动"。[1] 1946 年榆次纺织厂修缮大小机器 16 部，纺线机已全部修复，更换了梳棉机大部分钢针，织毯机已全数开动。厂中重要动力装置 1 150 千瓦透平发电机经整修后功率达到 950 千瓦，电灯营业所 600 千瓦发电机经修复后功率达 350 千瓦。另外，公司注重奖励各厂发明创造，制定了《西北实业公司发给员工奖章办法》，对因发明创造而获颁奖章的员工，如无特殊过错即可获得终身聘用及退休金。山西省也成立工矿业技术奖进委员会，奖励技术发明与改进。榆次纺织厂和太原纺织厂部分员工即因技术改进分获 10 万至 600 万元不等的奖励。[2] 在此情形下，一些技术问题"皆能自动负责求得解决"。如太原纺织厂技术员将所有织布机主轴由棉绳传动改为皮带传统，故障率显著降低，"三年可节省 1 726 万元"。对此，西北实业公司经理彭士宏曾自豪地说："较之全国各地工厂迟迟难以接收之情状，实差足吾人引为自慰。"1946 年末，各厂开工率较接收时显著提高。榆次纺织厂等四厂机器开工情况对比如表 5.9 所示。

表 5.9　　　　　　　　　榆次纺织厂等四厂机器开工情况对比

公司名	设备类别	单位	接收时	1946 年末
榆次纺织厂	纱机	锭	8 000	24 944
	线机	锭	0	1 504
	织布机	台	454	480
	织毯机	台	4	4
太原纺织厂	纱机	锭	2 800	5 200
	织布机	台	130	220
城内发电厂	发电机	kw	850	940
太原面粉分厂	制粉机	袋/日	—	1 289

资料来源：《榆次纺织厂三十五年度业务检讨报告》（1946 年），山西省档案馆藏西北实业公司档案，档案号：B31-2-65-5；王亮：《光复后的太原纺织厂》，《西北实业周刊》1946 年第 14 期，第 1 页；曹焕文：《太原工业史料》，第 388、417 页。

　　随着各厂生产渐次步入正轨，管理机构和业务较接收时均有所扩大，用

① 王亮：《光复后的太原纺织厂》，载于《西北实业周刊》1946 年第 14 期，第 1 页。
② 景占魁：《阎锡山与西北实业公司》，山西经济出版社 1991 年版，第 346、350 页。

工量增加。但由于短缺合格的劳动力，公司只能"从宽录用"，导致职工成分复杂，良莠不齐。为此，西北实业公司于1946年3月启动全员训练计划，开办干部训练所和工作进步讲习班，对各厂管理人员进行管理、会计、公文、统计等业务培训。部分工厂还自行联合举办各类讲习会、学习班等。①为提高工人工作技能，公司成立棉纺织"艺徒训练班"，面向社会招收半工半学的工徒。经过系统培训，这些工徒毕业后大多由榆次、太原等棉纺织厂留用，在缓解技术工短缺问题上"收到奇效"。②

其次，四厂员工薪资福利比照西北实业公司标准执行，并向山西省民营事业董事会所属企业看齐。战后西北实业公司将所属工厂分为重工业和轻工业两类，分别制定了不同的薪资待遇标准。代管租赁期间，榆次纺织厂等四厂员工薪资比照西北实业公司所属轻工业各厂执行，并随物价变动适时予以调整。此外，租赁期间四厂同时隶属于山西省民营事业董事会，薪资福利水平向董事会所属企业看齐。如太原纺织厂厂长在西北实业公司厂长会议上提议，应比照董事会所属贸易公司、晋兴公司待遇增加工厂员眷属食粮配给。其他厂长也认为"同属一个董事会为何待遇不等"，③ 要求员工薪资待遇与董事会所属其他企业持平。按照西北实业公司标准，各厂均成立员工福利社，内设食堂、宿舍及家属住宅、运动所、育婴室、图书室、诊疗室等，原则上对员工免费开放。④

可以说，上述员工培训和增加福利待遇等做法在某种程度上改变了企业的剩余分配结构。因为这些举措给予职工更多利益，有可能减少企业剩余。但租金是固定的，这些激励措施如能促进企业效益提升，增加的收益将全部归承租方。事实上，这些措施的确产生了一定效果，工厂生产效率有所提升，部分产品产量也得以回升。1946年城内发电厂发电量较1945年增加40%，1947年上半年太原纺织厂细布产量已达到最大产能的83.3%，⑤ 1947

① 彭士弘：《西北实业公司一年来之工作》，载于《西北实业月刊》1947年第1卷第6期，第1~4页。
② 《西北实业公司民国三十五年度业务检讨报告》（1946年），山西省档案馆藏西北实业公司档案，档案号：B31-2-65-11。
③ 《西北实业公司第七十二次厂长会议记录》（1947年7月11日），太原市档案馆藏西北实业公司档案，档案号：J006-1-0767-61。
④ 《西北实业公司电业处城内外发电厂太原面粉分厂职工联合福利社章程》（1947年6月20日），太原市档案馆藏西北实业公司档案，档案号：J006-1-0320。
⑤ 景占魁：《阎锡山与西北实业公司》，山西经济出版社1991年版，第370、386页。

年上半年太原面粉分厂日产量较 1946 年增加近 1 倍，① 榆次纺织厂"比日人管理时期要好的甚多，比事变以前晋华纺织公司时代及现时天津新式设备各厂差可扯平"。② 各种产品产量的增加无疑是平抑物价最直接、最有效的途径。

（二）代管租赁模式走向异变

随着法币急剧贬值，通货膨胀不断恶化，工厂租金不断缩水。董监联合会要求将工厂租金按银洋市价折合为法币，被西北实业公司以租赁合同尚未到期为由拒绝。为缓和与股东的紧张关系，西北实业公司上调了董监联合会办公经费。到租约期满时，该会办公费已由协议签订时的 300 万元涨为 2 000 万元。③ 即便如此，股东上调租金的意愿仍日趋强烈，"近接各厂股东纷纷来函咸以物价飞涨生活维艰，所领股息为数太少，应速要求增加租金，俾免冻馁之虞等语"。④ 在上调租金被拒后，董监联合会明确表示不再续租，"一俟租约期满，该四厂即由本会收回自办"。⑤ 此时西北实业公司也无意续租。1947 年 5 月晋南战役后，同蒲铁路南段基本被解放军控制，晋南所产原棉无法北运，各厂原料短缺情况日趋严重。"兹交通阻滞，原料缺乏，均由外省购运且成本高昂，续租确有相当困难，能否连续开工尚难预料"。⑥ 榆次纺织厂即因原料短缺停工裁员 207 名。⑦ 但政府枉顾租赁双方的意愿，强令西北实业公司"仍租之"，政治目的已完全凌驾于经济合作之上。

董监联合会与西北实业公司就收回工厂进行交涉之际，曾向国民政府河北平津区敌伪产业处理局控诉，"自中央颁发归还令后虽经多次请求，仅允予发还而正式交接手续迄未履行"，请求该局"电知山西省政府迅予发还以

① 曹焕文：《太原工业史料》，第 388 页。
② 张作三：《榆次纺织厂一年来之工作》，载于《西北实业月刊》1947 年第 1 卷第 6 期，第 26 页。
③ 《函知租用晋华四厂之办公费自七月份起增加一千万元共为二千万元由》（1947 年 7 月 24 日），山西省档案馆藏西北实业公司档案，档案号：B31-2-287-51。
④ 《函请增加四厂租金以维各股东生活由》（1947 年），山西省档案馆藏西北实业公司档案，档案号：B31-2-287-56。
⑤ 《函知晋华等四厂于租期届满后即收回自办请核复由》（1947 年 4 月 21 日），山西省档案馆藏西北实业公司档案，档案号：B31-2-287-29。
⑥ 《函复晋华四厂奉令准续由公司租赁由》（1947 年 5 月 31 日），山西省档案馆藏西北实业公司档案，档案号：B31-2-287-32。
⑦ 《呈报榆次纺织厂因原棉缺乏拟部分停工裁汰工友 207 名请备查由》（1947 年 8 月 24 日），太原市档案馆藏西北实业公司档案，档案号：J006-1-0202。

符政令而利进行"。① 河北平津区敌伪产业处理局太原办公处实际并未参与山西民营企业的接收与处理，只得向山西省政府发函询问。山西省政府自知理亏，只以"依照收复区敌伪产业处理办法之规定准予发还在案"搪塞。董监联合会收回工厂的愿望最终落空。无奈之下，双方只得续约。

　　1948 年后法币严重贬值，经济陷入恶性通胀。股东纷纷表示"所领股息其购买力已微不足道有难足一饱之势，应将租金现洋折合率加以合理之调整"。② 应股东所请，董监联合会分别致函西北实业公司和山西省政府，再次要求按银元市价折算工厂租金。西北实业公司仍以合同尚未到期为由拒绝。省政府则回应"此项机器按照省府最近公布之征用款项征借财物两办法本在征用之列"，续租乃"钧座特别体恤该四厂起见"。③ 上述办法规定地租与利息属"不劳而获"之收入，一半由政府"征用"；构筑工事及制造武器等与军事需求有关的一切财物均在政府"征借"之列，"征借"对象以民营事业与厂商富户等为主。④ 政府名义上虽为借，实则是搜刮社会财富以支持其军事上的负隅顽抗。那么，在政府的"体恤"之下，榆次纺织厂等四厂会免于被"征用"与"征借"吗？从股东实领租金来看，按当时市价，1 银元折合法币 78 000 元，而西北实业公司在支付租金时仅按 5 000 元折算，⑤ 两者相差近 16 倍。另外，1948 年 11 月双方续租后，租金改为金圆券，每月合计仅 5 000 余元。⑥ 由于金圆券不久即迅速贬值，"董监联合会所领租金及经费所值无几，同人生活已至断炊之窘境"。⑦ 加之 1948 年 7 月榆次解放后，榆次纺织厂宣告停产，西北实业公司随即停止支付该厂租金。股东所得租金已无法维持最低生活，实与"征用"无异。其余各厂可用之房屋机具设备全部用于制造军火。太原纺织厂改作械弹修配与制造，"男工制

　　① 《晋华纺织等四公司董监联合会请转函山西省政府发还产权》（1947 年 3 月 21 日），天津市档案馆藏晋华纺织公司档案，档案号：401206800 - J0019 - 2 - 002159。
　　② 《函请将租金现洋折合率加以调整由》（1948 年 3 月 15 日），山西省档案馆藏西北实业公司档案，档案号：B31 - 2 - 287 - 76。
　　③ 《请示照租晋华四厂办法由》（1948 年 6 月 17 日），山西省档案馆藏山西省民营事业董事会档案，档案号：B30 - 1 - 764 - 11。
　　④ 《晋省参会通过征借财物戡乱办法》，《申报》，1948 年 5 月 30 日，第 2 页。
　　⑤ 《抄件西实工字第五二三号》（1948 年 8 月 25 日），山西省档案馆藏山西省民营事业董事会档案，档案号：B30 - 1 - 764 - 13。
　　⑥ 《函送公司承租晋华四厂续定租约请备查由》（1948 年 11 月 13 日），山西省档案馆藏山西省民营事业董事会档案，档案号：B30 - 1 - 764 - 14。
　　⑦ 《关于晋华等四厂由西北公司租用提高租金及经费的签呈》（1948 年 11 月 27 日），山西省档案馆藏山西省民营事业董事会档案，档案号：B30 - 1 - 764 - 15。

造军火，女工装置弹药"，一日可产迫击炮弹壳 10 个，手榴弹壳 800 个。[1]
太原面粉分厂也仅磨制军用麦粉，与政府"征借"已无差别。正如阎锡山
所言，"在给租原则之下仍属征用之意"。[2] 榆次纺织厂等四厂与西北实业公
司仅存形式上的租赁关系，实际已成为政府战争机器的一部分。

第五节　剩余分配与经理人激励

在西北实业公司自上而下的多层级垂直管理体系中，为避免管理人员的
内部人控制问题及"搭便车"等现象的发生，建立对管理者特别是高级管
理人员有效的激励与约束机制是公司治理中一个至关重要的问题。战后公司
对经理人的激励仍然是在正常薪酬之外授予其一定的剩余索取权。公司章程
第二十六条规定，公司每届年终决算时，除应摊一切开支外即为盈余，其中
公积金 10%、扩充事业基金 60%、员工福利基金 10%、员工奖励金 20%
（见附录四）。

一、剩余分配

就现有资料来看，实际剩余分配并未按上述规定执行，也未按战前董
事会所定分配比例进行。西北实业公司 1946 年度盈余分配结果显示，本
年度公司盈余 9 939 710.23 元，以 10% 为公积金，计 993 971.023 元，奖
金 87 857.145 元，仅占盈余的 0.9%，较战前的 13% 显著下降。公司近
90% 的盈余都作为资本红利上缴董事会。此外，1936 年公司向董事会上缴
53 万余元资本红利中有 50 万元作为增资重新拨付公司。战后董事会则是将
资本红利作为贷款拨付公司使用，按月息 9 厘计算利息。1947 年西北实业
公司须向董事会上缴 1946 年资本红利利息 956 651.263 元。[3] 对此，公司表
示留用上年度盈余早已用作购买制作军品等原材料，公司各厂全力生产军

---

　　① 《太原纺织厂关于本厂车床等改作枪弹修造及本厂男女工改造军火的请示》（1948 年 12 月
13 日），山西省档案馆藏西北实业公司档案，档案号：B31 - 2 - 73 - 1。
　　② 《函报晋华四厂租期即将届满所有续租问题及租金如何决定请示由》（1948 年 6 月 19 日），
山西省档案馆藏山西省民营事业董事会档案，档案号：B30 - 1 - 764 - 12。
　　③ 《山西省民营事业董事会所属单位三十五年度盈余处分表》（1947 年），山西省档案馆藏山
西省民营事业董事会档案，档案号：B30 - 1 - 374 - 2。

品，资金早已无法周转，"如再记利息则负担加重更感拮据"，请求董事会免除此项利息，或将其作为扩展事业的准备金。① 然而，董事会仍然坚持计利并通过第七五一次决议，要求西北实业公司应交该会 1946 年度盈余"仍应计利"。②

二、经理人激励

公司经理人所得剩余不仅绝对数额较战前显著降低，相对数额也在下降。1947 年 2 月，太原市零售物价为战前的 15 000 余倍，食品价格也达到战前的 13 000 余倍。③ 考虑到战后暴涨的物价，奖金对经理人的激励效果可以说是微乎其微。

此外，西北实业公司战后专注于军民各类用品生产，各厂制定了相应的增产奖励办法，以提高各厂产品产量。如公司各煤矿厂在基准生产量的基础上，每增产 50 吨，相关业务部门可以获得数额不等的奖励金，各部门奖金分配比率如表 5.10 所示。

表 5.10　　　　　　西北实业公司煤矿各厂增产奖励金分配比率

股别	分配比率（%）	分配部门
总务股	5	经理、庶务仓库、配给所、劳务、矿警队、医疗所
采碳股	50	采碳股坑外事务、计画、采碳、掘进、支柱、搬运、杂役
公务股	25	修理工厂、机械、电气、土建
搬运股	20	坑外搬运、检验、发送、事务

资料来源：《西北煤矿厂关于函送本周内采碳奖金法案一部的函》（1945 年 11 月 7 日），山西省档案馆藏山西省民营事业董事会档案，档案号：B32 - 2 - 7 - 2。

从表 5.10 不难看出，工厂增产奖励金分配明显倾向于一线生产部门。按日增产 50 吨计，总务股人均所得奖励金仅 20 元，经理能够分得的奖励金

① 《关于另行筹垫分摊各费并准免利留用盈余抑或拨作扩张事业准备的请示》（1948 年 1 月），山西省档案馆藏山西省民营事业董事会档案，档案号：B30 - 1 - 432 - 17。
② 《关于西北公司三十五年度盈余仍应计利的函》（1948 年 1 月），山西省档案馆藏山西省民营事业董事会档案，档案号：B30 - 1 - 432 - 19。
③ 全国图书馆文献缩微复制中心编：《民国时期物价生活费工资史料汇编》（第 7 册），全国图书馆文献缩微复制中心 2008 年版，第 225 页。

数额也不会太高，激励效果非常有限。

再从薪酬来看，战后西北实业公司职员薪资分为十等三十二级，其中最高的一等一级即经理与最低的十等三十二级即办事员薪资差距在逐步缩小。1945年冬，经理薪资为办事员的16倍，1946年春则降为8倍，而后持续降低。到1948年4月至6月，经理薪资仅为办事员的3倍，已趋向于严重之平均主义。[①] 1948年初，阎锡山政府开始实行"平民经济"政策，其核心理念就是平等、平均。[②] 以工人工资为例，其每月工资以本人实际出勤日数比照该月粮价按米麦折价计算。具体标准为工徒一升四合至两升，副工（半技术工）二升一合至三升，正工（普通技术工）三升一合至四升，技工（特别技术工）四升一合至六升。每日工作时间为九小时。[③] 表面上来看，工人技术级别不同，其待遇也有高低之分。但政府在米麦作价上使出很多花样，工人实际所得仅为其应得数之3/4。政府的这一政策取向进一步强化了企业中的平均主义，对经理人的激励作用也明显下降。

本 章 小 结

抗战胜利后，由于接收了数量庞大的敌伪产业，国营企业急剧膨胀，在国民经济中的地位得到空前提高，而地方省营企业的数量和规模都有所减少和缩小。[④] 西北实业公司作为山西省最大的省营企业，战后在政府支持下，接收了原有工厂及被日伪强占的民营工厂和日伪新建工厂，公司规模得到迅速扩张。其下属厂、矿、所、处等各类生产经营单位达65家，除去各地办事处、管理所等非生产单位，具有生产职能的厂矿也达52家，较战前显著增加。

受严重通胀造成的原料短缺等因素影响，西北实业公司各厂战后初期实

---

① 徐驰：《对接管并继续经营太原工业事前应有之认识和打算》（1948年9月15日），载于《山西工业调查资料》1948年9月第2期，1～12页。
② 李茂盛：《民国山西史》，山西人民出版社2011年版，第580页。
③ 《关于工友待遇事项》（1947年3月），山西省档案馆藏山西省民营事业董事会档案，档案号：B30－1－214－35。
④ 张忠民、朱婷：《南京国民政府时期的国有企业：1927～1949》，上海财经大学出版社2007年版，第231页。

际产量并未达到设备有效产能。1946 年。公司酒精产量只完成了计划的 22%，生铁完成了计划的 50.8%，其余生活用品如棉纱、袜子、火柴、面粉、布匹等分别完成计划的 55%、65%、67%、71%、78%，军火如迫击炮弹仅完成计划的 15%。[1] 可以说，西北实业公司战后一直处于艰难的复原中。

从融资渠道来看，战后西北实业公司资本全部来自各级政府，资金来源较战前更为单一。西北实业公司并未像中国纺织建设公司等国营企业那样依法注册为有限公司法人，而是采取非法手段逃避经济部监管，按照商营的形式注册成为股份有限公司。表面上看，西北实业公司建立了总—分公司性质的集团公司治理结构，而实际上仍基本延续了公营事业董事会治理，且减少了监督机构，较战前更不完整。同时，公司法人资格的取得也并未使西北实业公司建立起真正的独立法人产权。

战后西北实业公司治理模式的一个重要变化便是完全取消了下属工厂的经营自主权，建立起直线职能制与事业部制相结合的科层结构。这也是战后中国防织建设公司等大型国营企业的普遍做法。这种组织结构的好处在于集中统一领导、便于指挥、执行力较强等。但由于工厂数目较多，机构层次重重叠叠，相同的机构在各下属工厂重复出现，也带来了"控制权损失"和效率损失的问题。

值得注意的是，战后山西省政府将接收的敌伪资产多数都作为资本划归民营事业董事会。但西北实业公司并未将敌伪资产中的民营工厂直接吞并，而是采取了代管与租赁的过渡办法。这一处理方式虽是迫于股东抗议和社会舆论压力，但更多的是出于战后经济恢复的目的。在代管租赁初期，工厂产能初步恢复，部分产品产量回升，客观上有助于战后经济恢复。然而，西北实业公司租赁民营企业是山西地方政府在法律及社会舆论压力下的折中方案，主要目的是扩大官僚资本，为发动内战提供经济支撑。随着经济环境的恶化及战争局势的变化，民营企业不可避免地被地方政府"征用"与"征借"。类似的情况在北伐时期的"逆产"处理中也屡见不鲜。从中可以看出，国民政府对接收民营企业的处理不是简单的前者吞并后者的问题，它和

---

① 《山西全省民营事业董事会所属各厂三十五年度产销统计表》（1947 年），山西省档案馆藏山西省民营事业董事会档案，档案号：B30 - 1 - 546 - 1。

法律规定、政府的政治军事需求以及经济与社会局势变化密切相关。

民营企业历经劫难，在胜利之日迎来复业曙光。政府在处理接收的民营企业时，充分考虑到民族资本家要求收回企业的诉求，处理政策虽几经调整，但总体上是要求发还的。然而，民营企业的产权状况较战前更为复杂，政府仅承诺发还企业原有资产，将敌伪占据期间产生的增益及原料成品一概收归国有。由于缺乏具体的划分依据，政府与民营企业主对哪些资产应予发还、哪些资产应收归国有存在明显分歧。此外，民营企业主是否有资敌附逆行为也直接关系到企业所有权的最终归属。发还民营企业已不是单纯的法律问题，已上升到政治层面。这些因素均导致民营企业的发还之路异常曲折。上海等重要工商业城市的民营企业在发还时与政府在企业产权方面争议不断，导致民营企业迟迟难以复工，不利于战后经济恢复。① 同时，由于各类公私企业接收后缺乏统筹管理，国营与民营企业更因彼此争利而相互牵制，难以尽快复员。② 这些都使民营企业的发展举步维艰。

面对处理民营企业的复杂性与恢复经济的紧迫性，山西省政府不希望顾此失彼，试图使两者取得一定平衡。政府与民营企业股东虽在企业发还问题上有明显分歧，但权衡利弊后，在充分考虑各方诉求的基础上暂时搁置产权争议，由省营企业西北实业公司予以租赁。租赁期间，董监联合会向各厂委派一名监理，仅负责监控财产，无权干预工厂管理，西北实业公司掌握工厂控制权。另外，除工厂租金、董监联合会办公费及政府"献碉费"等合同性支出外的剩余归西北实业公司，实现了工厂控制权和剩余索取权的结合。这种结合通常被认为是一种有效率的企业治理机制。③ 此外，由于国民政府对民营企业中的敌伪增益没有明确的界定标准，厘清产权的成本是高昂的，甚至必须使用非法手段。④ 因此，在正交易成本约束条件下，权利的界定要考虑成本与收益，一个重要的标准便是社会总产值的增长。"法律规定如何将决定今后会缺少哪些动力，因为这将决定应该达成什么样的契约安排以便

---

① 汪朝光：《中华民国史（1945–1947）》（第11卷），中华书局2011年版，第220页。

② 林桶法、田玄、陈英杰等：《中华民国专题史》（第16卷）《国共内战》，南京大学出版社2015年版，第25页。

③ 保罗·米尔格罗姆、约翰·罗伯茨：《经济学、组织与管理》，费方域主译，经济科学出版社2004年版，第309、310页。

④ 汉口申新四厂耗时一年多才通过请客和贿赂等办法将厂房收回，参见上海社会科学院经济研究所编：《荣家企业史料》，上海人民出版社1980年版，第427页。

采取实现产值最大化的行动"。① 代管与租赁模式使民营工厂迅速复工,增加了棉布、面粉等社会必需品供应,股东也获得稳定收益,实现了社会总产值的增长。但任何契约都不可能是完备的,在契约执行中出现纠纷时,政府介入便是一种较为经济的契约改进机制。② 然而,山西地方政府出于军事需求的考虑,并未扮演一个公正的第三方角色,而是主导了对私有财产的侵犯。

西欧国家能够实现工业化是因其建立了"有效率的经济组织",对所有权的制度性保障是效率产生的重要激励。③ 这种保障不仅是名义上的,而且是可实现的。近代中国工业化一直未能实现有多重原因,缺乏对私人财产权的有效保障便是一个重要因素。国民政府虽在法律上明文规定被敌伪强占的民营企业应发还原主,表现出保护私人财产权的姿态,但在实际执行中并未完全兑现。战后初期,山西对接收的民营企业采取代管与租赁的处理方式,是在国民政府相关法令规定及社会舆论压力下的折中方案。随着经济环境的恶化及战争局势的变化,民营企业不可避免地被政府"征用"与"征借"。类似的情况在北伐时期的"逆产"处理中也屡见不鲜。如北伐军将山东中兴煤矿作为"逆产"没收的真正目的是索要军饷。④ 正如王亚南所论,国民政府在接收敌伪产业时,为民营企业提供各种便利条件,为的是直接或间接地将其变为官有。⑤ 在这一过程中,其控制经济为战争敛财的本质也彻底暴露。由此可以看出,无论无偿官有或有偿官用,国民政府的最终目的都是为了扩大官僚资本。相较于1949年后对官僚资本的接收,后者成为社会主义国营经济的来源之一,是新民主主义革命取得胜利的重要标志,也为新中国成立后国民经济的恢复和社会主义经济制度的建立奠定了重要经济基础。

---

① 罗纳德·科斯:《企业、市场与法律》,盛洪、陈郁译,格致出版社、上海人民出版社2009年版,第173页。

② 袁庆明:《新制度经济学教程》,中国发展出版社2014年版,第214页。

③ 道格拉斯·诺斯、罗伯斯·托马斯:《西方世界的兴起》,厉以平、蔡磊译,华夏出版社2017年版,第5页。

④ 范矿生:《"罪"与"罚":浅论北伐战争时期的"逆产"处理——以1928年"整理中兴案"为中心的考察》,载于《中国经济史研究》2010年第1期,第36~40、120页。

⑤ 王亚楠:《中国经济原论》,中国大百科全书出版社2011年版,第189~190页。

第六章 研究结论与展望

一、研究结论

近代企业的发展是中国近代工业化中一个非常重要的方面，而资本积累不足与企业治理始终都是困扰中国近代企业发展的重要因素之一。清末官督商办企业的发轫也主要是出于解决企业发展资金短缺的问题。清政府以财政资金为基础，招募商股创办企业，由政府派员督办。政府官员掌握企业控制权，商股股东出资额与股权不对等。历史实践证明，官督商办这种所有权和经营权高度统一的模式是失败的。北洋政府时期，官员以私人身份投资实业成为社会普遍现象，某种程度上提供了中国近代工业发展亟须的资本要素，推动了中国近代经济结构从农业向工业转型。然而，这种模式中存在大量以权谋私等权力寻租现象。同时，官员作为投资人主要关注自身财富的增值和权势的延续，而对企业的长远发展和经营管理关注较少。① 西北实业公司董事会治理模式的建立正是基于对这一历史经验的深刻认识。

（一）西北实业公司具有经政府背书的多元融资网络

山西作为内陆省份，在工业化过程中面临更为严重的资金短缺问题。在没有中央政府及外资支持的情况下，西北实业公司通过公债等金融手段解决了融资问题。从资本结构看，政府财政、私人企业、公益性机构以及官员等投资者未将资金直接投入企业，而是作为政府的债权人。政府以这些资金作为准备金发行债券，通过金融杠杆放大了投资效应。政府再成立官方银行号用发行的钞票回购债券，即将政府债券货币化。这样一来，全省人民便被动

---

① 郭从杰：《北洋官员投资实业研究》，黄山书社 2020 年版，第 133、263 页。

地成为山西公营实业的投资者。因此，投资者未形成对西北实业公司的股权而形成了对政府的债权。换句话说，政府许以投资者还本付息这一可置信承诺，换取投资者放弃对西北实业公司的投票权，投资者仅获取单一的财务收益。这一融资模式与同时期的国营企业及战时发展壮大的其他省份的省营企业有很大不同。山西地方政府通过举债为西北实业公司筹集资本，私人资本以政府债权人的角色参与企业投资，获取较高的资本投资回报并降低风险。政府同时以资金划拨的方式从官方金融机构为企业筹集流动资本。公司的商业贷款也能够得到政府背书。可以说，西北实业公司资本虽不是全部来自政府，但政府在公司融资中发挥了主导性作用。

这种融资模式虽在一定程度上解决了公司资金短缺问题，但同时也造成了公司法人产权缺失与公私不分等问题。如阎锡山的家族企业亨记银号向西北实业公司投入的数十万元资金都是以政府借款的性质划拨到企业。加之公司战后以省市参议员代持股份的形式在经济部登记注册为股份有限公司，进一步加剧了公与私的模糊性。即便是省政府主席徐永昌也对西北实业公司的产权性质难以准确界定，曾言公司资本为"可公可私之款"，"公家账内无此款，乃悉由阎先生拿出"。① 因此，当国民党败退台湾后才有山西籍人士指控阎锡山将西北实业公司等人民公营事业化公为私。

（二）公司治理结构的运行逻辑：剩余控制权与剩余索取权的结合

山西省当局虽意识到政府直接管理企业的各种弊端，但由于西北实业公司较为模糊的产权性质，使其无法按照《公司法》成立股份有限公司，建立现代法人治理结构。公司成立初期，先后实行了组长负责制、厂长负责制、承包制、经理负责制，调动了经营者的积极性，实现了公司的快速发展。这种分权治理模式将剩余控制权更多地赋予人力资本所有者即各组长与厂长，呈现出较高程度的两权分离。由于公司处于初创期，技术风险较高，人力资本较货币资本具有更高的边际价值。同时，与一般省营企业相比，西北实业公司的组长、厂长更多从事技术含量较高的非程序性工作，监督难度

---

① 徐永昌：《徐永昌日记》（第11册），台北"中央研究院"近代史研究所1990年版，第136页。

更大。因此，将剩余索取权和控制权赋予工厂管理层可以提高激励强度，实现资源优化配置，为公司创造更大价值。

然而，在厂长负责与承包制下，公司分化为多个市场经营主体，且对经营者缺乏有效的内部监督。各经营主体单纯利润导向使局部利益最大化与公司整体利益最大化之间产生矛盾。此外，经理人市场与资本市场的缺失也使经营者缺乏外部监督，有损投资者利益的行为频发。为此，西北实业公司进行改组，由阎系实权派人物梁航标出任公司经理，"以免重蹈国营工厂亏累倒闭的悲剧"。然而，公司改组仅是加强了人际监督，并未彻底改变承包与分权的治理模式，同时还造成了剩余索取权和控制权的不对应，组长及厂长等经营者积极性受挫。公司最终借鉴西方股份有限公司制建立了董事会治理结构。

西北实业公司的董事会治理结构是股份有限公司制和政府官僚式控制的结合。阎锡山等高级官员作为政府人格化的代表与官员私人资本的代言人，通过"个人嵌入"的方式成为公司正式治理结构的一部分，由阎锡山领导的督理委员会掌握了公司剩余控制权。董事会更多的是作为执行董事会对公司管理层进行监督。公司管理层的职能仅限于对既定经营方略的执行，主观能动性受到较大限制。

从剩余分配的角度来看，督理委员会决定公司最终收益分配，体现了政府作为出资人的剩余索取权。而督理委员会往往超越公司治理结构边界，直接干预公司具体经营管理决策，也从另一个角度说明西北实业公司董事会治理结构的不完备性。

抗战期间，新记西北实业公司实行政府投资并派员经营的官办工厂制度，建立了高度行政化的公司治理模式。这种企业制度曾在20世纪20年代山西第二次工业化浪潮中普遍使用，已被证明并非促进企业持续成长的好办法。受时局、资源等各种约束条件的限制，新记西北实业公司选择官办工厂制度实属历史的必然。日军利用强占的西北实业公司各厂资产成立山西产业株式会社，建立了形式上的公司治理结构，但其本质上还是为日本侵华战争服务，只是将军管理改为日本各财阀的综合经营，以更多掠取沦陷区社会财富。

抗战胜利后，西北实业公司通过接收敌伪产业实现了公司的快速扩张。公司主要从政府部门和官方机构融资，资本结构更为单一，同时也决定了公司治理模式更为集权化。战后督理委员会、董事会、西北实业公司均建立了严密的科层结构，通过行政指令的方式进行资源配置。从剩余分配的角度来看，这一时期趋向于严重的平均主义，经理人的激励效应日趋降低，最终成为阎锡山政府的战争工具。

二、研究展望

本书以档案资料为中心，从资本构成、管理体制、科层结构、剩余分配及经理人激励、对民营企业的代管与租赁等方面对西北实业公司的董事会治理结构进行了系统性的分析，呈现出这一治理结构从探索到逐渐形成的发展过程，但本书还可在以下几个方面进行拓展：

第一，政府官员等私人投资者以向政府放贷的方式对西北实业公司进行间接投资，仅作为财务投资者，本质上未形成公司股权。由于资料的不完备，私人投资者是否能如期足额取得债券和借款收益尚不得而知。同时，新中国成立后新政府对这些私人投资是按股权还是债权抑或旧政权官僚资本处理也有待进一步考察。对这些问题的回答有助于更为深入地理解西北实业公司独特的融资模式及公司产权制度。

第二，受战争影响，西北实业公司早期档案资料遗失大部，无法对公司实行分组制及承包制期间的资金运作、工厂经营绩效、经理人激励及盈余分配等进行全方位考察，从而无法形成与公司章程等制度性文件互相印证的完整逻辑链条。

第三，经理人激励的多样性解读。彭士弘、曹焕文等留学生放弃上海、天津等大城市的丰厚待遇，返回家乡投身实业建设，除了公司的正式激励机制外，阎锡山"造产救国"的使命召唤及对公营事业的身份认同也是不可忽略的重要因素。

我国公司治理研究的兴起与国有企业改革密切相关，国有企业改革成为当前最重要的公司治理问题。改革开放以来，国有企业改革取得了巨大成就，越来越多的国有企业进入世界500强行列。同时，随着国有企业"走出去"战略及"一带一路"倡议的实施，更多的国有企业开始走出国门、走向世界。从西北实业公司董事会治理模式的建立与运作过程中，我们可以汲取经验教训，以更好地实现国有企业的做强做大。

首先，我国国有企业的改革先后经历了放权让利、厂长负责制、承包经营责任制和建立现代企业制度等不同阶段。放权让利，即企业从计划经济体制下由各级政府部门直接管理和经营的政企合一形式，逐步向所有权与经营权分离、经营者具有更多经营自主权转变。厂长负责制则是国家把企业的生产指挥、经营管理委托厂长全权负责。承包经营责任制是以承包经营合同的形式明确国家与企业承包者的契约关系，使企业实现自主经营、自负盈亏。这些制度的实行虽在一定程度上释放了企业活力，解决了政企不分的问题，但也存在对经营者权力制约不足、包盈不包亏、政企不分等问题。此外，仅在分配环节实行放权让利和利改税无法真正实现国有企业的两权分离与自主经营和自负盈亏。经过这些前期探索，国有企业改革最终走上建立法人治理结构的道路。西北实业公司同样在经历了厂长负责制、承包制、经理负责制等后最终建立起董事会治理结构，在公司治理方面的探索与当代国有企业改革路径高度相似。这再一次表明，法人治理结构是国有企业改革的必经之路。但西北实业公司战后逐渐走向衰落提醒我们，实现国有企业有效治理仅建立法人治理结构是远远不够的，同时还要尊重法人的独立产权地位，处理好政府与国有企业法人的关系。政府作为国有企业出资者，无论是控股还是参股，都要在公司法人治理结构框架内参与公司治理，政府社会治理成本也不能变相地转嫁给国有企业。

其次，政府应明确投入国有企业的资本属性，即权益资本或债务资本，前者形成国有企业股权，后者形成债权，上述两类资本的比例即资本结构在很大程度上决定了公司治理模式的选择。当代国有企业改革中也存在"债转股"等现象，造成了国有企业"预算软约束"等问题。此外，西北实业公司的发展还表明，按照要素的边际价值合理配置企业剩余控制权与剩余索取权会带来企业的快速发展。因此，当前国有企业混合所有制改革不仅要做到国有资本与民营资本同股同权，有些情况下甚至可以同股不同权。特别是在数字经济、人工智能等领域，人力资本较货币资本具有更高的边际价值，这些领域的国有企业改革应探索实行同股不同权或双重股权结构模式，将企业控制权更多地配置给专业化团队，由其开展模式创新。政府则作为普通财务投资者，实现货币资本和人力资本之间专业化的深度分工，提升企业管理效率。

最后，任何国有企业改革措施都不能忽略本国的文化背景和制度禀赋。西方自由主义的代表哈耶克主张"社会的经济问题，主要是迅速适应具体时间和地点上环境变化的问题"。在他看来，中央计划的制定者们不可能完全熟悉每个企业所处的环境、直接了解环境所发生的变化以及对这些变化做出即时反应以获取资源。而价格机制可以传递和整合各类信息，无须了解环境变化的所有影响即可协调每个人各自的行动，进而正确地安排自己的资源配置。因此，市场总是或至少在长期来看比计划更为有效。① 在民国社会剧烈动荡时期，经理人市场、资本市场发育并不完善，加之军阀割据及各种苛捐杂税盛行，未形成统一的产品市场，因此，单纯依赖市场的外部约束显然无法实现国有企业的有效治理。在这种情况下，政府干预便是对市场的重要补充。当前国有企业改革中也存在政府与市场有效整合的问题。如何实现"有为政府"与"有效市场"的制度性结合，充分发挥两者在资源配置中的优势，是包括国有企业改革在内的一切经济改革必须考虑的重要问题。

---

① 路易斯·普特曼、兰德尔·克罗茨纳：《企业的经济性质》（第三版），孙经纬译，格致出版社 2015 年版，第 62～64 页。

参 考 文 献

一、档案文件

[1]《本会奉令改称为山西全省民营事业董事会希查照由》（1936 年 7 月 31 日），山西省档案馆藏，山西省民营事业董事会档案，档案号：B30 - 1 - 214 - 10。

[2]《本会奉令改称为山西全省民营事业董事会希查照由》，山西省档案馆藏，山西省人民公营事业董事会档案，档案号：B30 - 1 - 214 - 10。

[3]《拨付各公营事业资本表》（1937 年 1 月 15 日），山西省档案馆藏，山西省人民公营事业董事会档案，档案号：B30 - 1 - 002 - 3。

[4]《抄发财政部三十七年度生产事业性贷款方针及补充办法各一份请查照准办由》，太原市档案馆藏，西北实业公司档案，档案号：J006 - 1 - 0492。

[5]《抄件西实工字第五二三号》（1948 年 8 月 25 日），山西省档案馆藏，山西省民营事业董事会档案，档案号：B30 - 1 - 764 - 13。

[6]《呈报西北实业公司被劫机器经日政府调查转函该公司速派员来日认定由》（1948 年 2 月 18 日），台北"中央研究院"近代史研究所档案馆藏，国民政府驻日代表团档案，档案号：32 - 03 - 159。

[7]《呈报榆次纺织厂因原棉缺乏拟部分停工裁汰工友 207 名请备查由》（1947 年 8 月 24 日），太原市档案馆藏，西北实业公司档案，档案号：J006 - 1 - 0202。

[8]《呈复公司更改公司名称并陈明章程及创立会决议录所印条文事情由》（1946 年），山西省档案馆藏，西北实业公司档案，档案号：B31 - 1 - 358 - 11。

[9]《呈据晋华纺织股份有限公司呈复遵令更正文件并声叙各缘由请鉴核由》（1934 年 2 月 27 日），台北"中央研究院"近代史研究所档案馆藏，实业部公司登记档案，档案号：17 – 23 – 01 – 04 – 07 – 005。

[10]《呈送晋北矿务局股份有限公司尊令更正章册及补报文件情鉴核由》（1934 年 6 月 12 日），台北"中央研究院"近代史研究所档案馆藏，经济部公司登记档案，档案号：17 – 23 – 01 – 04 – 02 – 001。

[11]《大同矿业股份有限公司应准公司登记发给执照惟应呈准设定矿业权始得开采仰饬遵照由》（1935 年 12 月 27 日），台北"中央研究院"近代史研究所馆藏，经济部公司登记档案，档案号：17 – 23 – 01 – 04 – 02 – 002。

[12]《大同县兴农化学工业社公司》，台北"中央研究院"近代史研究所馆藏，经济部公司登记档案，档案号：17 – 23 – 01 – 04 – 10001。

[13]《电灯新记股份有限公司》，台北"中央研究院"近代史研究所档案馆馆藏，建设委员会档案，档案号：17 – 23 – 25 – 04 – 004 – 01。

[14]《电复关于西北实业公司被劫机器经 RAC – 46 及 RAC – 156 两案通过归还我国办理经过情形敬祈鉴核由》，台北"中央研究院"近代史研究所档案馆藏，国民政府驻日代表团档案，档案号：32 – 03 – 160。

[15]《第一届董监联席会议山西省人民公营事业董事会提案》（1936 年），山西省档案馆藏，山西省人民公营事业董事会档案，档案号：B30 – 1 – 5 – 10。

[16]《督理委员会令发借款券七百九十二万应悉数拨给西北实业公司未拨资本命查照拨付由》（1936 年 9 月 26 日），山西省档案馆藏，山西省人民公营事业董事会档案，档案号：B30 – 4 – 35 – 10。

[17]《电呈山西省政府拟派员认领机器事件请咨复前述搜集证件列单寄日由》（1946 年 10 月 29 日），台北"中央研究院"近代史研究所档案馆藏，国民政府驻日代表团档案，档案号：32 – 03 – 158。

[18]《代省府拟呈行政院及驻日代表团公司损失机器清册及物权证明并日军参谋长山岗道武所出确实被劫时之报告书》（1947 年 3 月 4 日），台北"中央研究院"近代史研究所档案馆藏，国民政府驻日代表团档案，档案号：32 – 03 – 288。

[19]《电送西北实业公司修正章程请查核发照由》（1947 年 4 月 18

日），台北"中央研究院"近代史研究所档案馆藏，经济部公司登记档案，档案号：18－23－01－04－31－001。

［20］《电复西北实业公司派员来日一节请转知先派一人来日祈鉴核由》（1947年11月8日），台北"中央研究院"近代史研究所档案馆藏，国民政府驻日代表团档案，档案号：32－03－158。

［21］《电知关于西北实业公司被劫机器于四月二日前可集中港口待运相应检送该批规划机器全部装箱清册希查照办理由》（1949年3月10日），台北"中央研究院"近代史研究所档案馆藏，国民政府驻日代表团档案，档案号：32－03－160。

［22］《复未还款支票照收并附收条由》（1938年2月15日），天津市档案馆藏，西北实业公司档案，档案号：401206800－J0211－1－003594。

［23］《工商部股份有限公司注册稿底》（1929年7月13日），台北"中央研究院"近代史研究所档案馆藏，经济部公司登记档案，档案号：17－23－01－74－31－002。

［24］《公营事业董事会关于函复公司本部暨集中营业各厂经协理及职雇员红利与奖励金百分率已签呈批定另缮红利分配办法函送查照办理由》（1937年1月13日），山西省档案馆藏，山西省人民公营事业董事会档案，档案号：B30－1－276－17。

［25］《公营事业资产负债数目对照表》（1936年8月），山西省档案馆藏，山西省人民公营事业董事会档案，档案号：B30－1－348－1。

［26］《关于抄附督理委员会关于接收物资除枪械外全归董事会的函》（1946年6月27日），太原市档案馆藏，西北实业公司档案，档案号：J006－1－0928－50。

［27］《关于呈报西北实业公司拟送分配红利办法的请示的呈文》（1936年12月7日），山西省档案馆藏，山西省人民公营事业董事会档案，档案号：B30－1－276－5。

［28］《关于复工贷款请求书及填表说明希查填具报的函》（1946年2月21日），太原市档案馆藏，西北实业公司档案，档案号：J006－1－0401－52。

［29］《关于给予奖金或分配红利均应由董事会拟定之请示的呈文》（1936年12月16日），山西省档案馆藏，山西省人民公营事业董事会档案，档案号：B30－1－276－2。

[30]《关于工友待遇事项》(1947年3月),山西省档案馆藏,山西省民营事业董事会档案,档案号:B30-1-214-35。

[31]《关于公司复业招聘技术人员的签请》(1940年8月27日),太原市档案馆藏,西北实业公司档案,档案号:J006-1-0251-27。

[32]《关于公司组织章程有修正之必要的呈请》(1938年8月8日),太原市档案馆藏,西北实业公司档案,档案号:J006-1-0251-033。

[33]《关于购买原材料需资金的签请》(1940年9月20日),太原市档案馆藏,西北实业公司档案,档案号:J006-1-0251-030。

[34]《关于晋华等四厂由西北公司租用提高租金及经费的签呈》(1948年11月27日),山西省档案馆藏,山西省公营事业董事会档案,档案号:B30-1-764-15。

[35]《关于另行筹垫分摊各费并准免利留用盈余抑或拨作扩张事业准备的请示》(1948年1月),山西省档案馆藏,山西省公营事业董事会档案,档案号:B30-1-432-17。

[36]《关于民营各厂预计发还资产明细表希查照公司财产的函》(1946年10月29日),太原市档案馆藏,西北实业公司档案,档案号:J006-1-0495。

[37]《关于山西省立晋华卷烟厂所呈本省购吸烟者必须购吸本省烟如购吸外省烟者应予以处分的函》,山西省档案馆藏,西北实业公司档案,档案号:B30-1-542-1。

[38]《关于西北公司三十五年度盈余仍应计利的函》(1948年1月),山西省档案馆藏,山西省公营事业董事会档案,档案号:B30-1-432-19。

[39]《关于西北实业公司红利分配办法已核的令》(1936年12月17日),山西省档案馆藏,山西省人民公营事业董事会档案,档案号:B30-1-276-9。

[40]《关于西北实业公司租用晋华等四厂股息问题的签呈》(1946年10月27日),山西省档案馆藏,山西省公营事业董事会档案,档案号:B30-1-151-1。

[41]《关于在作战期间应由董事会派员随营管理公营事业事务待战事终了即行恢复原状的电报》(1938年),山西省档案馆藏,山西省公营事业

董事会档案，档案号：B30-1-8-5。

[42]《关于准西北实业公司天津采办处函送太原绥靖公署请求协助代电致市社会局训令（附电知太原西北实业公司天津采办处代本公署购买各种军用物资请协助代电）》（1947年4月3日），天津市档案馆藏，西北实业公司档案，档案号：401206800-J0025-2-000636-001。

[43]《关于资金俾资建设以利抗战的呈文》（时间不详），太原市档案馆藏，西北实业公司档案，档案号：J006-1-0251-32。

[44]《关于三十五年度盈余作制造军品等用分摊各费请另设法筹拨归垫并免利留贷以纾困难的请示的函》（1948年3月31日），山西省档案馆藏，山西省公营事业董事会档案，档案号：B30-1-432-21。

[45]《函报晋华四厂租期即将届满所有续租问题及租金如何决定请示由》（1948年6月19日），山西省档案馆藏，山西省公营事业董事会档案，档案号：B30-1-764-12。

[46]《函复奉批购肥田粉五十吨因津较沪便宜拟先饬津购二十五吨的公函》（1936年9月28日），山西省档案馆藏，西北实业公司档案，档案号：B31-1-346-12。

[47]《函告伍拾万元借款提出西北毛织厂及西北洋灰厂两处房地机器作担保由》（1937年5月11日），天津市档案馆藏，西北实业公司档案，档案号：401206800-J0211-1-003592。

[48]《函请转饬西北实业公司上年所得税一千七百九十二元七角不应在本年杂项损益内提取速予归补由》（1937年7月13日），山西省档案馆藏，山西省人民公营事业董事会档案，档案号：B30-276-36。

[49]《函请转饬西北实业公司上年所得税一千七百九十二元七角不应在本年杂项损益内提取速予归补由》，山西省档案馆藏，山西省人民公营事业董事会档案，档案号：B30-1-276-36。

[50]《函送公司承租晋华四厂续定租约请备查由》（1948年11月13日），山西省档案馆藏，山西省公营事业董事会档案，档案号：B30-1-764-14。

[51]《函为薛笃弼函请发还新绛大益纱厂机器一案有无转移该厂是否存在已否利用附去调查表确查克日具报并将原表填明寄还以凭核转由》（1946年2月14日），太原市档案馆藏，西北实业公司档案，档案号：J006-

1 - 0472。

[52]《函知查复该厂在日人占用期间有无租赁及与日伪合股又在日人占用时增加资产计有若干确实查清具复以凭转报由》（1946 年 5 月 22 日），太原市档案馆藏，西北实业公司档案，档案号：J006 - 1 - 0475。

[53]《核准西北实业建设股份有限公司设立登记填发执照函请查照由》，（1947 年 7 月 25 日），台北"中央研究院"近代史研究所档案馆藏，经济部公司登记档案，档案号：18 - 23 - 01 - 04 - 31 - 001。

[54]《函知租用晋华四厂之办公费自七月份起增加一千万元共为二千万元由》（1947 年 7 月 24 日），山西省档案馆藏，西北实业公司档案，档案号：B31 - 2 - 287 - 51。

[55]《函请增加四厂租金以维各股东生活由》（1947 年），山西省档案馆藏，西北实业公司档案，档案号：B31 - 2 - 287 - 56。

[56]《函知晋华等四厂于租期届满后即收回自办请核复由》（1947 年 4 月 21 日），山西省档案馆藏，西北实业公司档案，档案号：B31 - 2 - 287 - 29。

[57]《函复晋华四厂奉令准续由公司租赁由》（1947 年 5 月 31 日），山西省档案馆藏，西北实业公司档案，档案号：B31 - 2 - 287 - 32。

[58]《函请将租金现洋折合率加以调整由》（1948 年 3 月 15 日），山西省档案馆藏，西北实业公司档案，档案号：B31 - 2 - 287 - 76。

[59]《函解十一月应担建设基金省币八万元请核收由》（1936 年 10 月 24 日），山西省档案馆藏，山西省人民公营事业董事会档案，档案号：B30 - 04 - 07 - 3。

[60]《函呈送三十五年业务检讨报告由》（1947 年 6 月 7 日），山西省档案馆藏，山西省公营事业董事会档案，档案号：B30 - 1 - 474 - 4。

[61]《贾景德致驻日代表团团长商震电》（1947 年 9 月），台北"中央研究院"近代史研究所档案馆藏，国民政府驻日代表团档案，档案号：32 - 03 - 158。

[62]《接管晋华等三厂报告》（1935 年 12 月 12 日），天津市档案馆藏，晋华晋生公司档案，档案号：401206800 - J0161 - 2 - 001786。

[63]《晋北矿务局股份有限公司设立登记案仰赐补正文件并声复由》（1934 年 3 月 27 日），台北"中央研究院"近代史研究所档案馆藏，经济部

公司登记档案，档案号：17-23-01-04-02-001。

［64］《晋北矿务局注册文件》（1935年），台北"中央研究院"近代史研究所档案馆藏，经济部公司登记档案，档案号：17-23-01-04-02-001。

［65］《晋华纺织等四公司董监联合会请转函山西省政府发还产权》（1947年3月21日），天津市档案馆藏，晋华纺织公司档案，档案号：401206800-J0019-2-002159。

［66］《晋华纺织公司等出品运往开封等处推销并在各地设分销处呈请领发执照以资保护》（1936年10月14日），台北"中央研究院"近代史研究所档案馆藏，榆次县晋华纺织公司登记档案，档案号：17-23-01-04-07-001。

［67］《晋华纱厂简史》（1949年），山西省档案馆藏，新记电灯公司等厂矿档案，档案号：B32-4-3-4。

［68］《据报载通知将本人持有晋华纺织公司股票号码报上之信函及晋华晋恒晋生电灯四公司股东登记持有股票号码的信函》（1947年2月17日），山西省档案馆藏，新记电灯公司等厂矿档案，档案号：B32-4-7-23。

［69］《请示照租晋华四厂办法由》（1948年6月17日），山西省档案馆藏，山西省公营事业董事会档案，档案号：B30-1-764-11。

［70］《山西全省民营事业董事会关于全省民营事业起源及其现状特访问主管全省民营事业董事会张董事长承答的记录》（1947年12月），山西省档案馆藏，山西省公营事业董事会档案，档案号：B30-1-10-2。

［71］《山西全省民营事业董事会所属各厂三十五年度产销统计表》（1947年），山西省档案馆藏，山西省公营事业董事会档案，档案号：B30-1-546-1。

［72］《山西全省民营事业督理委员会关于省经局的调查意见》（1946年6月），山西省档案馆藏，西北实业公司档案，档案号：B31-1-357-9。

［73］《山西省公营事业年终结算办法》（1942年12月31日），山西省档案馆藏，山西省公营事业董事会档案，档案号：B30-1-364-13。

［74］《山西省民营事业董事会负债目录》（1946年），山西省档案馆藏，山西省公营事业董事会档案，档案号：B30-1-374-1。

[75]《山西省民营事业董事会关于西北实业公司烟价的函》（1946 年 11 月），山西省档案馆藏，山西省公营事业董事会档案，档案号：B30 - 1 - 555 - 1。

[76]《山西省民营事业董事会关于西北印刷厂印费昂贵问题的函》（1946 年 11 月），山西省档案馆藏，山西省公营事业董事会档案，档案号：B30 - 1 - 558 - 1。

[77]《山西省民营事业董事会所属单位三十五年度盈余处分表》（1947 年），山西省档案馆藏，山西省公营事业董事会档案，档案号：B30 - 1 - 374 - 2。

[78]《山西省民营事业董事会所属各单位现况表》（1946 年 9 月 8 日），山西省档案馆藏，山西省公营事业董事会档案，档案号：B30 - 1 - 516 - 6。

[79]《山西省人民公营事业董事会编制表》（1946 年），山西省档案馆藏，山西省公营事业董事会档案，档案号：B30 - 1 - 214 - 5。

[80]《山西省人民公营事业董事会关于西北实业公司及晋华卷烟厂1936 年资本红利除提拨资本外余款已交山西省行注收本会存款账内给督理委员会的呈》（1937 年 5 月 13 日），山西省档案馆藏，山西省人民公营事业董事会档案，档案号：B30 - 1 - 35 - 28。

[81]《山西省人民公营事业董事会关于西北实业公司章程讨论的报告》（1946 年 12 月），山西省档案馆藏，西北实业公司档案，档案号：B31 - 1 - 358 - 5。

[82]《山西省人民公营事业董事会章则摘要》（1937 年 7 月 1 日），山西省档案馆藏旧政权资料，编号：N63。

[83]《山西省人民公营事业督理委员会关于董事会所属各单位统归该董事会管理监督以名归属希转遵照一事给山西省人民公营事业董事会的代电》（1946 年 7 月 16 日），山西省档案馆藏，山西省公营事业董事会档案，档案号：B30 - 1 - 214 - 12。

[84]《山西省人民公营事业督理委员会关于将晋华卷烟厂划归西北实业公司管理的训令》（1937 年 3 月 10 日），山西省档案馆藏，山西省人民公营事业董事会档案，档案号：B30 - 1 - 26 - 1。

[85]《山西省人民公营事业督理委员会关于将西北实业公司等公营事

业划归公营事业董事会管理的训令》（1936年），山西省档案馆藏，山西省人民公营事业董事会档案，档案号：B30-1-12-1。

［86］《山西省人民公营事业督理委员会指令》（1936年7月15日），山西省档案馆藏，山西省人民公营事业董事会档案，档案号：B30-1-353-43。

［87］《山西省人民公营事业管理章程》（1936年7月1日），山西省档案馆藏，山西省人民公营事业董事会档案，档案号：B30-1-86-3。

［88］《山西省人民公营事业章则摘要》（1936年），山西省档案馆藏，旧政权资料，编号：N-63。

［89］《山西省人民民营事业董事会第五十次会议决议》（1946年3月21日），山西省档案馆藏，西北实业公司档案，档案号：B31-1-357-8。

［90］《山西省政府为发给临时执照事》（1935年10月18日），台北"中央研究院"近代史研究所档案馆藏，经济部公司登记档案，档案号：17-23-01-04-02-002。

［91］《山西造产年鉴》，山西省档案馆藏，旧政权资料，编号：N36。

［92］《省民营董事会关于在抗战期间长官部提用物质款项册报结算的函》，山西省档案馆藏，山西省人民公营事业董事会档案，档案号：B30-1-702-7。

［93］《省人民公营事业董事会计核组关于西北实业公司呈请中央立案及对内组织章程的提案》，山西省档案馆藏，西北实业公司档案，档案号：B31-1-357-8。

［94］《实业部指令：大同矿业股份有限公司应准公司登记发给执照，惟应呈准设定矿业权始得开采仰饬遵由》，台北"中央研究院"近代史研究所档案馆藏，实业部公司登记档案，档案号：17-23-01-04-02-002。

［95］《送本会会议规程办事细则及请假规则考核规则的呈文及督理委员会的指令》（1937年4月27日），山西省档案馆藏，山西省人民公营事业董事会档案，档案号：B30-1-73-3。

［96］《所请该由津购肥田粉准照办的公函》（1936年10月16日），山西省档案馆藏，西北实业公司档案，档案号：B31-1-346-13。

［97］《山西省民营董事会关于在抗战期间长官部提用物质款项册报结算的函》（1946年5月），山西省档案馆藏，山西省公营事业董事会档案，档案号：B30-1-702-7。

［98］《太原纺织厂编制人数及实有人员一览表》（1946年），太原市档案馆藏，西北实业公司档案，档案号：J006－1－0295。

［99］《太原纺织厂关于本厂车床等改作枪弹修造及本厂男女工改造军火的请示》（1948年12月13日），山西省档案馆藏，西北实业公司档案，档案号：B31－2－73－1。

［100］《太原晋恒制纸厂公司》（1937年5月），台北"中央研究院"近代史研究所档案馆藏，建设委员会档案，馆藏号：17－23－25－04－004－01。

［101］《太原晋生织染工厂公司》，台北"中央研究院"近代史研究所档案馆藏，实业部公司登记档案，档案号：17－23－01－04－07－001。

［102］《太原绥靖公署兵工室关于购沪炸药原料肥田粉数量与款项出处的请示函、呈文》（1936年9月8日），山西省档案馆藏，西北实业公司档案，档案号：B31－1－346－9。

［103］《太原土货产销合作商行与西北火柴厂订立合同》（1934年9月1日），山西省档案馆藏，西北实业公司档案，档案号：B31－1－151－23。

［104］《太原县红骨子瑠磁土壤：梁航标》，台北"中央研究院"近代史研究所档案馆藏，实业部矿业司档案，档案号：17－24－04－024－01。

［105］《太原县静居观山石膏矿：彭士弘；西乡店头村东风峪沟石膏矿：彭士弘》，台北"中央研究院"近代史研究所档案馆藏，实业部矿业司档案，档案号：17－24－04－023－03。

［106］《外交部致驻日代表团电》（1948年5月1日），台北"中央研究院"近代史研究所档案馆藏，国民政府驻日代表团档案，档案号：32－03－159。

［107］《为办理办公处迁移事致西北实业公司天津采办处批（附该处函）》（1946年9月9日），天津市档案馆藏，西北实业公司档案，档案号：401206800－J0025－2－001613－001。

［108］《为本公司申请分配美援案电请赞助由》，台北"中央研究院"近代史研究所档案馆藏，经济部工业司档案，档案号：18－22－01－041－07。

［109］《为西北实业公司认领被劫机器事》（1948年5月18日），台北"中央研究院"近代史研究所档案馆藏，国民政府驻日代表团档案，档案号：32－03－159。

[110]《为呈被劫机器应经规还情形请接洽外交部赔委会核办由》（1948年4月24日），台北"中央研究院"近代史研究所档案馆藏，国民政府驻日代表团档案，档案号：32－03－159。

[111]《为呈被劫机器应经规还情形请接洽外交部赔委会核办由》（1948年4月24日），台北"中央研究院"近代史研究所档案馆藏，国民政府驻日代表团档案，档案号：32－03－160。

[112]《西北火柴厂三十八年度业务计划》（1948年12月5日），山西省档案馆藏，山西省公营事业董事会档案，档案号：B30－5－22－6。

[113]《西北火柴厂与晋恒制纸厂立合同》（1934年10月），山西省档案馆藏，西北实业公司档案，档案号：B31－1－151－24。

[114]《西北实业公司（接收文79号附件）》（1947年11月5日），台北"中央研究院"近代史研究所档案馆藏，国民政府驻日代表团档案，档案号：32－03－288。

[115]《西北实业公司（接收文79号附件）》，台北"中央研究院"近代史研究所档案馆藏，国民政府驻日代表团档案，档案号：32－03－288。

[116]《西北实业公司12月底应收账款报告表》（1948年7月），山西省档案馆藏，西北实业公司档案，档案号：B31－3－71－14。

[117]《西北实业公司本部暨各厂部所处院民国三十四年十二月份收支概数月报表》，山西省档案馆藏，山西省公营事业董事会档案，档案号：B30－1－395－5。

[118]《西北实业公司本部暨集中营业各厂并独立营业各厂开支经费概算书及增加理由书请核准施行由》（1937年7月2日），山西省档案馆藏，山西省人民公营事业董事会档案，档案号：B30－1－353－40。

[119]《西北实业公司第七十二次厂长会议记录》（1947年7月11日），太原市档案馆藏，西北实业公司档案，档案号：J006－1－0767－61。

[120]《西北实业公司第十四次会议记录》（1946年12月21日），太原市档案馆藏，西北实业公司档案，档案号：J006－1－0904－018。

[121]《西北实业公司电业处城内外发电厂太原面粉分厂职工联合福利社章程》（1947年6月20日），太原市档案馆藏，西北实业公司档案，档案号：J006－1－0320。

[122]《西北实业公司关于呈请中央立案文件章程的请示》（1946年12

月），山西省档案馆藏，西北实业公司档案，档案号：B31-1-358-7。

[123]《西北实业公司关于呈送截至二十七年年底存款存货及负债各数目的函》（1939年4月25日），山西省档案馆藏，西北实业公司档案，档案号：B30-1-364-3。

[124]《西北实业公司关于奉电更改公司名称及改正章程的决议记录》（1946年），山西省档案馆藏，西北实业公司档案，档案号：B31-1-358-20。

[125]《西北实业公司关于函送红利分配办法经会讨论照章分别拟定的签呈（附办法）》（1936年12月12日），山西省档案馆藏，山西省人民公营事业董事会档案，档案号：B30-1-276-1。

[126]《西北实业公司函复将收到资本如数转收董事会之账的公函》（1936年12月26日），山西省档案馆藏，山西省人民公营事业董事会档案，档案号：B30-1-352-6。

[127]《西北实业公司函交二十五年份资本应得红利请核办赐复由》（1937年4月1日），山西省档案馆档案，山西省人民公营事业董事会档案，档案号：B30-1-350-17。

[128]《西北实业公司函交晋华卷烟厂二十五年份前半年资本应得红利请核实赐复由》（1937年4月12日），山西省档案馆藏，山西省人民公营事业董事会档案，档案号：B30-1-350-18。

[129]《西北实业公司函拟将公司红利分配办法第九条未项集中营业各厂所下之"未获利或"四字删除由》（1937年1月12日），山西省档案馆藏，山西省人民公营事业董事会档案，档案号：B30-1-276-19。

[130]《西北实业公司函送二十六年份开支预算希查照办理由》（1936年12月21日），山西省档案馆藏，山西省人民公营事业董事会档案，档案号：B30-1-353-3。

[131]《西北实业公司函送红利分配办法请查核修正由》（1936年12月26日），山西省档案馆藏，山西省人民公营事业董事会档案，档案号：B30-1-276-9。

[132]《西北实业公司函送红利分配办法请查核修正由》（1937年3月6日），山西省档案馆藏，山西省人民公营事业董事会档案，档案号：B30-1-276-10。

[133]《西北实业公司函送制造厂及兴农酒精厂红利分配办法照原办法各抄一份请查核修正颁发由》（1937 年 1 月 14 日），山西省档案馆藏，山西省人民公营事业董事会档案，档案号：B30 - 1 - 276 - 10。

[134]《西北实业公司函送制造厂修正红利分配办法请查核备案由》（1937 年 3 月 10 日），山西省档案馆藏，山西省人民公营事业董事会档案，档案号：B30 - 1 - 276 - 12。

[135]《西北实业公司函为补报前规定兴农酒精厂自二十四年九月一日起如有盈余以股东应得之三分之一发给旧股东曾奉总座批可并函知该厂遵以请查照备案由》（1937 年 3 月 4 日），山西省档案馆藏，山西省人民公营事业董事会档案，档案号：B30 - 1 - 276 - 43 - 19。

[136]《西北实业公司建设公司试验所三十八年度业务计划》（1948 年 11 月 20 日），山西省档案馆藏，山西省公营事业董事会档案，档案号：B30 - 5 - 22 - 3。

[137]《西北实业公司接收各厂损失财产申报总表第一表》，山西省档案馆馆藏，山西省人民公营事业董事会档案，档案号：B30 - 1 - 87 - 9。

[138]《西北实业公司历年概况》（1946 年 12 月），台北"中央研究院"近代史研究所档案馆藏，国民政府驻日代表团档案，档案号：32 - 03 - 159。

[139]《西北实业公司历年概况》（1946 年 12 月），台北"中央研究院"近代史研究所档案馆藏，国民政府驻日代表团档案，档案号：32 - 03 - 159。

[140]《西北实业公司煤矿第一厂与机车厂立合同》（1935 年 12 月 19 日），山西省档案馆藏，西北实业公司档案，档案号：B31 - 1 - 357 - 11。

[141]《西北实业公司煤矿第一厂与机车厂立合同》（1936 年 2 月 14 日），山西省档案馆藏，西北实业公司档案，档案号：B31 - 3 - 151 - 11。

[142]《西北实业公司民国二十五年份营业报告书》（1936 年），山西省档案馆藏，山西省人民公营事业董事会档案，档案号：B30 - 1 - 5 - 7。

[143]《西北实业公司民国三十五年度业务检讨报告》（1946 年），山西省档案馆藏西北实业公司档案，档案号：B31 - 2 - 65 - 11。

[144]《西北实业公司申请归还被日军移劫之机器新转知按照远东委员会规定办理由》（1947 年 2 月 17 日），台北"中央研究院"近代史研究所

档案馆藏，国民政府驻日代表团档案，档案号：32 - 03 - 158。

［145］《西北实业公司太原面粉厂章程》（1946 年），太原市档案馆藏，西北实业公司档案，档案号：J006 - 1 - 499 - 53。

［146］《西北实业公司太原面粉分厂复工贷款请求书》（1946 年），太原市档案馆藏，西北实业公司档案，档案号：J006 - 1 - 0497 - 54。

［147］《西北实业公司希申请国策贷款及分配美援请促成一案批》（1948 年 7 月 26 日），台北"中央研究院"近代史研究所档案馆藏，经济部工业司档案，档案号：18 - 22 - 01 - 041 - 07。

［148］《西北实业公司营业部与西北实业公司机车厂合同》（1936 年 8 月 14 日），山西省档案馆藏，西北实业公司档案，档案号：B30 - 1 - 168 - 18。

［149］《西北实业公司与晋兴公隆记立合同》（1937 年 9 月 22 日），山西省档案馆藏，西北实业公司档案，档案号：B31 - 3 - 157 - 14。

［150］《西北实业公司章则汇编》（1937 年 3 月），山西省档案馆藏，旧政权资料，编号：N45。

［151］《西北实业公司驻沪办事处与上海三力公司立合同》（1935 年 8 月 1 日），山西省档案馆藏，西北实业公司档案，档案号：B31 - 3 - 151 - 10。

［152］《西北实业公司资产负债表》（1936 年 6 月），山西省档案馆藏，山西省人民公营事业董事会档案，档案号：B30 - 1 - 371 - 46。

［153］《西北实业股份有限公司议立一案咨复查照更改名称由》，（1947 年 3 月 6 日），台北"中央研究院"近代史研究所档案馆藏，经济部公司登记档案，档案号：18 - 23 - 01 - 04 - 31 - 001。

［154］《西北实业建设公司关于榆次纺织厂编制人数及实有人数一览表》（1946 年），太原市档案馆藏，西北实业公司档案，档案号：J006 - 1 - 0304。

［155］《西北实业建设公司申请国策贷款及分配美援》，台北"中央研究院"近代史研究所档案馆藏，经济部工业司档案，档案号：18 - 22 - 01 - 041 - 07。

［156］《西北实业建设公司西北洋灰厂三十八年度业务计划书》（1948 年 12 月 4 日），山西省档案馆藏，山西省公营事业董事会档案，档案号：B30 - 5 - 22 - 5。

［157］《西北实业建设股份有限公司天津分公司登记执照稿底》（1947

年 12 月 26 日），台北"中央研究院"近代史研究所档案馆藏，经济部公司登记档案，档案号：18 - 23 - 01 - 04 - 31 - 001。

　　［158］《西北实业建设股份有限公司上海分公司登记执照稿底》（1948年 2 月 26 日），台北"中央研究院"近代史研究所档案馆藏，经济部公司登记档案，档案号：18 - 23 - 01 - 04 - 31 - 001。

　　［159］《西北实业建设股份有限公司台湾分公司登记执照稿底》（1948年 11 月 30 日），台北"中央研究院"近代史研究所档案馆藏，经济部公司登记档案，档案号：18 - 23 - 01 - 04 - 31 - 001。

　　［160］《新记西北实业公司》（1942 年 5 月 21 日），台北"中央研究院"近代史研究所档案馆藏，经济部公司登记档案，档案号：18 - 22 - 01 - 333 - 01。

　　［161］《新记西北实业公司章程》（1941 年），太原市档案馆藏，西北实业公司档案，档案号：J006 - 1 - 0252 - 2。

　　［162］《兴农化学工业社电灯部》，台北"中央研究院"近代史研究所档案馆藏，建设委员会档案，档案号：23 - 25 - 04 - 001 - 03。

　　［163］《兴农化学工业社股份有限公司股东名簿》（1935 年 5 月 31日），台北"中央研究院"近代史研究所档案馆藏，经济部公司登记档案，档案号：17 - 23 - 01 - 04 - 10 - 001。

　　［164］《兴农化学工业社股份有限公司设立登记呈请书》（1935 年 5 月24 日），台北"中央研究院"近代史研究所档案馆藏，经济部公司登记档案，档案号：17 - 23 - 01 - 04 - 10 - 001。

　　［165］《榆次晋华纺织厂的大概情形》（1949 年），山西省档案馆藏，新记电灯公司等厂矿档案，档案号：B32 - 4 - 3 - 5。

　　［166］《榆次县晋华纺织公司》，台北"中央研究院"近代史研究所档案馆藏，实业部商业司公司登记档案，档案号：17 - 23 - 01 - 04 - 07 - 005。

　　［167］《长官交下关于西北实业公司租用晋华等四厂股息问题解决办法的函》（1946 年 11 月 6 日），山西省档案馆藏，西北实业公司档案，档案号：B31 - 2 - 287 - 1。

　　［168］《转发西北实业公司被劫物资调查表及证件仰洽办具报》（1947年 7 月 2 日），台北"中央研究院"近代史研究所档案馆藏，国民政府驻日代表团档案，档案号：32 - 03 - 158。

[169]《准拟定公司红利分配办法已签呈核定抄省银行奖金分配办法希参酌整理函送本会由》（1936 年 12 月 18 日），山西省档案馆藏，山西省人民公营事业董事会档案，档案号：B30 - 1 -276 - 2。

二、资料汇编

[1]《民国丛书》委员会：《民国丛书》（第三编 74）《历史·地理类》，上海书店出版社 1991 年版。

[2]《山西省经济の史的变迁と现段阶》，山西产业 1943 年版，日本国立国会图书馆藏书，DOI：10. 11501/1445635。

[3]《中国近代兵器工业》编审委员会：《中国近代兵器工业：清末至民国的兵器工业》，国防工业出版社 1998 年版。

[4]《中国近代兵器工业档案史料》编委会：《中国近代兵器工业档案史料》（三），兵器工业出版社 1993 年版。

[5]《中国近代煤矿史》编写组：《中国近代煤炭史》，煤炭工业出版社 1990 年版。

[6] 财政部财政科学研究所、中国第二历史档案馆编：《国民政府财政金融税收档案史料（1927 - 1937）》，中国财政经济出版社 1997 年版。

[7] 财政部财政科学研究所、中国第二历史档案馆：《民国外债档案史料（第 11 卷）》，档案出版社 1990 年版。

[8] 曹焕文：《太原工业史料》，太原城市建设委员会 1955 年版。

[9] 陈真等：《中国近代工业史资料》，生活·读书·新知三联书店 1961 年版。

[10] 陈真等：《中国近代工业史资料》，生活·读书·新知三联书店 1958 年版。

[11] 丁天顺、许冰：《山西近现代人物辞典》，山西古籍出版社 1999 年版。

[12] 侯德封：《中国矿业纪要（1932 - 1934）》（第五次），实业部地质调查所、国立北平研究院地质学研究所 1935 年版。

[13] 沈云龙：《近代中国史料丛刊续编》（第 58 辑），文海出版社 1978 年版。

[14] 居之芬等：《日本对华北经济的掠夺和统制：华北沦陷区资料选

编》，北京出版社 1995 年版。

［15］孔祥毅：《民国山西金融史料》，中国金融出版社 2013 年版。

［16］李茂盛：《民国山西史》，山西人民出版社 2011 年版。

［17］立法院编译处：《中华民国法规汇编》（第一编），中华书局 1935 年版。

［18］刘国铭：《中国国民党百年人物全书》（上），团结出版社 2005 年版。

［19］刘义强：《满铁调查》（第 1 辑），中国社会科学出版社 2015 年版。

［20］毛洪亮：《民国晋绥集团军政人物春秋》，安徽人民出版社 2013 年版。

［21］蒙秀芳、黑广菊：《金城银行档案史料选编》，天津人民出版社 2010 年版。

［22］民国时期文献保护中心、中国社会科学院近代史研究所编《民国文献类编》（经济卷 437），国家图书馆出版社 2018 年版。

［23］"南满洲铁道株式会社"天津事务所调查课：《山西省の産業と貿易概況》，"南满洲铁道天津事务所调查课"1936 年版。

［24］"南满洲铁道株式会社"总务部资料课：《北支事情综览》，"南满洲铁道株式会社"1935 年版。

［25］秦孝仪：《中华民国重要史料初编·对日抗战时期》第 7 编《战后中国（四）》，（台北）中国国民党"中央委员会"1981 年版。

［26］秦孝仪：《总统蒋公大事长编初稿》（卷 3），（台北）中国国民党党史委员会 1978 年版。

［27］全国图书馆文献缩微复制中心：《民国时期物价生活费工资史料汇编》（第 7 册），全国图书馆文献缩微复制中心 2008 年版。

［28］全国政协文史和学习委员会：《文史资料选辑》（合订本第 17 卷），中国文史出版社 2010 年版。

［29］全国政协文史资料委员会：《文史资料存稿选编》（17）《军事派系》（上），中国文史出版社 2002 年版。

［30］全国政协文史资料研究委员会：《文史资料选辑》（第 49 辑），中华书局 1964 年版。

［31］日本东亚同文书院：《中国经济全书》（第 7 册），线装书局 2015

年版。

［32］山西省地方志办公室、山西省政协文史资料委员会：《阎锡山日记》，社会科学文献出版社 2011 年版。

［33］山西省档案馆：《二战后侵华日军"山西残留"：历史真实与档案征引》，山西人民出版社 2007 年版。

［34］山西省地方志办公室：《民国山西政权组织机构》，山西人民出版社 2014 年版。

［35］山西省平定县政协：《平定文史资料》（第 5 辑），山西省平定县政协 1989 年版。

［36］山西省政府秘书处：《山西省统计年鉴》（1934 年下卷），山西省政府秘书处统计室 1934 年版。

［37］山西文史资料编辑部：《山西文史精选：阎锡山垄断经济》，山西高校联合出版社 1992 年版。

［38］上海社会科学院经济研究所编：《荣家企业史料》，上海人民出版社 1980 年版。

［39］上海市档案馆编：《天原化工厂卷　吴蕴初企业史料》，档案出版社 1989 年版。

［40］大同矿务局矿史党史征编办公室：《大同煤矿史》（一），人民出版社 1989 年版。

［41］沈志华、杨桂松：《美国对华情报解密档案（1948－1976）》（一），东方出版中心 2007 年版。

［42］实业部国际贸易局：《中国实业志》（山西省），实业部国际贸易局 1937 年版。

［43］太原市政协文史资料研究委员会编：《太原文史资料》，太原市政协文史资料研究委员会 1988 年版。

［44］太原市政协文史资料研究委员会编：《太原文史资料》，太原市政协文史资料研究委员会 1990 年版。

［45］太原政协《太原工业百年回眸》编委会：《太原文史资料》（第 32 辑）《太原工业百年回眸》（上），太原市政协文史资料研究委员会 2009 年版。

［46］汪朝光：《中华民国史（1945－1947）》（第 11 卷），中华书局

2011 年版。

［47］吴其焯：《农工商业法规汇辑》，百城书局 1935 年版。

［48］刘孝诚：《中国财政通史》（中华民国卷），中国财政经济出版社 2006 年版。

［49］潘君祥、王仰清：《上海通史》（第 8 卷）《民国经济》，上海人民出版社 1999 年版。

［50］杨茂林：《山西抗战纪事》（第 2 卷），商务印书馆 2017 年版。

［51］榆次市政协文史资料研究委员会：《榆次文史资料》（第 7 辑），榆次市政协文史资料研究委员会 1986 年版，第 57 页。

［52］造产救国社：《山西造产年鉴》，造产救国社 1936 年版。

［53］张全盛、魏卜梅：《日本侵晋纪实》，山西人民出版社 1992 年版。

［54］张研、孙燕京：《民国史料丛刊（经济·概况）》，大象出版社 2009 年版。

［55］郑兢毅、彭时：《法律大辞书补编：法律文件表式》，商务印书馆 2012 年版。

［56］中国第二历史档案馆：《中华民国史档案资料汇编》（第 5 辑第 3 编）《财政经济》（四），江苏古籍出版社 2000 年版。

［57］中国第二历史档案馆编：《中华民国史档案资料汇编》（第 5 辑第 3 编）《财政经济》（一），凤凰出版社 1999 年版。

［58］《山西文史资料》编辑部：《山西文史资料全编》（第 10 卷第 109~第 120 辑），《山西文史资料》编辑部 1998 年版。

［59］《山西文史资料》编辑部：《山西文史资料全编》（第 6 卷），《山西文史资料》编辑部 1999 年版。

［60］中国人民政治协商会议山西省委员会文史资料研究委员会：《山西文史资料》（第 49 辑），山西省政协文史资料委员会 1987 年版。

［61］中国人民政治协商会议山西省委员会文史资料研究委员会：《山西文史资料》（第 2 辑），山西省政协文史资料委员会 1997 年版。

［62］中国人民政治协商会议山西省委员会文史资料研究委员会：《山西文史资料》（第 16 辑），山西省政协文史资料委员会 1981 年版。

［63］中国人民政治协商会议山西省委员会文史资料研究委员会：《山西文史资料》（第 16 辑），山西省政协文史资料委员会 1988 年版。

[64] 中国人民政治协商会议山西省委员会文史资料研究委员会：《山西文史资料》（第 63 辑），山西省政协文史资料委员会 1989 年版。

[65] 中国人民政治协商会议山西省委员会文史资料研究委员会：《山西文史资料》（第 8 辑），山西省政协文史资料委员会 1963 年版。

[66] 中国人民政治协商会议山西省委员会文史资料研究委员会：《山西文史资料》，山西省政协文史资料委员会 1982 年版。

[67] 中国银行总行、中国第二历史档案馆：《中国银行行史资料汇编（上编 1912－1949)》（第 2 册），档案出版社 1991 年版。

三、著作

[1] [美] 阿道夫·A. 伯利、加德纳·C. 米恩斯：《现代公司与私有财产》，甘华鸣、罗锐韧、蔡如海译，商务印书馆 2005 年版。

[2] [美] 奥利弗·E. 威廉姆森、西德尼·G. 温特：《企业的性质——起源、演变与发展》，姚海鑫、邢源源译，商务印书馆 2010 年版。

[3] [美] 奥利弗·E. 威廉姆森：《资本主义经济制度》，段毅才、王伟译，商务印书馆 2017 年版。

[4] [美] 奥利弗·威廉姆森：《企业的局限性：激励特征和行政特征》，引自 [美] 路易斯·普特曼、[美] 兰德尔·克罗茨纳：《企业的经济性质》（第 3 版），孙经纬译，格致出版社 2011 年版。

[5] [美] 奥利弗·E. 威廉姆森：《治理机制》，石烁译，机械工业出版社 2016 年版。

[6] [美] 保罗·米尔格罗姆、约翰·罗伯茨：《经济学、组织与管理》，费方域主译，经济科学出版社 2004 年版。

[7] [美] 卞历南：《制度变迁的逻辑：中国现代国营企业制度之形成》，浙江大学出版社 2011 年版。

[8] [美] 陈锦江：《清末现代企业与官商关系》，王笛、张箭译，中国社会科学出版社 1997 年版。

[9] [美] 道格拉斯·C. 诺思：《制度、制度变迁与经济绩效》，杭行译，格致出版社、上海三联书店、上海人民出版社 2008 年版。

[10] [美] 道格拉斯·诺斯、罗伯斯·托马斯：《西方世界的兴起》，厉以平、蔡磊译，华夏出版社 2017 年版。

［11］［美］费维恺：《中国早期工业化：盛宣怀（1844－1916）和官督商办企业》，虞和平译，中国社会科学出版社1990年版。

［12］［美］科斯：《企业、市场与法律》，盛洪、陈郁译，格致出版社2009年版。

［13］［美］路易斯·普特曼、［美］兰德尔·克罗茨纳：《企业的经济性质》（第3版），孙经纬译，格致出版社2011年版，第62～64页。

［14］［美］罗纳德·哈里·科斯：《企业、市场与法律》，盛洪、陈郁译校，生活·读书·新知三联书店上海分店1990年版。

［15］［美］张公权：《中国通货膨胀史（1937－1949）》，杨志信译，文史资料出版社1986年版。

［16］［日］浅田乔二等：《1937－1945日本在中国沦陷区的经济掠夺》，袁愈佺译，复旦大学出版社1997年版。

［17］［日］青木昌彦、钱颖一：《转轨经济中的公司治理结构内部人控制和银行的作用》，中国经济出版社1995年版。

［18］［日］依田憙家：《日本帝国主义的本质及其对中国的侵略》，卞立强等译，中国国际广播出版社1993年版。

［19］［以］Y.巴泽尔：《产权的经济分析》（第2版），费方域、钱敏、段毅才译，格致出版社、上海人民出版社2017年版。

［20］陈郁：《所有权、控制权与激励代理经济学文选》，上海人民出版社2006年版。

［21］陈志武、李玉：《制度寻踪》，上海财经大学出版社2009年版。

［22］杜恂诚、严国海、孙林：《中国近代国有经济思想、制度与演变》，上海人民出版社2007年版。

［23］樊荫南：《当代中国名人录》，上海良友图书印刷公司1931年版。

［24］高闯：《公司治理教程》，高等教育出版社2019年版。

［25］高家龙：《大公司与关系网——中国境内的西方、日本和华商大企业：1880－1937》，上海社会科学院出版社2002年版。

［26］郭从杰：《北洋官员投资实业研究》，黄山书社2020年版。

［27］郭金林：《企业产权契约与公司治理结构》，经济管理出版社2002年版。

［28］胡绳：《从鸦片战争到五四运动》（上），湖南文艺出版社2012

年版。

［29］景占魁、孔繁珠：《阎锡山官僚资本研究》，山西经济出版社
1993 年版。

［30］景占魁：《阎锡山与西北实业公司》，山西经济出版社 1991 年版。

［31］孔繁芝：《残留》，山西人民出版社 2018 年版。

［32］孔祥毅：《金融贸易史论》，中国金融出版社 1998 年版。

［33］李茂盛等：《阎锡山全传》（上），北京：当代中国出版社 1997
年版。

［34］李茂盛：《民国山西史》，山西人民出版社 2011 年版。

［35］李茂盛：《阎锡山大传》（下），山西人民出版社 2010 年版。

［36］李维安、郝臣：《公司治理手册》，清华大学出版社 2015 年版。

［37］李维安、武立东，《公司治理教程》，上海人民出版社 2002 年版。

［38］李维安：《公司治理学》（第 4 版），高等教育出版社 2020 年版。

［39］李玉：《晚清公司制度建设研究》，人民出版社 2002 年版。

［40］梁启超：《梁启超全集》（第 4 卷），北京出版社 1999 年版。

［41］廖理：《公司治理与独立董事》，中国计划出版社 2002 年版。

［42］刘大鹏遗著、乔志强标注：《退想斋日记》，北京师范大学出版社
2020 年版。

［43］刘慧宇：《中国中央银行研究：1928 ~ 1949》，中国经济出版社
1999 年版。

［44］林桶法、田玄、陈英杰等：《中华民国专题史》（第 16 卷）《国
共内战》，南京大学出版社 2015 年版。

［45］卢俊：《资本结构理论研究译文集》，上海人民出版社 2003 年版。

［46］雒春普：《三晋有材　阎锡山幕府》，岳麓书社 2001 年版。

［47］雒春普：《阎锡山和他的幕僚们》，团结出版社 2013 年版。

［48］毛洪亮：《民国晋绥集团军政人物春秋》，安徽人民出版社 2013
年版。

［49］梅洪常等：《公司治理研究》，重庆出版社 2002 年版。

［50］饶立新、曾耀辉：《中国印花税与印花税票》，中国税务出版社
1999 年版。

［51］施宣岑、赵铭忠：《中国第二历史档案馆简明指南》，档案出版社

1987 年版。

　　[52] 孙科：《中国革命后的新建设》，新宇宙书店 1930 年版。

　　[53] 孙科：《三民主义新中国》，商务印书馆 1946 年版。

　　[54] 谭国清：《传世文学　晚清文选》（一），西苑出版社 2009 年版。

　　[55] 天亮：《公司治理概论》，中国金融出版社 2011 年版。

　　[56] 田澍：《西北开发史研究》，中国社会科学出版社 2007 年版。

　　[57] 吴太昌、武力等：《中国国家资本的历史分析》，中国社会科学出版社 2012 年版。

　　[58] 王亚楠：《中国经济原论》，中国大百科全书出版社 2011 年版。

　　[59] 吴敬琏：《现代公司与企业改革》，天津人民出版社 1994 年版。

　　[60] 夏东元：《郑观应集》（上册），上海人民出版社 1982 年版。

　　[61] 徐华、徐学慎：《近代企业资本组织：公司制的中国化》，社会科学文献出版社 2019 年版。

　　[62] 徐向前：《徐向前回忆录》（第 4 版），解放军出版社 2007 年版。

　　[63] 徐永昌：《徐永昌回忆录》，团结出版社 2014 年版。

　　[64] 徐永昌：《徐永昌日记》第 3 册，台北"中央研究院"近代史研究所 1990 年版。

　　[65] 许涤新、吴承明：《中国资本主义发展史》（第三卷·下），人民出版社 2005 年版。

　　[66] 杨勇：《近代中国公司治理：思想演变与制度变迁》，上海人民出版社 2007 年版。

　　[67] 袁庆明：《新制度经济学教程》，中国发展出版社 2014 年版。

　　[68] 张维迎：《企业理论与中国企业改革》，上海人民出版社 2015 年版。

　　[69] 张兵：《近代中国公司的移植性制度变迁研究》，中国社会科学出版社 2018 年版。

　　[70] 张国辉：《洋务运动与中国近代企业》，中国社会科学出版社 1979 年版。

　　[71] 郑志刚：《中国公司治理的理论与证据》，北京大学出版社 2016 年版。

　　[72] 张维迎：《理解公司：产权、激励与治理》，上海人民出版社 2013 年版。

［73］张学继、徐凯峰：《白崇禧大传》，浙江大学出版社 2012 年版。

［74］张忠民、朱婷：《南京国民政府时期的国有企业（1927—1949）》，上海财经大学出版社 2007 年版。

［75］赵军、杨小明：《西北实业公司纺织史研究》，上海人民出版社 2015 年版。

［76］赵兴胜：《传统经验与现代理想：南京国民政府时期的国营工业研究》，齐鲁书社 2004 年版。

［77］朱斯煌：《民国经济史》，河南人民出版社 2016 年版。

四、通史方志

［1］［美］费正清：《剑桥中华民国史》（第 2 部），章建刚等译，上海人民出版社 1992 年版，第 803 页。

［2］侯振彤：《山西历史辑览：1909 - 1943》，山西省地方志编纂委员会办公室 1987 年版。

［3］清徐县地方志编纂委员会：《清徐县志》，山西古籍出版社 1999 年版。

［4］山西旅游景区志丛书编委会：《晋商文化旅游区志》，山西人民出版社 2005 年版。

［5］山西省史志研究院：《山西通志》（第 19 卷）《轻工业志》，中华书局 1998 年版。

［6］山西省史志研究院：《山西通志》（第 50 卷）《附录》，中华书局 2001 年版。

五、报纸杂志

［1］《晋省努力经济建设》，载于《大公报》1937 年 7 月 10 日第 10 版。

［2］《徐永昌昨晨抵平》，载于《大公报天津版》1932 年 7 月 26 日第 3 版。

［3］张素民：《论现代公司的集中问题》，载于《东方杂志》1936 年第 33 卷第 3 期。

［4］左宗纶：《现代股份企业的检讨》（附表），载于《法学专刊》1936 年第 6 期。

［5］《新记西北实业公司：（五）财务情形：公司财务情形谨据报额定股本一千万元……》，载于《工商调查通讯》1943 年第 181 期。

［6］《调查统计：晋省新兴工业概况》，载于《国货月刊》（上海）1935 年第 7 期。

［7］《宁汉国民政府与党部合并后重要文件》，载于《国闻周报》第 4 卷第 39 期。

［8］《太原造纸工厂能自造报纸日本报纸之致命》，载于《湖南省国货陈列馆开幕纪念特刊》1932 年特刊。

［9］《法规：中央法规：电气事业注册规则（十九年六月六日公布，二十二年五月二十五日修正公布）》（附表），载于《湖南省建设月刊》1933 年第 38 期。

［10］段亮臣：《一年来之山西经济》，载于《监政周刊》1935 年第 105 期。

［11］《工商：请愿团》，载于《见闻（上海）》1946 年第 1 卷第 7 期。

［12］《西北实业公司获得美援二十万》，载于《金融日报》1948 年 9 月 27 日。

［13］中央：《晋省造纸业不振：晋恒制纸厂营业衰落，当局现正设法谋救济》，载于《晋风半月刊》1933 年。

［14］《山西省西北实业公司获社会部奖者共四十六人》，载于《科学时报》1948 年第 16 卷第 1 期。

［15］《修正公司法》，载于《立法专刊》1947 年第 25 期。

［16］徐驰：《对接管并继续经营太原工业事前应有之认识和打算》（1948 年 9 月 15 日），载于《山西工业调查资料》1948 年第 2 期。

［17］《山西建设情报：西北实业公司各厂概况》，载于《山西建设》1936 年第 9 期。

［18］阎锡山：《山西实业公报发刊词》，载于《山西实业公报》1932 年第 1 期。

［19］韩瑞芝：《太原西北实业公司及所辖八厂会计规程草案（待续）（附表）》，载于《商职月刊》1935 年第 1 卷第 1 期。

［20］徐永祚：《吾国监察人制度之改善问题》，载于《上海总商会月报》1925 年第 5 卷第 3 期。

　　[21]《晋省参会通过征借财物戡乱办法》，载于《申报》1948 年 5 月
30 日。

　　[22]《实业部训令：商字第一九五四一号》，载于《实业公报》1933
年第 139～140 期。

　　[23]《本市主要物资之管制》，载于《天津市》1947 年第 1 卷第 4 期。

　　[24]《蔚为西北唯一企业，西北实业公司营业报告书：是民国二十四
年份的：缕述公司组织营业概况》，载于《西北导报》1936 年第 6 期。

　　[25] 白士志《工厂介绍：西北洋灰厂之今夕与将来》，载于《西北实
业月刊》1947 年第 3 卷第 3 期。

　　[26] 王亮：《光复后的太原纺织厂》，载于《西北实业周刊》1946 年
第 14 期。

　　[27] 裕孙：《监察人制度之改善》（上），载于《银行周报》1922 年第
6 卷第 3 期。

　　[28]《经济新闻：（五）工业：中国植物油料厂成立》，载于《中国农
民银行月刊》1936 年第 8 期。

　　[29]《实业新闻：西北窑厂所出耐火砖不亚外货》，载于《中华实业季
刊》1935 年第 2 卷第 2 期。

　　[30]《西北实业公司所属各厂易名》，载于《中华实业月刊》1935 年
第 2 卷第 7 期。

　　[31]《银行消息：中国国货银行筹备完成：大股东一览》，载于《中央
银行旬报》1929 年第 14 期。

六、期刊论文

　　[1] 常健：《我国近代公司章程制度的实施效果分析——以公司法律的
变革为线索》，载于《中国政法大学学报》2010 年第 5 期。

　　[2] 陈慈玉：日本对山西的煤矿投资（1918－1936），"中央研究院"
近代史研究所集刊，第 23 期。

　　[3] 邸钟秀：《西北实业公司之今昔》，载于《西北论衡》1941 年第 9
卷第 11 期。

　　[4] 范矿生：《"罪"与"罚"：浅论北伐战争时期的"逆产"处理——
以 1928 年"整理中兴案"为中心的考察》，载于《中国经济史研究》2010

年第 1 期。

［5］费方域：《什么是公司治理》，载于《上海经济研究》1996 年第 5 期。

［6］冯兵：《国民政府逆产处理的法制化进程》，载于《史学月刊》2011 年第 9 期。

［7］高闯、郭舒：《公司治理的演进论解释》，载于《辽宁大学学报》（哲学社会科学版）2006 年第 2 期。

［8］高闯、刘冰：《公司治理合约的制度基础、演进机理与治理效率》，载于《中国工业经济》2003 年第 1 期。

［9］高超群：《从"商"到"实业"：中国近代企业制度变迁的观念史考察》，载于《中国社会经济史研究》2017 年第 3 期。

［10］高超群：《科学管理改革与劳资关系——以申新三厂和民生公司为中心》，载于《中国经济史研究》2008 年第 3 期。

［11］龚愚德、曹裕：《发行公信帐簿一年来之感想》，载于《公信会计月刊》1941 年第 5 卷第 1 期。

［12］贺江枫：《1940 - 1942 年阎锡山与"对伯工作"的历史考察》，载于《抗日战争研究》2017 年第 4 期。

［13］孔繁芝：《西北实业公司战后对日索还始末》，载于《山西档案》2003 年第 6 期。

［14］李维安、侯文涤、柳志南：《国有企业金字塔层级与并购绩效——基于行政经济型治理视角的研究》，载于《经济管理》2021 年第 43 卷第 9 期。

［15］李玉、熊秋良：《论民国初年公司法规对公司经济发展的影响——以荣氏企业和南洋兄弟烟草公司为例》，载于《社会科学辑刊》1999 年第 6 期。

［16］李玉：《北洋政府时期企业制度建设总论》，载于《江苏社会科学》2005 年第 5 期。

［17］刘惠瑾、岳谦厚：《阎锡山接收日伪企业后的经营策略》，载于《近代史学刊》2021 年第 2 辑。

［18］刘建生、刘鹏生：《试论"西北实业公司"的经营管理特色及历史启示》，载于《经济师》1996 年第 2 期。

［19］卢征良：《抗战时期省营企业性质研究》，载于《社会科学》2020年第 9 期。

［20］卢征良：《抗战时期大后方省营企业的股权结构与内部权力分配问题——以川康兴业公司为中心的分析》，载于《民国研究》2017 年第 1 期。

［21］马连福、王元芳、沈小秀：《中国国有企业党组织治理效应研究——基于"内部人控制"的视角》，载于《中国工业经济》2012 年第 8 期。

［22］马连福：《股权结构设计与公司治理创新研究》，载于《会计之友》2020 年第 17 期。

［23］马振波：《战后上海民营轮船业向国民政府索赔问题研究（1945—1948）》，载于《抗日战争研究》2019 年第 1 期。

［24］莫子刚：《贵州企业公司研究（1939－1949）》，载于《近代史研究》2005 年第 1 期。

［25］内田知行、林晓彤：《日军占领下的太原铁厂的劳务管理状况》，载于《沧桑》1999 年第 S1 期。

［26］内田知行、叶晓彤：《日军占领下的太原铁厂的经营状况》，载于《沧桑》1998 年第 4 期。

［27］邱松庆：《南京国民政府初建时期工业政策述评》，载于《中国社会经济史研究》1998 年第 4 期，第 89 页。

［28］谭刚：《抗战时期广西企业公司研究（1941－1944）》，载于《抗日战争研究》2013 年第 3 期。

［29］汪朝光：《简论国共内战时期国民党的"戡乱动员"》，载于《上海大学学报（社会科学版）》2005 年第 3 期。

［30］魏晓锴、卫磊：《工业企业接管与改造中的薪资改革——以西北实业公司为中心》，载于《暨南学报（哲学社会科学版）》2018 年第 11 期。

［31］魏晓锴：《抗战胜利后山西地区工业接收研究——以西北实业公司为中心》，载于《民国档案》2015 年第 3 期。

［32］吴半农：《有关日本赔偿归还工作的一些史实》，引自中国人民政治协商会议全国委员会文史资料研究委员会编：《文史资料选辑》（第 72 辑），文史资料出版社 1980 年版。

［33］吴丽敏、张文锡：《试析西北实业公司生产经营方式与经营绩效》，载于《沧桑》2005 年第 1 期。

[34] 吴淑琨、席酉民：《公司治理模式探讨》，载于《经济学动态》1999 年第 1 期。

[35] 徐敦楷：《民国时期科学管理思想在中国的传播与运用》，载于《中南财经政法大学学报》2010 年第 2 期。

[36] 阎树林：《原源积成银号始末》，载于《山西文史资料》（第 106 辑），山西省政协文史资料委员会 1996 年版。

[37] 阎钟、刘书礼：《略论阎锡山与山西的军事工业》，载于《山西大学学报》（哲学社会科学版）1996 年第 4 期。

[38] 岳谦厚、刘惠瑾：《阎锡山的西北实业公司何以几无工潮》，载于《安徽史学》2019 年第 2 期。

[39] 岳谦厚、田明：《抗战时期日本对山西工矿企业的掠夺与破坏》，载于《抗日战争研究》2010 年第 4 期。

[40] 岳谦厚、张国华：《新记电灯公司与近代太原电力照明事业》，载于《史学月刊》2020 年第 4 期。

[41] 岳谦厚、刘惠瑾：《山西省人民公营事业及其治理模式——兼述其在太原城市近代化中的作用》，引自张利民：《城市史研究》（第 39 辑），社会科学文献出版社 2018 年版。

[42] 张晓辉：《民国时期地方大型国有企业制度研究——以广东实业有限公司为例》，载于《民国档案》2003 年第 4 期。

[43] 张忠民：《略论战后南京政府国有企业的国有股份减持》，载于《上海社会科学院学术季刊》2002 年第 4 期。

[44] 张忠民：《20 世纪 30 年代上海企业的科学管理》，载于《上海经济研究》2003 年第 6 期。

[45] 朱浒：《滚动交易：辛亥革命后盛宣怀的捐赈复产活动》，载于《近代史研究》2009 年第 4 期。

[46] 朱荫贵：《近代中国的第一批股份制企业》，载于《历史研究》2001 年第 5 期。

[47] 朱荫贵：《论近代中国股份制企业经营管理中的传统因素》，载于《贵州社会科学》2018 年第 6 期。

[48] 朱荫贵：《试论南京国民政府时期国家资本股份制企业形成的途径》，载于《近代史研究》2005 年第 5 期。

［49］左世元、方巍巍：《抗战后"接收"过程中汉冶萍公司与国民政府之关系》，载于《湖北理工学院学报》（人文社会科学版）2014年第4期。

七、学位论文

［1］别曼：《金城银行资产业务与经营管理研究》，南开大学博士学位论文，2012年。

［2］黄志娟：《民国时期山西商人与晋华纺织公司关系研究》，山西大学硕士学位论文，2018年。

［3］梁娜：《斌记商行研究（1927－1949）》，山西大学博士学位论文，2016年。

［4］米嘉：《山西"四银行号"研究》，山西大学博士学位论文，2017年。

［5］王斐：《西北实业公司产权制度演化研究（1933－1949）》，上海社会科学院博士学位论文，2019年。

［6］杨玲玲：《陕西省企业股份有限公司研究（1940－1949）》，陕西师范大学硕士学位论文，2018年。

附　　录

一、西北实业公司组织章程（1933 年 2 月 20 日公布）

第一条　本公司命名为西北实业公司，以各种产业的开发和经营为主要目的而成立。

第二条　本公司的营业年限为四十二年分为十四期。预定收益率为：第一期一分三厘，第二期一分四厘，第三期至第十期一分五厘，第十一期一分四厘，第十二期一分二厘，第十三期一分，第十四期八厘。

第三条　本公司暂由太原绥靖公署监督管理，总公司设于太原。股金全额缴纳完毕时，按山西，绥远两省所占股份选出公司董事和监察，组织董事监督会，由该会接办管理。

第四条　本公司资本为五百万元，从山西，绥远两省省库筹措缴纳。

第五条　本公司设总理一名，协理一名，暂从太原绥靖公署调任，管理本公司对内对外一切事务。

第六条　本公司暂时设置左三组：（一）特产组：土特产的整理与销售以及其他特殊事项的处理；（二）工化组：处理有关化学制造工业的一切事项；（三）纺织组：处理有关毛、棉、麻、生丝等纺织工业的事项。

第七条　本公司设研究室，研究室主任一名，研究员两名，助手一名，由总协理任命。必要时可增设研究员、助手若干名。对各组处理的事务给予学术及技术方面的援助。

第八条　本公司储备必要的技术人员若干名，可由总协理任命为各组服务。

第九条　本公司在各组设组长一名，必要时可设副组长一名。由本公司总协理向太原绥靖公署提请任命，掌管本组处理的一切事项。

　　第十条　本公司各组根据事务简繁难度设组员三至七名，办事员一至两名。由各组组长推荐，总协理分别任命，处理组内各种事务。

　　第十一条　总协理办公室设会计一名，文牍一名，办事员一至三名，由总协理任命，处理本公司金钱出纳，文书接收发送及一切杂务。

　　第十二条　本公司所属各种产业，由各组负责管理。

　　第十三条　本公司各组经营的各种实业即工厂、商店等的厂长与经理等，由组长向总协理推荐任命。工程师、会计及其他一切职员由厂长、经理等推荐，经由组长向总协理申请后任命。

　　第十四条　本公司经营的各实业的会计都分别独立计算损益。

　　第十五条　本公司经营的各种实业的总协理、组长及厂长、商店经理等管理者，应在各自主管事业内按照第二条标准努力进行计划经营。

　　第十六条　前条各管理者应使用好的管理方法，如不能达到预计业绩标准者，则年末应予免职。但是如因天灾人祸等不可抗因素使其业绩未能提高者，则可以挽留。

　　第十七条　对于本公司经营的各实业的股份，股东不能取得分红及其公积金，以平均年利八厘的比率充当本公司所属事业的扩张费及权利维持费。

　　第十八条　本公司的各实业，即工厂，商店等在年末进行总决算，扣除一切支出、折旧（根据固定资本的性质规定其年限）、预定标准利润及特别奖励后的剩余为纯利润，每三年进行一次利润分配，其利润分配规定如下：

　　（一）公积金：百分之六十；

　　（二）职员，雇员奖金（工厂，商店等）：百分之二十；

　　（三）职员、雇员优待养老储金：百分之十；

　　（四）主管机关人员奖金（公司本部）：百分之七；

　　（五）主管机关人员的优待养老储金：百分之三。

　　第十九条　本公司经费由总协理制定预算，申请后审查决定。

　　第二十条　本公司经费由所属各实业按资本的多寡进行分担。

　　第二十一条　本公司必要时可临时从职员中任命下列各委员会委员，其章程及办事细则另行规定。

　　（一）研究委员会。

　　（二）调查委员会。

　　（三）审查委员会。

（四）设计委员会。

（五）编审委员会。

（六）其他必要的委员会。

第二十二条　本公司总协理办公室、研究室、各组及各组所属的各种实业的办事细则、决算奖金的分配规则及各种实业的组织章程等各自另行决定。

第二十三条　本公司各组经营的各实业应在每年一、七月份制定一切关于营业、会计状况的详细报告书，向公司报告。公司审查后报于太原绥靖公署。

第二十四条　本公司储金办法分为下列两种，在所属各会计处处理。

（一）薪资储金：每月从各职员、雇员应得的薪资中扣除百分之五，以年息八厘的比例储存。职雇员与本公司脱离关系时，储金本息须清算返还本人。

（二）优待养老储金：本公司所属的各实业在每次盈利分配之际，特别支给养老储金，以年利八厘的比例全额储蓄。若人员去职，病故，残废则清算返还本息，若申请辞职，则返还本息的半额，若被免职，则全额都不返还。

第二十五条　本章程自发布之日起施行。

资料来源："南满洲铁道株式会社"天津事务所调查课：《"北支"经济资料第二辑　山西省の産業と貿易概況》，"南满洲铁道"天津事务所调查课1936年版，第40页，日本国立国会图书馆藏书，DOI：10.11501/1116551。

二、西北实业公司章程（1937年1月25日修正）

第一章　总　　则

第一条　本公司定名为西北实业公司。

第二条　本公司以开发西北经营各种实业为宗旨。

第三条　本公司系山西省人民公营事业，隶属于山西省人民公营事业董事会。

第四条　本公司资本额暂定为二千万元，由山西省人民公营事业董事会筹集之。

第五条　本公司设于山西省太原市。

第六条　本公司营业年限定为四十二年，分为十四期，每期三年，期满后得延长之。

第二章　组织及职掌

第七条　本公司设总理一人总管本公司一切事宜，经理一人协理二人，秉承总理之命办理对内对外一切事宜。

第八条　本公司得聘实业专家若干人组织指导委员会为本公司顾问机关，其规则另定之。

第九条　本公司分设下列各部：

一、工务部其职掌如左：

（甲）工务之设计与审定；

（乙）工务之管理与监督；

（丙）工作上使用之机器工具及其他设备之保管；

（丁）技能之研究与改进；

（戊）各种制造之调查与研究；

（己）其他有关工务之一切事项。

二、营业部其职掌如左：

（甲）物料之采购；

（乙）成品之推销；

（丙）各厂用料之调度；

（丁）出入口贸易之经营；

（戊）物料及成品之运输；

（己）调查统计宣传及其他有关营业之事项。

三、会计部其职掌如左：

（甲）账簿表单之登记及填制；

（乙）业务损益之计算及编制；

（丙）各项成本之计算及记载；

（丁）各种统计图表之编制；

（戊）现金之收付及保管；

（己）有价证券契据矿照及重要合同之保管；

（庚）职工储金之经管及账簿之登记；

（辛）其他有关会计之一切事项。

四、总务部其职掌如左：

（甲）人员之考核与任免；

（乙）物料及成品之保管；

（丙）房产土地家具及不动用之机器工具等物件之保管；

（丁）文书之缮校及收发；

（戊）文件之保管；

（己）工程之勘查估计与监修；

（庚）庶务交际及不属于其他各部之一切事项。

第十条 各部各设部长一人并得设副部长一人至二人。

第十一条 各部得按所管事务性质分课办理，每课设课长一人并得设副课长一人。

第十二条 本公司设秘书三人至五人，秉承经协理批阅到文、审核稿件并拟办函电及其他指办事项。

第十三条 本公司经山西省人民公营事业董事会核准，得在太原市附近及其他适宜地点分设制造厂及其他各场所，专办各种出品之制造。

第十四条 本公司为办理各厂警备及消防等事宜得设立稽查队分驻各厂，其简章另定之。

第十五条 制造厂设总办一人总理全厂对内对外一切事宜。会办一人襄理全厂事宜，其他各厂各设厂长一人，负责办理各该厂关于工务上一切事宜并监督公司驻厂人员，但独立营业各厂厂长须负各该厂全责。

第十六条 本公司按事实需要，得在各地分设办事处，其规则另定之。

第十七条 各部课厂处及其他各部分，除领袖人员外，其余人员之名额应视各该部分事务之繁简由经协理转请总理核定之。

第十八条 本公司人员依下列规定聘用之：

（一）总理由山西省人民公营事业董事会特聘之，总理一职督理委员会认为无设置之必要时得裁撤之；

（二）经协理由总理函请山西省人民公营事业董事会聘任及解职；

（三）其他职员由经理签请总理聘任及解雇；

（四）雇员由经协理任免之；

（五）总理裁撤后，经理由山西省人民公营事业董事会聘任及解职，协理由经理函请山西省人民公营事业董事会聘任及解职，其他职员由经理聘任及解职，但每届月终须汇报董事会备案，雇员由经协理任免之。

第三章　职名及职务

第十九条　本公司除总经协理指导委员及独立营业各厂人员外其余人员之职名及等级规定如左：

职务	职名	
	职员	雇员
工务	技师（即工程师）	助理员
	技士	
	工务员	
事务	理事	办事员
	干事	
	事务员	

第二十条　本公司部课厂长秘书以次各职务均由前条规定人员中随时选派办理。

第四章　待遇及奖惩

第二十一条　本公司人员薪级另表定之。

第二十二条　本公司职员均须于每年应领薪金项下扣存百分之几为储金，并同时予以同数目之特给储金，其规则另定之。

第二十三条　本公司职员因老退职或因工伤病死亡时，得按其服务年限分别抚恤，其规则另定之。

第二十四条　本公司人员每届年终考核一次，以凭奖惩，其规则另定之。

第五章　盈余分配

第二十五条　本公司每届年终结账一次，应造左列表册送请山西省人民公营事业董事会审核并送监察会审查：营业报告书；资产负债表；损益计算表。

第二十六条 本公司每届年终结账时，除去一切开支及折旧（按固定资本性质规定年限）即为纯益。除提百分之十公积金及员工应分之红利外悉数解交董事会，其分红办法另定之。

附　　则

第二十七条 本公司各部课厂处等办事细则及其他一切规则均另定之。

第二十八条 本章程如有未尽事宜，得随时函请修正。

第二十九条 本章程自函请董事会转报督理委员会核准之日施行。

资料来源：《西北实业公司章则汇编》，1937年3月印，山西省档案馆藏资料，编号：N45。

三、新记西北实业公司章程

第一章　总　　则

第一条 本公司定名为新记西北实业公司。

第二条 本公司以专门制造供给第二战区军用品为宗旨。

第三条 本公司隶属于太原绥靖公署。

第四条 本公司所需资金随时向绥署请拨。

第五条 本公司暂设于陕西泾阳县鲁桥镇。

第二章　组织及执掌

第六条 本公司设总经理一人主持本公司一切事宜设经理一人秉承总经理之命办理对内对外一切事宜，设协理一人襄助之。

第七条 本公司得聘请实业专家若干人组织指导委员会为本公司顾问机关，其规则另定之。

第八条 本公司分设下列各部：

一、工务部执掌如左：

甲、工务之设计与审定。

乙、工务之管理与监督。

丙、技术之研究与改进。

丁、各种制品之研究与改进。

戊、制品之检验。

己、其他有关工务之一切事宜。

二、会计部其执掌如左：

甲、账簿表单之登记及填制。

乙、各项成本之计算及记载。

丙、各种统计图表之编制。

丁、现金之收付及保管。

戊、有价证券契据矿照与重要合同以及一切财产之保管。

己、其他有关会计之一切事项。

三、总务部其执掌如左：

甲、物料之采购。

乙、人员之考核与任免。

丙、文书之缮校收发及文件之保管。

丁、庶务交际及不属于其他各部之一切事项。

第九条　各部各设部长一人，并得设副部长一人至二人，按所管事务之性质有分课办理之必要时得设课分别办理。设技术及事务人员若干人，分理各项事宜。

第十条　本公司设秘书一人至二人，秉承经协理批阅到文，审核稿件并拟办函电及其他指办事项。

第十一条　本公司各制造厂各设厂长一人，管理全厂事宜。因事实之需要得设副厂长一人，各厂组织章程另定之。

第十二条　本公司所设各厂进行状况每月应列详表报由公司转报。

第十三条　本公司按事实需要得在各地分设办事处，其规则另定之。

第十四条　本公司总经理由太原绥靖主任委任及解职，其他职员由经理签请总经理聘任。

第三章　监　　察

第十五条　本公司设总稽核一人，对左列各项负考察检点督促报告之责，每半月报告一次，必要时随时报告，设稽核一人至三人协助之。

一、公司呈准之业务计划与各制造厂工作进度是否做到。

二、公司及各制造厂所有机器原料及成品之保管使用是否妥确。

三、公司及各制造厂款项出纳是否确实。

四、公司所属职工如有违法失职情事，须取具证据，详叙事实，提出负责检具。如扶同徇隐，经他人告发查实时并受连带处分。

第十六条 本章程第十二条及第十八条所列应报各表总稽核须预为审核，加具意见，署名盖章再行送呈绥靖公署审核。

第十七条 总稽核由太原绥靖主任委任，派驻公司执行任务，薪俸由公司按月垫付，年终由绥署核拨。

第四章 结算及员工奖励

第十八条 本公司每届年终总结账一次，除去公司本部与各厂一切开支及折旧外，如有余款悉数解交绥署，不足时得呈请绥署核销。

第十九条 每届年终按员工服务成绩由经协理分别考核，拟议奖励金数目呈由绥署核发之。

第二十条 本公司各部厂处办事细则及其他一切规则均另定之。

第二十一条 本章程如有未尽事宜得呈请修正之。

第二十二条 本章程自太原绥靖公署核准之日施行。

资料来源：《西北实业公司关于各厂组织章程》（1941年），太原市档案馆藏档案，档案号：J006－1－0252－2。

四、西北实业股份有限公司组织章程（内部执行）

第一条 本公司定名为西北实业股份有限公司，依照公司法及特种股份有限公司条例组织之。

第二条 本公司以经营煤铁、机械、化学、纺织、面粉及其他有关附属事业，开发西北为宗旨。

第三条 本公司设总公司于太原市并得于省内外各适宜地点设各种制造工厂及办事处。

第四条 本公司资本总额暂定为国币一十亿元，分为十万股，每股国币一万元，由董事会募集一次收足之。

第五条 本公司设总经理一人，总理本公司一切事项，经理一人、协理一人负责处理对内对外一切事项。

第六条　本公司设顾问办公室，聘总顾问一人，顾问若干人，专备总经理咨询及促进公司一切重要事项，并设秘书一人至三人办理一切事务。

第七条　本公司设左列各处室会院：

（一）秘书室；

（二）总务处；

（三）会计处；

（四）营业处；

（五）工务处；

（六）矿业处；

（七）电力处；

（八）技术委员会；

（九）员工福利委员会；

（十）编审委员会；

（十一）医院。

第八条　秘书室设主任一人，秘书若干人，办事员若干人，承经协理之命办理左列事项：

（一）核阅各处院文稿事项；

（二）办理机要文件及交办事项；

（三）办理重要会议议程之编订及记录事项。

第九条　总务处设处长一人，副处长一至二人，分设一课、二课、三课、四课，各设课长一人，按事实之需要设副课长一人，课员若干人，其掌如分列于次：

（一）第一课职掌如左：

1. 各种文件电报收发事项；

2. 各种印签卷宗之保管事项；

3. 各种文书之撰拟缮校事项。

（二）第二课职掌如左：

1. 人事之任免调遣及编制事项；

2. 人事调查及编制事项；

3. 人事管理之改进及设计；

4. 职员之训练及抚恤。

（三）第三课职掌如左：

1. 公产公物之保管及购置；

2. 清洁消防警卫之检查；

3. 公役工警之管理培训考勤；

4. 交际事项；

5. 不属于各处院课之一切杂务事项。

（四）第四课职掌如左：

1. 公司本部及各厂建筑物之检查事项；

2. 工程设计及营缮事项；

3. 工具检查及保管事项。

第十条 会计处设处长一人，副处长一至二人，暂设第一、第二两课，各设课长一人，按事实需要设副课长一人，课员若干人，其职掌分列于次：

（一）第一课职掌如左：

1. 普通会计制度之设计事项；

2. 普通会计原始凭证之较鉴事项；

3. 普通会计记账凭证之造具；

4. 普通会计簿籍之登记；

5. 总括决算事项；

6. 普通会计报告及编制；

7. 股份之登记；

8. 各种财产账表之整理及保管事项；

9. 各种会计档案及契据之保管；

10. 现金及有价证券之出纳及保管；

11. 财务之筹划；

12. 公司本部及各厂员工薪金之开发；

13. 本处文书之撰拟缮发；

14. 其他有关普通会计事项。

（二）第二课职掌如左：

1. 成本会计制度之设计；

2. 成本会计单据之核鉴；

3. 成本记账凭证之造具；

4. 成本簿籍之登记；

5. 成本报告之编造及分析；

6. 各种预算表件之审核及汇编；

7. 各种预算决算之综合统计及比较；

8. 其他预算表件之编造；

9. 其他有关产品单位成本之计算及产品成本之统制事项；

10. 其他有关成本会计事项。

第十一条　营业处设处长一人，副处长一人至三人，分设第一、第二、第三课，各设课长一人，按事实之需要设副课长一人，课员若干人，其职掌分列于次：

（一）第一课职掌如左：

1. 原材料用品之采购及分发事项；

2. 各种成品推销事项；

3. 各地行情之调查报告事项；

4. 承受各机关委托代购物品；

5. 编制营业统计事项。

（二）第二课职掌如左：

1. 各种原材料货物之运输及其运输计划事项；

2. 运输工具之修理整备；

3. 运输工具之分配保管；

4. 实际车夫工匠训练管理考勤事项。

（三）第三课职掌如左：

1. 材料成品之登记统计事项；

2. 材料成品之保管调拨事项；

3. 肥料之处理事项；

4. 材料之审核申请添购及验收事项。

第十二条　工务处设处长一人，副处长一至三人，暂设二课及实验所，各课所设课长、所长各一人，按事实之需要得设副课长副所长一至三人，其职掌分列于次：

（一）第一课职掌分列于左：

1. 工人之统计；

2. 工人之待遇调整及调遣；

3. 工务人员之考核及调遣；

4. 各厂制品之登记；

5. 本处文书报表之撰拟缮写收发保管事项；

6. 各厂工会之组织事项；

7. 各厂及其工具等财产之保管。

（二）第二课职掌分列于左：

1. 图案之绘制及保管；

2. 各厂工料之核计及制品规格之审定；

3. 各厂工作之指导事项；

4. 各厂使用机器核查事项；

5. 各厂废料之利用；

6. 新设各厂一切设计事项。

（三）实验所职掌分列于左：

1. 材料之化学成分分析事项；

2. 材料之物理性试验事项；

3. 其他研究事项。

第十三条 矿业处设处长一人，副处长一至三人，分设第一、第二两课，按实际需要及事务繁简得设课员若干人，其职掌分列于次：

（一）第一课职掌分列于左：

1. 各种矿产之调查、试探、采掘、冶炼及制造等一切事项；

2. 矿山机械及电机设计安装；

3. 绘制各种图案审定职工计划事项。

（二）第二课职掌分列于左：

1. 各种矿产成分之化验；

2. 各矿厂采矿技术之指导；

3. 矿产机械设计及检查；

4. 矿厂资财及生产计划之审查；

5. 各矿厂出产量之统计；

6. 各矿厂员工作业成绩之考察；

7. 稽核施工计划之实施。

第十四条　电力处设处长一人，副处长一人至，暂设二课，课长一人，副课长一人。各课职掌分列于次：

（一）第一课职掌分列于左：

1. 本处运输调度及运输工具之保管运用事项；

2. 本处废料之处理事项；

3. 电力电热电灯之统计事项；

4. 电费之统计计算事项；

5. 其他事务。

（二）第二课职掌分列于左：

1. 发电厂之运用修理统制及能率改善；

2. 配电事项；

3. 内外线统制事项；

4. 电气用品之规格事项；

5. 外县电厂之管理事项；

6. 其他工务事项。

第十五条　技术委员会聘请国内外技术专家若干人为委员，组织办理公司一切技术上之推进事项，其组织章则另定之。

第十六条　员工福利委员会职掌左列事项，其组织章程另定之：

（一）员工教育决定事项；

（二）员工健康设备及俱乐部等决定事项；

（三）员工卫生救济抚恤及其他有关福利之决定事项。

第十七条　编审委员会职掌左列事项，其组织章程另定之：

（一）公司及各厂章则之编制及审核事项；

（二）书报杂志刊物等编制出版事项。

第十八条　医院设院长一人，医师药剂师、看护及助手各若干人，办理左列事项：

（一）专办公司及各厂员工之疾病医疗；

（二）医疗器械药品等之购置保管事项；

（三）病室之管理卫生事项。

第十九条　本公司各制造厂办事处组织章程另定之。

第二十条　本公司各处室会院所及各制造厂各办事处主管人员均由总经理遴选聘任之。

第二十一条　本公司秘书课长及各部分办事员均由经协理聘任之。

第二十二条　本公司除总经理、经协理及技术委员外，其余人员之职名及登记规定如左：

职务	事务	工务
职名	理事	工程师
	干事	副工程师
	事务员	工务员
	办事员	助理工务员

第二十三条　以上人员由□□□选派办理。

第二十四条　本公司各处室会院之办事细则另定之。

第二十五条　每届年终结账编造左列表报山西省人民公营事业董事会：营业报告；资产负债表；损益计算书。

第二十六条　本公司每届年终决算时，除应摊一切开支外即为盈余，其分配规定如左：公积金10%；扩充事业基金60%；员工福利基金10%；员工奖励金20%，其分配办法另定之。

第二十七条　如有未尽事宜得随时呈请修正。

第二十八条　本章程之呈请核准之日施行。

资料来源：《呈送组织章程请鉴核由》，山西省档案馆藏档案，档案号：B31-1-358-1。

说明：本章程系1946年3月8日呈送民营事业董事会之"对内"章程，在公司内部印发遵照执行。

五、太原西北实业股份有限公司章程（呈送经济部备案）

第一章　总　　则

第一条　本公司定名为太原西北实业股份有限公司，依照新颁公司法组织之。

第二条　本公司以经营各种轻重制造工业开发西北资源为宗旨。

第三条　本公司设总公司于太原市并得于省内外各适宜地点设各种制造工厂及分公司或办事处。

第二章　股　份

第四条　本公司资本总额定为国币三千万元，分为三万股，每股国币一千元，由发起人募集一次收足之。

第五条　本公司资本总额于必要时经股东会决议得随时增减之并转请主管部作变更之登记。

第六条　本公司股息定为周年八厘。

第七条　本公司股票为记名式，股东应填具印鉴交由本公司收存，凡领取股息红利及与本公司有书面事件概以此印鉴为凭。

第八条　本公司股票于呈请登记后依据公司法第159条之规定由董事会董事三人以上签名盖章编号填发。

第九条　股票之转让或继承应随时以书面连同股票及原印鉴申报公司，将受让人或继承人之姓名住所记载于股东名簿并将其姓名记载于股票，否则受让人或继承人不得享受股票权利。

第十条　股票如有遗失，股东须自行声明作废，经过一个月后别无纠葛者得申请补发股票。

第十一条　股东常会前一个月及临时会前十五日内暂停申请股票转让。

第三章　营　业

第十二条　本公司营业范围如次：

（一）各种矿产之测探开采冶炼事项（现正专案呈请）；

（二）各种机械工业之制造修理事项；

（三）电机制造及电力之供给事项（关于电力供给事项，现正专案呈请）；

（四）各种轻工业产品之加工制造事项；

（五）各种出品及有关制造上物料之购销运输事项；

（六）有关公司业务上之出入口事项。

第四章　责　　任

第十三条　本公司股东为有限责任，以缴清其所认股份金额为限。

第五章　股　东　会

第十四条　本公司股东会每年召集一次，遇必要时，得召集临时会，前项股东会均由董事会召集之。

第十五条　股东常会之召集应于一个月前通知各股东，临时会召集应于十五日前通知之，前项通知中应载明召集事由及提议之事项。

第十六条　股东得委托代理人出席股东会但应出具委托书。前项代理人不限于公司之股东。

第十七条　股东每股有一表决权，但一股东而有十一股以上者，其表决权依左列各规定计算：

（一）满十一股者以十权计算；

（二）十一股以上至一百股者，每多十股，以九权计算；

（三）一百股以上至五百股者，每多百股以八十权计算；

（四）五百股以上至一千股者，每多百股以七十权计算；

（五）一千股以上者，每多百股以六十权计算，但最多不得超多三千股。

前项三四五各款如有十股以上未满百股之零散时，应依各本款限定权数比例折算之。

第十八条　各股东之表决权及其代理他股东行使之表决权合计不得超过全体股东表决权五分之一。

第十九条　股东会之决议事项应作成决议录由主席签名盖章交由董事会保存之。

第二十条　股东会得查核董事会造具之各项表册及监察人之报告，并决议分配盈余及股息。

第二十一条　股东会之决议须有代表股份总数过半数之股东出席，股东表决权过半数之同意行之。

第六章　董　事　会

第二十二条　本公司设董事七人至十三人组织董事会，由股东会就股东中选任之，任期三年，期满得连选连任。

第二十三条　董事会设董事长一人，常务董事四人，常务董事由董事中推选之，董事长由常务董事互推之，执行日常事务。

第二十四条　董事长为本公司对外之代表，常务董事协同董事长指导监督所属执行董事会决议案。

第二十五条　董事会之职权如左：

营业计划之决定；

各项章程及重要契约之审定；

预算决算及营业报告书之审定；

总经理及经协理人选之审定；

总公司各处及分公司办事处之增减或变更；

股东会及董事长总经理提议事项之审查。

第二十六条　董事会每月开会一次，如遇紧要事项或董事三人以上之请求得开临时会均由董事长召集之。

第二十七条　董事会开会时，以董事长为主席，并须有董事过半数出席方得表决可否，同数时取决于主席。

第二十八条　董事长因事缺席时，由常务董事中推定一人代行其职权。

第二十九条　董事会及常务董事会议记录应由主席签名盖章后分别保存。

第七章　监　察　人

第三十条　本公司设监察人五人，并由监察人互推首席监察一人，常川驻留公司执行职务，监察任期一年，期满得连选连任。

第三十一条　监察人之职权如左：复核业务及财产报告；监察全部账目；监察本公司职员是否遵守本公司章程及股东会董事会决案。

（四）对于本公司各项事务有意见时，得列席董事会陈述意见，但无表决权。

第三十二条　监察人对于董事会所造送于股东会之各种表册应调查实况报告于股东会。

第三十三条　监察人各得单独行使检察权。

第三十四条　监察人认为有必要时得召集股东会。

第八章　总分公司办事处及各工厂

第三十五条　本公司设总经理一人，经理、协理各一人，由董事长提经董事会通过后，聘请之，襄理三人至七人，承经协理之命，襄助经协理办理本公司业务。

第三十六条　总经理执行董事会议决事项，处理全公司一切事务，并指挥监督各分公司办事处及各工厂之业务进行，经理协理辅助总经理处理一切事务，并得列席董事会，但无表决权。

第三十七条　总公司设置总务会计营业矿业工务等若干处，分掌各项业务，每处设处长一人，副处长一人至二人，均由总经理遴选提请董事会通过后聘请之。

第三十八条　总公司设秘书室，内设秘书主任一人，秘书若干人，办理总经协理一切机要文件及交办事项，其人选由总经协理遴选聘任并报请董事会备案。

第三十九条　总公司设指导委员会，聘请国内外实业专家组成之，内设委员若干人，专门办理业务与技术上之指导事项，其人选由总经理遴选提请董事会通过后聘请之。

第四十条　各分公司各设经理一人，办事处设主任一人，各工厂设厂长一人，必要时得设副理、副主任、副厂长一人，其任用准用三十七条之规定。

第四十一条　总分公司办事处及各工厂得各设课长或股长及办理事务或工务人员若干人，由总经理聘用并报董事会备案。

第四十二条　总公司为连用灵活起见，得设信托部，办理活动金融及公司存放款事宜，其组织规程与办事细则另定之。

第九章　决算及盈余分配

第四十三条　本公司每届年终结账一次，应编具左列表册，提由董事会审核送经监察人查核，并提付股东会承认后公告之。营业报告书；资产负债表；财产目录；损益计算书；盈余分配表。

第四十四条　本公司每届决算期所有收益除去各项费用折旧及呆账外，如有盈余应先提公积金十分之一，及依法应纳之所得税，次付股息八厘，如再有余作一百份分配如下：股东红利百分之六十；董事监察人总经协理酬劳金及职工奖金百分之三十；职工福利金百分之十。

第四十五条　总分公司办事处及各厂各部分人员之奖给，依考核成绩分左列二种：酌给奖金者；分配红利者。

第四十六条　总分公司办事处及各厂各部分属于前条第一类或第二类奖给者，由总经理拟定报请董事会核定发给之。

第四十七条　总分公司办事处及各厂各部分之分配红利办法另定之。

第十章　解　　散

第四十八条　本公司因左列各款事由而解散：股东会之决议；与他公司合并；破产；解散之命令。

第四十九条　股东会对于公司解散或合并之决议应有代表股份总数四分之三以上之股东出席，以出席股东表决权过半数之同意行之。

第十一章　附　　则

第五十条　本公司于必要时得依照法令之规定募集公司债。

第五十一条　本公司办事处及各厂之组织规程与办事细则另定之。

第五十二条　本公司之普通公告事项在本公司周刊及所在地日报登载，重要公告事项送登国内重要日报或以专函分别通知。

第五十三条　本章程如有未尽事宜得依照新颁公司法之规定修正之。

第五十四条　本章程于民国二十二年七月十日订立（三十五年十二月一日修正）。

第五十五条　本章程呈由省政府转请经济部备案后施行。

资料来源：《西北实业建设股份有限公司》，台北"中央研究院"近代史研究所档案馆藏档案，档案号：18 – 23 – 01 – 04 – 31 – 001。

说明：该章程系向经济部备案之"对外"章程，公司名称最终定为"西北实业建设股份有限公司"，章程内容并未变更。

六、西北实业公司兴农酒精厂旧股东名簿

户名	姓名	股数（股）	股款（元）
超记	白雨生	20	2 000
堂记	白雨生	20	2 000

户名	姓名	股数（股）	股款（元）
陈励忱	陈励忱	60	6 000
复记	郝星三	30	3 000
诚记	郝星三	30	3 000
星记	郝星三	35	3 500
郝星三	郝星三	35	3 500
王治安	王治安	40	4 000
王梦飞	王治安	60	6 000
白德润	白德润	50	5 000
培记	白德润	50	5 000
续子宪	续子宪	50	5 000
傅宜生	傅宜生	10	1 000
赵印甫	赵印甫	80	8 000
赵致远	赵印甫	70	7 000
致远堂	赵印甫	60	6 000
李慕颜	李慕颜	100	10 000
李文德堂	李绚卿	10	1 000
梁希乔	梁希乔	40	4 000
折记	梁希乔	30	3 000
乔记	梁希乔	30	3 000
梁其美	梁其美	5	500
其美记	梁其美	5	500
王潮珊	王潮珊	20	2 000
梁航标	梁航标	20	2 000
白象锦	白象锦	20	2 000
樊虚心	樊虚心	20	2 000
侯季兴	侯季兴	20	2 000
赵保章	赵保章	10	1 000
杨子青	杨子青	10	1 000

续表

户名	姓名	股数（股）	股款（元）
高茂三	高茂三	20	2 000
陆恭齐	陆恭齐	20	2 000
文新堂	阎进文	20	2 000
赵芷清	赵芷清	40	4 000
郝映池	郝映池	20	2 000
苏象乾	苏象乾	20	2 000
梁次楣	梁次楣	10	1 000

资料来源：《大同县兴农化学工业社公司》，实业部商业司公司登记卷，台北"中央研究院"近代史研究所档案馆藏档案，档案号：17－23－01－04－10－001。

后　记

　　2017 年 8 月，女儿璟如降生，与儿子锦天凑成一个"好"字。次月，带着再为人父的喜悦，我迈进了山西大学的校门，开启了博士求学之路。近日看到一位清华大学的博士将读博比喻为接受"酷刑"，感同身受。人的成长注定伴随着痛苦，先苦后甜，这是自然规律。

　　本书是在博士学位论文的基础上修改完成的。回顾五年读博生涯，才发现要感谢的人实在太多。首先要感谢我的导师杨军教授。我并非经济学和历史学专业出身，仅凭一点个人兴趣和执着便选择报考，老师曾对我能否顺利完成学业表示担忧。他告诫我一定要珍惜来之不易的学习机会，比别人多下十倍的功夫。对此我一直铭记在心。老师虽公务繁忙，但他经常抽出时间跟我讨论问题，并牺牲周末休息时间带我修改论文。我的博士论文从选题、研究框架的建立到最终完稿都是在老师的悉心指导下完成的。我的第一项省级课题也是在与老师反复讨论、多次修改后最终申报成功的。老师深厚的学术功底、严谨的学术作风是我终身学习的榜样。

　　我能够顺利完成学业，离不开山西大学晋商学研究所与经管学院诸位老师的关心与帮助。感谢刘建生教授、石涛教授、李补喜教授、刘成虎教授、丛建辉教授、刘锦增副教授、刘文斌副教授、吕长全博士、刘俊博士等在论文写作中给予我的指导与帮助。特别是刘成虎老师和刘锦增老师，数次不厌其烦地阅读我的论文，提出很多建设性意见，在此表示深深的谢意。

　　还要感谢我的家人，没有他们的支持与爱，我几乎不可能完成博士学业。感谢我的妻子，每次当我心烦意乱的时候，是她的温柔与体贴使我心情得以平复，并继续坚持。感谢我的儿子天天和女儿小如，在我没日没夜写论文的日子里，他们带给我无尽的幸福和快乐，他们正是我努力奋斗的原动力。感谢我的父母和岳父母，帮我承担了照顾孩子的重任和大部分家务，使我得以专心写作。

　　最后要感谢文化学者蒋勋老师。我虽与他素未谋面，但他的《蒋勋细说红楼梦》系列课程帮助我在无数个辗转反侧的夜晚找到了周公。林青霞说蒋老师的声音是她的半颗安眠药。对我而言，则是一颗。

　　感谢生活，祝福每一个渴望成长并默默努力的人！